¡Sea libre!

Para que la libertad en Cristo sea una realidad en su vida

Beth Moore

LifeWay Press®
Nashville, Tennessee

ISBN 978-0-6330-3541-9
Ítem 001133218

Clasificación Decimal Dewey 248.843
Subdivisión: Vida cristiana

A menos que se indique lo contrario, todas las citas bíblicas se han tomado de la Santa Biblia,
Versión Reina Valera de 1960, propiedad de las Sociedades Bíblicas en América Latina,
publicada por Broadman & Holman Publishers, Nashville, TN. Usada con permiso.

Para ordenar copias adicionales escriba a LifeWay Customer Service,
One LifeWay Plaza, Nashville, TN 37234-0113; FAX (615) 251-5933; teléfono 1-800 257-7744
ó envíe un correo electrónico a customerservice@lifeway.com. Le invitamos a visitar
nuestro portal electrónico en www.lifeway.com/espanol donde encontrará otros muchos
recursos disponibles. También puede adquirirlo u ordenarlo en la librería LifeWay
de su localidad o en su librería cristiana favorita.

Impreso en los Estados Unidos de América

Multi-Language Publishing
LifeWay Resources
One LifeWay Plaza
Nashville, TN 37234-0196

Dedicatoria

A Mary Helen Davis, Kim Bankard, Marlo Turner, Julie Weir,
Kimberly Meyer, Sabrina Moore, y Nancy Mattingly.
Sin su confiable e incansable trabajo en Living Proof Ministries,
yo no podría dedicar la mayor parte de mi tiempo a escribir estudios bíblicos.
¡Gracias por compartir mi visión para que el pueblo de
Dios entre a su Palabra y sea libre!
Ustedes han reído conmigo y han compartido mis lágrimas.
Son las mejores. ¡Las quiero mucho!

Cada recorrido por el que Dios me ha guiado a través de su Palabra ha sido intensamente personal. Tan personal, en realidad, que siempre he dudado si alguno de estos "viajes" tendrían algún significado para otro viajero. Nunca olvidaré cuando Lifeway me pidió que presentara el manuscrito del primer estudio que ahora se llama *A Woman's Heart: God's Dwelling Place* . Al entregarlo adjunté una nota que decía algo así: "Les envío esto con gran inseguridad porque no tengo idea si lo que he escrito significará algo para alguien. Sólo sé que significó mucho para mí". Después que se publicó el estudio, me sorprendió mucho comenzar a recibir cartas en las que diferentes personas me comentaban que ese viaje también los había tocado a ellos. Esa misma sensación se ha repetido con cada estudio. Nunca sé con anticipación si mi recorrido personal por la Palabra de Dios tendrá sentido al "traducirse" a otros. Simplemente sé que si ese es el caso, sólo puede ser por la misericordia y la gracia del Espíritu Santo que están obrando, porque no me considero una escritora. Sólo soy alguien que está aquí de paso y a quien Dios le ha dado el deseo de mantener un diario de sus viajes.

Las notas de agradecimiento que he recibido me producen una humildad inexpresable. Quiero que sepa que soy yo la que está agradecida. Dios no me dio estos estudios porque yo sea sabia y madura. Quiero que sepa que este libro que tiene en sus manos, representa incontables horas de comunión con Dios en las que primero Él me enseñó a mí. Con un poco de humor, quisiera decir que antes que un estudio bíblico lo "sacuda" a usted, me ha "sacudido" a mí... casi hasta dejarme medio muerta. Y estoy muy agradecida por eso...

Comparto esto con usted porque de este viaje en particular he recibido algo muy especial. No lo comprenderá hasta que haya completado el estudio, pero deseo que sepa cuán profundamente me cambia la Palabra de Dios, continuamente. Deseo que sepa que estoy creciendo, tal como usted. No es coincidencia que mi vigésimo aniversario de bodas cayera justo en medio de la escritura de *¡Sea libre!* Tengo un matrimonio maravilloso que se ha desarrollado gracias a la tremenda ayuda de un Dios poderoso y toneladas de duro trabajo. Quería regalarle a Keith algo especial; algo muy significativo, que fuera demasiado costoso como para poder comprarlo con dinero. Dios colocó en mi corazón el regalo justo: el retrato de casamiento que nunca me hice.

No fue sino hasta hace muy poco tiempo que comprendí por qué me sentía tan poco atractiva y tan incómoda el día de mi casamiento, hace veinte años. Recuerdo que me miré en el espejo y me sentí muy decepcionada. Yo había esperado ser una novia bella, y aunque Keith me asegura, con apropiada parcialidad, que estaba hermosa, en ese día tan especial yo sentía todo lo opuesto. Mi vestido era rentado y yo no quería que fuera blanco, porque no me sentía pura... cicatrices de haber sido víctima, en mi infancia, de los problemas de otra persona. En las dos décadas que han pasado, me sucedió algo maravilloso. Descubrí la verdad de la Palabra de Dios; la verdad que nos hace libres. No tengo idea de cómo es que una mujer casada puede sentir que ha recobrado, finalmente, cierta sensación de virginidad a los 41 años, pero eso fue lo que me pasó. Al acercarse mi vigésimo aniversario de boda, comprendí, con una nueva conciencia, cuánto Dios había transformado mi vida. Ya no siento ni una pizca de vergüenza, ni llevo la carga de mis antiguos pecados. Siguiendo la guía del dulce Espíritu Santo, hice una cita con uno de los más exclusivos fotógrafos de bodas de Houston, compré un vestido de novia blanco, bellísimo, me hice maquillar y peinar, y pasé un día que jamás olvidaré. El resultado fue un retrato de bodas de 50 x 60 cm, envuelto con un moño, que entregué a Keith como su regalo de aniversario. No; no parecía una joven de 20 años. ¡Pero mi rostro mostraba una felicidad tan grande! ¿Le agradó a Keith el regalo? Digámoslo de esta manera: esa fotografía está ahora donde alguna vez estuvo su preciado trofeo de caza de venado. ¡Cuán bueno es Dios!

Contenido

Introducción

unca he escrito nada que significara más para mí, personalmente, que el mensaje de este estudio bíblico. Cuando yo tenía 18 años, me entregué al llamado de Dios al ministerio vocacional. No tenía idea de lo que me estaba comprometiendo a hacer; aunque los adultos que me rodeaban parecían algo preocupados, yo era demasiado joven e ingenua como para preocuparme por esos pequeños detalles del "qué", o "dónde". Unos años después, Dios habló a mi corazón y dijo algo así como: "Yo envié a mi Hijo a liberar a los cautivos. Tú irás adelante y harás sonar la campana de la libertad". Qué bello pensamiento. Hasta era un poco poético, para una romántica como yo; pero sonaba terriblemente evangelístico. Yo estaba muy segura de que mi llamado era en el área del discipulado. Ahora muevo la cabeza y me maravillo de haber pensado que las únicas personas que podían ser cautivas eran las que están perdidas espiritualmente. Dios se metió en mi mente, que estaba cómodamente cerrada, de la manera más efectiva posible: de adentro hacia fuera. Mi vida se convirtió en una lección objetiva. Las palabras que me dio él cuando recién comenzaba a recorrer el camino hacia la libertad aún resuenan en mi mente:

> ¿Cómo podría haber sabido que estaba perdida
> si tú no me hubieras buscado y encontrado?
> ¿Cómo podría haber sabido que estaba ciega
> si tú no me hubieras hecho ver?
> ¿Cómo podría haber sabido que sangraba
> si no me hubieras vendado con tu amor?
> ¿Cómo podría haber gemido por mi esclavitud,
> hasta que tú me liberaras?

Yo no tenía idea de que estaba cautiva, hasta que Dios me liberó. Recibí a Cristo como mi Salvador cuando era una niña muy pequeña. Nunca me perdí un culto o una actividad de la iglesia. Poco después de entregarme para el ministerio, si alguien me hubiera dicho que los cristianos podían estar cautivos, yo lo habría discutido con toda la fuerza que alguien puede tener cuando tiene un yugo ahorcándole el cuello. Yo era la peor clase de prisionero: el prisionero que no sabe que lo es. El más vulnerable a sus compañeros de celda. La presa más fácil que existe.

Quizá usted tampoco está seguro de que los cristianos pueden vivir en cautividad. No escuche lo que yo le digo. Escuche lo que Dios le dice: "Estad, pues, firmes en la libertad con que Cristo nos hizo libres, y no estéis otra vez sujetos al yugo de esclavitud" (Gálatas 5:1). Basado en Gálatas 1:1-2, este alegato a favor de la libertad no estaba dirigido hacia el mundo, sino hacia la iglesia. A los verdaderos creyentes.

Si usted ha compartido algún otro viaje conmigo por la Palabra de Dios, notará varias similitudes en el estilo y la forma de encararlo; pero pronto encontrará también muchas diferencias inevitables. Esta vez le pediré que memoricemos pasajes bíblicos. La Palabra de Dios, nuestro libro de la verdad, es, innegablemente, la llave que nos permite abrir las puertas de nuestras prisiones.

Comience memorizando Gálatas 5:1. Péguelo en el espejo, en el refrigerador, llévelo con usted en el auto; pero repítalo, repítalo, repítalo hasta que la verdad quede grabada en su alma. Mi paráfrasis de Gálatas 5:1 es: "¿No se dan cuenta de que Cristo renunció a todo para que ustedes puedan ser libres?" La cruz fue el pago para que usted fuera libre de todo yugo, y a cambio Cristo mismo sufrió el yugo (Mateo 11:28-30). Nada puede mantenerlo a usted en cautividad ahora, si no se lo permite. ¡No vuelva a la esclavitud! ¡Él no lo liberó para que usted viva el resto de su vida en una cautividad autoinfligida! Aprenda a vivir en la gloriosa libertad de Cristo; ¡y después manténgase alerta para no volver a la cautividad!

Una de las primeras maneras en que debemos comenzar a abrir las puertas de nuestras prisiones, es comprendiendo lo que es estar cautivo. La siguiente afirmación será nuestra definición de cautividad durante todo este estudio:

> Un cristiano se encuentra cautivo cuando existe cualquier cosa que obstaculiza la vida llena del Espíritu, abundante y eficaz, que Dios planeó para él.

A diferencia de mis estudios anteriores, éste no se concentrará en el viaje de una determinada figura bíblica, como Moisés, David o Pablo. Esta vez, usted y yo somos los personajes principales del viaje. Tomaremos los temas principales del maravilloso libro de Isaías, pero no estudiaremos este libro del Antiguo Testamento en su totalidad. Por el contrario, cada tópico nos llevará en un viaje temático por otros libros de la Biblia, y nos presentará a diversos personajes bíblicos.

Nuestros temas serán tomados del libro de Isaías porque ahí se nos habla de la cautividad de los hijos de Dios, de la fidelidad de Dios, y del camino hacia la libertad.

En la semana 1 tendremos una visión general del libro de Isaías a través de las vidas de los reyes que gobernaron durante el tiempo que duró el ministerio de este profeta. Estos reyes ejemplifican muchos de los obstáculos para la libertad que debemos enfrentar. Después, a partir de la semana 2, intentaremos aplicar la fórmula para la libertad a nuestras vidas.

Estoy muy feliz de que usted me acompañe en este viaje. Creo que será uno de los más importantes que usted o yo hayamos hecho jamás. Dios es bueno al permitirnos viajar juntos.

Como los estudios anteriores, éste es un curso interactivo de 10 semanas de duración en el que le invito a involucrarse en forma personal. Cada semana contiene 5 lecciones que requerirán aproximadamente de 30 a 45 minutos para completarlas. Si usted pasa este tiempo en la Palabra de Dios, Él cambiará su vida. Quisiera animarle a que no se pierda ni una sola lección. Involúcrese totalmente. Imagine que es un testigo ocular de los hechos que estudia. Pida a Dios cada día que le muestre qué quiere decirle a usted personalmente.

Lo ideal es que estos cursos se estudien participando de un grupo que se reunirá semanalmente para comentar el estudio de la semana anterior.

La introducción de cada semana incluye 5 Preguntas Principales. Cada Pregunta Principal surge de una de las cinco lecciones de esa semana. Comentar las respuestas a estas preguntas en el grupo semanal, ayudará a asegurar que cada persona esté comprendiendo lo básico del estudio.

Además de estas cinco preguntas, relativas al contenido del estudio, encontrará Comentarios Personales en cada lección. Estas actividades de aprendizaje ayudarán a los miembros del grupo a aplicar personalmente el estudio, aplicándolo a sus vidas y sus necesidades. Estos comentarios también se compartirán en la reunión semanal; por lo tanto, la misma consistirá, generalmente, en tratar las 5 Preguntas Principales y los 5 Comentarios Personales, con el propósito de enriquecer y profundizar la experiencia de cada persona.

Nadie debe ser obligado a compartir experiencias personales en el grupo. La decisión de hacerlo es estrictamente voluntaria, y esperamos que nadie comparta nada que pueda ponerlo incómodo a él o a los demás. Por favor, responda las preguntas en cada lección, ya sea que decida compartir sus respuestas

en el grupo pequeño, o no. Cada pregunta que omita reducirá la efectividad de este estudio en su vida personal. ¡Quiero que pueda aprovechar este viaje al máximo! Dios hará cosas sorprendentes entre nosotros si le damos acceso total a nuestras mentes, voluntades y emociones.

Cada lección diaria comienza con un pasaje llamado "El Tesoro de Hoy". Su tesoro diario será el pasaje bíblico que mejor representa el tema de la lección.

Cada lección lo invitará a participar plenamente por medio de lectura bíblica y varios tipos de preguntas y actividades. Encontrará ejercicios de "opción múltiple", preguntas para responder sí/no, oraciones con partes en blanco para completar, ejercicios de pensamiento creativo, situaciones hipotéticas en las que le pediré que se imagine a sí mismo en el lugar de un personaje bíblico, o preguntas directas que puede contestar con sus propias palabras. En algunos casos le pediré que escriba usted mismo un pasaje bíblico, para marcar un mayor énfasis. Estos ejercicios interactivos están preparados para que usted los aproveche. No quiero que simplemente lea mi diario de viaje. Este es su viaje. Si participa plenamente, podrá hacer de la libertad en Cristo una realidad en su vida.

En este estudio uso la Versión Reina-Valera 1960 de la Biblia. Aunque no tenga una Biblia, usted podrá responder prácticamente todas las preguntas sin mayores confusiones. Pero si puede conseguir algún ejemplar económico de la Reina-Valera 1960, creo que será bendecido por una traducción fiel y fácil de leer.

Permita que Dios haga una obra nueva en su vida durante las próximas 10 semanas. Que cada viaje suyo por su Palabra sea una nueva experiencia, una nueva oportunidad. No lo compare con otros estudios. ¡Bienvenido!

He utilizado varios materiales para el estudio de las palabras en griego y hebreo. Las definiciones tomadas del *Complete Word Study Dictionary: New Testament* y de *Lexical Aids* se incluyen entre comillas sin referencia. También he utilizado *Strong's Exhaustive Concordance of the Bible*. Las palabras tomadas de esta última se incluyen entre comillas con la palabra *Strong's* entre paréntesis.

---

1. Spiros Zodhiates et al., eds., *The Complete Word Study Dictionary: New Testament* (Chattanooga, TN: AMG Publishers, 1992).

2. James Strong, *Strong's Exhaustive Concordance of the Bible* (Madison, N.J., 1970).

Desatar las cuerdas del yugo

Día 1
El reinado de Uzías

Día 2
El reinado de Jotam y el llamado de Isaías

Día 3
El reinado de Acaz

Día 4
El reinado de Ezequías

Día 5
El reinado de Cristo

La libertad en cristo una realidad en mi vida

Bienvenido a una aventura personal, dinámica que disfrutará intensamente. Nuestra meta es nada menos que hacer de la libertad en Cristo una realidad en su vida. Comencemos conociendo el maravilloso libro de Isaías a través de los reyes que reinaron en la época del profeta. Estoy encantada de que haya decidido unirse a mí en este viaje.

Desde el comienzo, quiero desafiarlo. Este viaje requiere de duro trabajo. Una parte clave del trabajo tiene que ver con la Palabra de Dios. La libertad en Cristo significa, al fin y al cabo, ser libre de las garras de muerte del pecado. Guardamos la Palabra de Dios en nuestros corazones para no pecar contra él (Salmo 119:11). Cada semana usted tendrá un versículo del libro de Isaías para memorizar. Copie los versículos en tarjetas. Llévelos con usted. Repítalos con frecuencia. Dado que estaremos haciendo otras cosas, no insistiré sobre los versículos; pero no olvide repetirlos como parte de cada lección. El versículo para memorizar para la primera semana es Isaías 61:1.

Preguntas Principales

Día 1: ¿Por qué cree usted que Uzías sería un héroe para un joven como Isaías?
Día 2: ¿En qué era similar Jotam a su padre y en qué era diferente?
Día 3: ¿Por qué los lugares altos eran accesibles al joven e impresionable Acaz?
Día 4: ¿Por qué cree usted que Ezequías fue tan diferente de su padre?
Día 5: ¿Cómo se nos dice que Jesús regresó a Galilea en Lucas 4:14?

Amados, gracias por venir conmigo en este viaje de mi vida. Juntos, haremos de la libertad en Cristo una realidad práctica en nuestras vidas. Comencemos.

→ Sal 119-11
En mi corazón he guardado tus dichos, Para no pecar contra ti.

→ Isaías 61:1
El Espíritu de Jehová el señor me ha enviado a predicar buenas nuevas a los abatidos, a vendar a los quebrantados de corazón, a publicar libertad a los cautivos, y a los presos apertura de la cárcel.

D Í A   1

El reinado de Uzías

Bienvenido a *¡Sea libre!* Nuestra meta es hacer de la libertad en Cristo una realidad en nuestras vidas. Los temas de nuestro estudio provendrán de la pluma del profeta Isaías. Ningún otro libro de la Biblia tiene más que decir acerca de la cautividad del pueblo de Dios y la promesa de libertad y restauración.

En las semanas 2 y 3 de nuestro estudio veremos cinco beneficios principales de nuestra relación con Dios y cinco obstáculos que nos impiden acceder a esos beneficios. Dado que muchas veces nos vemos mejor reflejados en los ejemplos de otros, comenzaremos por conocer a los reyes que reinaron durante el ministerio de Isaías. Algunas veces veremos características nuestras en ellos, pero también apreciaremos mucho mejor los temas maravillosos de Isaías al verlos enmarcados en su época.

Cada día examinaremos el reinado de un rey diferente que gobernó Judá durante el ministerio de Isaías. Por medio de este método comprenderemos mejor el estado espiritual del pueblo de Dios y descubriremos por qué las decisiones que tomaron los llevaron inevitablemente a la cautividad.

*I*saías 1:1 menciona a los cuatro reyes que reinaron sobre Judá durante la vida de Isaías. Busque sus nombres en la lista que damos a continuación y numérelos según el orden cronológico de su reinado: 1, 2, 3, 4.

4 Ezequías   ____ David   ____ Josías   **1** Uzías

3 Acaz   **2** Jotam   ____ Saúl   ____ Acab

Antes de pasar al primer rey, veamos algunos hechos relativos a Isaías. Ministró como profeta para el pueblo de Dios en Jerusalén y sus alrededores durante el tiempo en que la nación de Israel era un reino dividido. Después de la muerte del rey Salomón en el año 931 a.C., el reino de Israel, que anteriormente estuviera unido, se dividió en reino del norte y reino del sur. El Reino del Norte continuó siendo llamado Israel. Isaías sirvió principalmente en el Reino del Sur, Judá, donde estaba ubicada Jerusalén, la ciudad santa. Los profetas Oseas y Miqueas fueron sus contemporáneos. El nombre de Isaías significa "El Señor salva", y la palabra "salvación" es utilizada en su libro 27 veces; el doble que en todos los demás libros de los profetas del Antiguo Testamento juntos. Isaías era casado y creo que le bendecirá saber el título que da a su esposa en Isaías 8:3.

Isaías llama a su esposa

¿Cómo la llamaba? *(La Profetisa)*

Entonces era una mujer de gran Intimidad Con Dios

¿Puede imaginar que le presenten al profeta Isaías y su amada esposa, "la profetisa"? Isaías ya me cae bien. ¿Y usted? Él y la señora tenían dos hijos: Sear-jasub y Maher-Salal-hasbaz. Si hubieran sido hijos míos, yo los llamaría por apodos, como "Jas" y "Has", para ahorrar tiempo. Pero dudo que él lo hiciera. Bajo circunstancias normales, quizá Isaías haya tenido una faceta juguetona, pero no era tiempo de divertirse. En un lugar donde me habían llamado para hablar, alguien me dijo: "Yo la he escuchado antes. Usted era más divertida que ahora".

Le sonreí y repliqué: "La vida era más divertida que ahora". Estoy segura de que la vida era más divertida antes para Isaías también. No hay nada de humorístico en el juicio inminente de Dios.

Isaías era un hombre culto y probablemente provenía de una familia de clase alta. Es posible que haya nacido en Jerusalén, en una familia relacionada con la casa real de Judá. Dios lo inspiró para que escribiera el libro más largo de la Biblia. El ministerio de Isaías se extendió durante unos 40 años, desde el 740 a.C. hasta al menos el 701 a.C.

Al estudiar el reinado de cada rey durante este período, tenga en cuenta que antes que las profecías de cautividad física se cumplieran, ya había evidencias de cautividad interna. Durante esta semana, busque los beneficios que Dios había puesto al alcance de su pueblo y los obstáculos que se interponían en el camino de estos beneficios.

El llamado de Isaías se produjo justo después de la muerte del rey Uzías. Para comprender la nación en la que Isaías creció y sobre la que luego profetizó, lanzaremos nuestra lección de historia examinando brevemente el reinado de Uzías.

*P*or favor, lea 2 Crónicas 26:1-15 y complete lo siguiente:
El nombre Uzías significa "el Señor es mi fuerza". ¿En qué manera sugiere este pasaje que gran parte de su reinado fue un reflejo de ese nombre?

_____

En el margen, explique por qué cree que Uzías sería un héroe para un joven como Isaías.

¿Notó usted que Uzías llegó a ser rey cuando sólo tenía 16 años? Jerusalén y el reino del sur disfrutaron de una gran prosperidad y protección bajo su reinado. Aunque su padre Amasías tontamente hizo que la ciudad de Jerusalén fuera vulnerable (2 Crónicas 25:18-23), Uzías la fortificó fielmente y levantó un ejército para defenderla. Los padres y abuelos de Isaías seguramente habrán hablado del "peligro inminente" que amenazaba a Jerusalén bajo el reinado de Amasías. Seguramente proclamaron el heroísmo del rey Uzías, que salvó la situación, fortaleciendo sus murallas una vez más. El reino del sur debe de haber parecido seguro, prácticamente invulnerable a la cautividad.

*A*hora lea 2 Crónicas 26:16-23 y complete lo siguiente:

¿Qué pecado principal fue causa de la ruina de Uzías (v. 16)?
Porque su corazon se enaltecio rebelandose contra Dios

¿Qué indicio encuentra en 2 Crónicas 26:5, 15, de que Uzías quizá también haya permitido que la falta de oración se interpusiera entre él y Dios?

_____

Uzías tenía más poder que cualquier otro individuo en el reino del sur. La única autoridad que le era negada era la de los sacerdotes de Dios, para servir en el templo.

*¿P*or qué cree usted que Uzías quiso ejercer ese rol prohibido?
Porque ya su motivacion era el poder

¿Por qué cree que la confrontación de los sacerdotes demandó de tal valentía?

Por reberencia a aquel que los habia elegido

Imagínese la escena conmigo. No tenemos idea de qué fue lo que se apoderó de Uzías para que repentinamente quisiera usurpar una tarea tan sagrada, pero sin duda sabemos que él sabía qué era lo que en realidad debía hacer. Según el versículo 5, Uzías había persistido en "buscar a Dios", guiado por Zacarías. También podemos suponer que el poder era su motivación, mucho más que el deseo de adorar. Sea lo que fuere que lo llevó a actuar, Uzías se levantó de su trono y salió del palacio. Marchó por la ciudad, cruzó los portales del templo, y atravesó el atrio. Sin duda, la gente que andaba por allí estaría observándolo y cuchicheando. Probablemente Uzías tomó un utensilio y recogió algunos carbones encendidos del altar del sacrificio para quemar incienso, y luego se dirigió arrogantemente hacia el lugar santo. Para este momento, ya contaba con toda la atención de los sacerdotes que reunieron valor para seguirlo y confrontarlo. No los motivaba el deseo de "defender su lugar", sino la reverencia a Aquel que los había elegido para estar allí. Uzías no había ofendido a los sacerdotes. Había ofendido a Dios.

Examine la reacción de Uzías cuando los sacerdotes lo confrontaron. ¿Cómo sabe usted que él no se había "equivocado en su razonamiento", simplemente?

❏ **Porque su soberbia lo llevó a la ruina.**
☒ **Porque se enfureció cuando lo amonestaron.**
❏ **Porque era infiel a Dios**
❏ **Por todos los motivos anteriores.**

Hay partes de la Biblia que me hacen sonreír. Ocasionalmente encuentro eufemismos que me hacen reír cada vez que los leo. Lea 2 Crónicas 26:20. Me encanta la parte que dice: "y él también se dio prisa a salir". Sí, supongo que se dio prisa. Me pregunto si vio su reflejo en el bronce pulido de la fuente cuando salía.

El resto de la historia no tiene nada de divertido. En realidad, nuestro ego probablemente soportará reflexionar unos momentos sobre 2 Crónicas 26:21-23.

Basándonos en lo que hemos aprendido del ejemplo de Uzías, ¿por qué cree que Dios odia la soberbia, como Proverbios 8:13 señala con tanta vehemencia? *La soberbia nos hace egocéntricos y porque eso causa quitarlo a él y ponernos nosotros en el centro; la soberbia nos lleva a cautividad; a pecar contra Dios*

¿Cómo desea Dios que usted responda a lo que le ha mostrado hoy?

Creerle
obedecerle
no permitir que nada se interponga en la intimidad con Dios

El odio de Dios por la soberbia no significa que él quiera que usted se sienta mal consigo mismo. En realidad, rebajarnos no es nada más que otra forma, algo retorcida, de soberbia. Dios odia la soberbia porque significa quitarlo a Él del trono y ponernos a nosotros mismos en el centro de nuestro universo. Creo que el odio que Dios tiene por la soberbia expresa su amor. La soberbia no lo afecta a él, pero nos destruye a nosotros.

Uzías había sido un buen hombre. Un rey excelente. Había provisto todo lo necesario para el pueblo. Era un guerrero valeroso. Hasta era un visionario y un empresario (2 Crónicas 26:15). Pero cuando su vida terminó y su cuerpo descansó en la tumba, lo único que la gente pudo decir de él fue: "Tenía lepra". Qué propio de nuestra naturaleza humana; tanto nuestra tendencia hacia la soberbia cuando somos bendecidos con el éxito, como nuestra tendencia a juzgar la vida entera de alguien por un breve período de fracaso. La soberbia puede llevarnos a la cautividad (Jeremías 13:15-17).

Al cerrar nuestro estudio de hoy, detengámonos un momento para pensar sobre un tema muy real en nuestras vidas como cristianos. Dios verdaderamente desea que prosperemos. No estoy pensando en términos de prosperidad económica. Estoy simplemente pensando en su deseo de darnos victoria y éxitos en nuestros esfuerzos. Probablemente no disfruta de tener que humillarnos más que nosotros al ser humillados, pero la soberbia es tan paralizante para el creyente que muchas veces Dios no tiene más remedio que hacerlo.

Escriba sus reflexiones sobre cómo una persona puede evitar caer en la tentación de la soberbia cuando llega al éxito. Concluya examinando, en oración, el ejemplo que vimos hoy.

La unica manera es mantener la oracion
con Dios y su palabra
Intimidad diaria con Dios cada dia
llenarme de su espiritu cada dia

D Í A 2
El reinado de Jotam y el llamado de Isaías

El Tesoro de Hoy
"En el año que murió el rey Uzías vi yo al Señor sentado sobre un trono alto y sublime, y sus faldas llenaban el templo" (Isaías 6:1).]

En estos estudios centraremos nuestros esfuerzos a desatar las cuerdas del yugo. Este yugo ató al pueblo de Dios a la inevitable cautividad que el profeta Isaías predijo. Tenemos dos metas para esta unidad. Queremos: 1) comprender los temas del libro de Isaías en mayor profundidad, y 2) aprender más acerca de la cautividad y la libertad, a partir de los éxitos y fracasos del pueblo de Dios.

Nuestro método para lograr esta meta es analizar a cada rey que reinó durante la vida y el ministerio de Isaías. Ayer leímos el último y trágico capítulo de la vida del rey Uzías. La soberbia que lo cautivó interiormente llegó a hacerlo cautivo exteriormente, y murió recluido, después de un reinado que había sido muy próspero. Recordemos que Uzías reinó en Jerusalén durante 52 años, así que era el único rey que Isaías había conocido. Uzías debe de haber tenido un tremendo impacto en Isaías. Para conocer al segundo rey que afectó el ministerio de Isaías, la lectura de hoy incluirá en parte a la de ayer.

Por favor, lea 2 Crónicas 26:21-27:9. Luego complete lo siguiente:
¿En qué era similar Jotam a su padre, y en qué era diferente?
Preparo sus caminos delante de Dios
Similar: *hizo lo recto ante los hodos de Jehova*

Diferente: *No entro en el Santuario de Jehova*
No cayó en la soberbia

El versículo 6 nos dice que "Jotam se hizo fuerte, porque preparó sus caminos delante de Jehová su Dios". ¿Por qué cree usted que Jotam no cayó en la misma trampa de soberbia en que cayó su padre?

Porque aprendio del herror de su Padre

Aunque aprender de los errores de los demás nos da gran sabiduría, no siempre es fácil recibir la instrucción, ¿verdad? ¡Especialmente cuando el ejemplo se refiere, "casualmente", a nuestro padre o madre!

¿ *C*uál era el estado espiritual del pueblo bajo el reinado de Jotam? Elija una opción.

☑ corrupto ☐ reverente ☐ temeroso ☐ arrepentido

Porque el pueblo continuaba corrompiendose

Concentraremos nuestros pensamientos en dos sucesos que se produjeron durante el reino de Jotam y que están directamente relacionados con nuestro tema: el llamado de Isaías y las prácticas corruptas del pueblo.

*L*ea Isaías 6:1-8 lentamente, en voz alta. Queremos estudiar el llamado de Isaías para ver qué podemos aprender sobre los reyes que reinaron durante su vida. Tenga este objetivo en cuenta mientras completa lo siguiente:
Si pudiera describir a Dios con una sola palabra basándose en esta visión de Isaías, ¿cuál sería esa palabra?

La visión que Isaías tuvo del Señor repentinamente le hizo tomar conciencia de un pecado específico. ¿Cuál era ese pecado?

☐ idolatría ☐ adulterio ☐ soberbia
☑ labios impuros ☐ pensamientos impuros

A pesar de lo abrumadora que fue la visión, ¿por qué cree que Isaías respondió al llamado tan prontamente?

amaba a Dios

Sabía que alguien tenía que traer la palabra de Dios a un pueblo corrupto

Isaías creció bajo el reinado de Uzías y sin dudas tenía una enorme admiración por este poderoso rey. Imagine al futuro profeta con sus amigos, tratando de abrirse camino en medio de la apretada multitud que se reunió en el mercado cuando el victorioso rey Uzías regresó con pompa y esplendor después de hacer caer los muros de Gat.

Imagine el entusiasmo que permeaba las pequeñas casas de Jerusalén cuando el vigía de la torre sobre el muro anunciaba la llegada del embajador de Amón, trayendo tributo al rey Uzías. Cuando los niños jugaban a la guerra, seguramente se peleaban por representar al rey Uzías. Pero ahora su héroe tiene el atrevimiento de morirse. Era el momento perfecto. "En el año que murió el rey Uzías, vi yo al Señor..."

De ninguna manera deseo minimizar el dolor y el tremendo desafío que significan perder a una importantísima figura de héroe en nuestras vidas. La experiencia puede ser tan devastadora como un terremoto; y si éramos muy leales al anterior líder, puede hacernos sentir amargura hacia el nuevo.

¿ *A*lguna vez ha perdido usted un héroe? ☐ Sí ☑ No
De ser así, ¿quién era, y por qué era un héroe para usted?

_____

Jamás podría expresar la lucha que fue para mí enfrentar la muerte de un héroe como fue Oswald Chambers, y su voz ungida. Estas palabras son tan importantes para mí, que prácticamente las sé de memoria. Léalas y medite:

La historia de nuestra alma con Dios es frecuentemente la historia de "la muerte del héroe". Una y otra vez, Dios tiene que quitarnos a nuestros amigos a fin de ponerse él mismo en su lugar, y entonces es cuando desmayamos, y caemos, y nos desalentamos. Tómelo en forma personal: En el año en que murió esa persona que representaba para mí todo lo que es Dios, ¿me di por vencido? ¿me enfermé? ¿me sentí desalentado? ¿O vi al Señor?

Debe ser Dios en primer lugar, Dios en segundo lugar, y Dios en tercer lugar, hasta que enfrentemos la vida firmemente con Dios y nadie más tenga importancia alguna. "En todo el mundo no hay nadie, Señor, sino tú, nadie sino tú".

Continúe pagando el precio. Permita que Dios vea que usted está dispuesto a elevarse para vivir al nivel de la visión.

Oswald Chambers no estaba sugiriendo que quienes están dedicados devotamente a Dios no se preocupan por los demás. Debemos amarnos los unos a los otros, compartir mutuamente las cargas, y alentarnos activamente como Cuerpo de Cristo. Debemos alcanzar a los perdidos y cuidar de los que sufren.

Así que... ¿qué cree usted que Chambers quería decir cuando escribió: "hasta que enfrentemos la vida firmemente con Dios y nadie más tenga importancia alguna"?

No hay mas heroe que Dios pues es el único perfecto y nunca nos adora; Sus enseñanzas Son verdaderos y de vida

Creo que Isaías idolatraba al rey Uzías. Cuando se imaginaba un trono, seguramente se imaginaba a Uzías sentado en él, no al Rey de toda la creación. Él, como la mayoría de sus compatriotas, no veía en el rey Uzías a un simple instrumento en la poderosa mano de Dios. Veían un hombre tremendamente poderoso, que, cuando mucho, usaba a Dios como instrumento para la victoria.

Me gusta ver la consagración en cualquier deporte. El hecho de nombrar al mejor equipo o jugador me entusiasma. Siempre me siento y veo las entrevistas y me hace sentir satisfecha cuando los ganadores dan gracias a Dios por la victoria. Pero tengo que confesar que al día siguiente no tomo el periódico para leer acerca de Dios, sino del jugador estrella. Aunque esté agradecido a Dios, no es Dios el que se lleva el premio. El equipo no se jacta de los juegos que Dios ganó. El hecho es que los jugadores se convierten en héroes. En el mejor de los casos, algunos mencionan a Dios como medio para llegar al heroico final.

Creo que esta situación fue la que vivió el rey Uzías. Quizá haya buscado a Dios para pedirle fortaleza y victoria antes, y después de ello, le dio las gracias cuando Él lo libró; pero no hizo demasiado esfuerzo por no creerse el héroe. Llegó a creerse lo que los demás le decían. Gran error.

Veo que de este ejemplo surge un concepto importante. Hay todo un abismo entre dar gracias a Dios por nuestras maravillosas victorias y señalar a las personas que Dios es el único y soberano victorioso. Las personas anhelan tener un ser humano a quien adorar. Seremos sabios si no tratamos de satisfacer ese deseo. Uzías dejó a Jotam con la imposible tarea de llegar a su altura en la mente de muchos. Creo que Isaías fue uno de ellos. Observemos que Isaías 6:1 no dice: "En el año en que Jotam asumió el reinado, yo vi al Señor". No fue la existencia de algo nuevo, sino la desaparición de lo viejo, lo que abrió los ojos de Isaías para permitirle ver el reinado de Dios.

Las personas anhelan tener un ser humano a quien adorar. Seremos sabios si no tratamos de satisfacer ese deseo.

¿Recuerda algún momento de su vida en que permitió que Dios hiciera que usted dejara de concentrarse en una persona, para concentrarse en Él? ¿Cuáles fueron las circunstancias en que esto sucedió?

_____

_____

Ahora prestemos atención a lo que Isaías vio cuando Dios lo llamó. La luz de su gloria no sólo brillaba en el salón del trono de Dios, sino que también caía sobre el hombre carnal que estaba ante él. Cuando más veía Isaías a Dios, más claramente se veía a sí mismo. Se sentía como *muerto* (v.5). La palabra significa "ser destruido... un fin violento". ¡Acababa de escuchar a los ángeles rugiendo: "Santo, santo, santo, Jehová de los ejércitos"! Si cuando los ángeles hablaron, los quiciales de las puertas se estremecieron, ¿qué sucedería si él se atreviera a abrir sus labios impuros y tratara de hablar? En su opinión, podía darse por muerto. Lo único que podía hacer era confesar su pecado. Este fue el momento brillante de Isaías. No había otra respuesta posible. Que los labios impuros se unieran a las alabanzas de la santidad de Dios sería tan absurdo como que el rey Uzías quemara incienso en el templo. Isaías probablemente fuera igual de corrupto en mente, labios y práctica como el pueblo que lo rodeaba.

Para demostrar algo, Dios generalmente llama a los menos dignos (nosotros no somos la excepción). No creo que haya llamado a Isaías porque era un hombre de carácter, como Noé. Creo que lo llamó porque era tan pecador como todos los demás. ¿Quién mejor para hablar de los pecados del pueblo que uno que también ha pecado, y se ha vuelto a Dios?

Relea 2 Crónicas 27:2. Este versículo mide la temperatura espiritual del pueblo de la comunidad donde vivía Isaías. El mercurio casi ni se ve. Su líder, Jotam, anduvo fielmente delante del Señor. No entró al templo del Señor como su padre. Pero el pueblo continuaba con sus prácticas corruptas. ¿Por qué? Probablemente por una pequeña pista que nos da 2 Reyes 15:32-35

¿Qué fue lo que no hizo Jotam?

❑ Quitar los lugares altos   ❑ restaurar el templo   ❑ fortificar Jerusalén

Los lugares altos se elevaban en las cimas de las colinas, lugares dedicados a adorar dioses paganos. Alarmante, ¿verdad? La idea de que el pueblo de Dios construyera altares a otros dioses es casi inimaginable, pero lo hicieron vez tras vez. Dios advirtió constantemente a su pueblo que no adoptara las prácticas de los paganos canaanitas. Les dijo que no compartiría su gloria con otro, y que tales prácticas los llevarían seguramente a la cautividad.

Jotam buscó a Dios y caminó en rectitud delante de Él, pero se negó a demandar respeto por el Dios único. Jotam era el jefe. Podría haber destruido los lugares altos, pero tenía más temor del pueblo que temor de Dios. Jotam conquistó naciones, pero se negó a gobernar a su propio pueblo. Decidió pasar por alto un pecado espantoso.

No es de extrañarse que Dios llamara a un hombre, Isaías, de en medio de su pueblo. Era uno de ellos... pero un poco superior. Culto. Decidido. Probablemente en buena posición económica. Isaías tendía a actuar como aquellos con quienes pasaba su tiempo. Entonces, un día, "vio al Señor sentado sobre un trono alto y sublime".

Esa es la única manera en que veremos jamás a Dios. Él no puede ser menos de lo que es. Ese día, Dios limpió los labios de Isaías para permitirle pronunciar algunas de

¿ *C*ómo desea Dios que usted responda a lo que le ha mostrado hoy?

_____

_____

_____

_____

_____

16

las expresiones más poéticas que jamás se posaron sobre rollo alguno. Porque del corazón cambiado habla bellamente la boca. Ojalá que nosotros destronáramos a todos los Uzías y los Jotam que tenemos en nuestras vidas y los pusiéramos en los lugares que les corresponden. Sólo entonces seríamos libres de ver al Señor sentado en un trono alto y sublime, a medida que avanzamos hacia nuestro destino.

DÍA 3
El reinado de Acaz

Hemos visto en las vidas de Uzías y su hijo Jotam enormes obstáculos de *soberbia* y la falta de disposición para tomar una posición firme contra la *idolatría*. También parecía haber una *incredulidad* continua, ya que una y otra vez se les advirtió sobre las consecuencias de su actitud arrogante. Al continuar nuestro estudio de los reyes observemos que los mismos obstáculos que ellos enfrentaron son los que debemos enfrentar nosotros cuando deseamos disfrutar de los beneficios de la salvación.

Dios eligió a la nación de Israel como el pueblo que experimentaría sus beneficios. Pero el pueblo de Dios se resistió a sus bendiciones y despreció los beneficios de su relación de pacto con Dios. Aun así, Él continuó siendo fiel. Aunque el pueblo de Dios sufrió las consecuencias de sus acciones, Dios nunca lo abandonó. Siempre tuvo un plan para liberarlo. Ahora que echaremos un vistazo a la vida del tercer rey, recuerde que el nombre "Judá" representa al reino del sur, y que "Israel" es el nombre del reino del norte. En la lectura de hoy, los veremos guerreando entre sí.

Lea 2 Crónicas 28:1-15 y complete lo siguiente:
El versículo 1 habla de David como padre de Acaz. En realidad, el padre de Acaz fue Jotam; pero éste nació en el linaje del gran rey David. Basándose en los versículos 1-4, identifique las prácticas impías de Acaz. Marque todas las opciones que sean correctas.

❑ **Hizo imágenes fundidas a los baales.**
❑ **Adoró al dios babilonio Tamuz.**
❑ **Hizo pasar a sus hijos por el fuego como sacrificios.**
❑ **Ofreció sacrificios y quemó incienso en los lugares altos.**
❑ **Anduvo en los caminos de los reyes de Israel.**

¿Cómo mostró Dios su enojo con el rey Acaz y con la nación de Judá, según el versículo 5? Marque sólo una opción.
❑ **Afligió al pueblo con enfermedades.**
❑ **Hizo secar las aguas.**
❑ **Permitió que fueran derrotados en batalla.**
❑ **Acortó el reinado de Acaz.**

El Señor estaba airado contra el reino del sur, pero también se airó contra el reino del norte. Según Obed, el profeta que servía en Israel, ¿qué hizo el reino del norte para desagradar a Dios (vv. 9-11)?

El Tesoro de Hoy
"Asimismo sacrificó y quemó incienso en los lugares altos, en los collados, y debajo de todo árbol frondoso" (2 Crónicas 28:4).

Repase los versículos 13-15. Como los líderes de Efraín (el reino del norte, Israel), el hecho de recordar nuestra propia culpa debería tener un impacto en la forma en que tratamos a otros que también son "culpables". Los soldados no se limitaron a dejar en libertad a los cautivos. ¿Qué más hicieron?

_____

_____

Es claro que Dios nunca quiso que su pueblo fuera tomado prisionero por sus enemigos; tampoco deseaba que ellos tomaran cautivos a otros. ¡Especialmente, si se trataba de sus compatriotas! Creo con todo mi corazón que Dios odia el maltrato porque es una cosa mala en sí. Dios nunca acumula más castigo sobre sus hijos que el que es necesario para que ellos se beneficien y vuelvan a obedecer. El reino del norte disfrutaba ser vengador, más que vencedor. En menos que canta un gallo, la victoria puede dejar al descubierto lo que hay en un corazón.

¿Qué es lo que más disfrutamos: la victoria que nos da Dios, o la derrota del enemigo? Nuestra actitud puede ser la señal indicadora más clara. ¿Nos volvemos humildes ante la victoria, arrodillándonos para agradecer por ella a Dios, o el triunfo nos vuelve soberbios y arrogantes para con los que son menos victoriosos?

En este caso, los soldados respondieron correctamente a la represión de sus líderes. Vistieron, alimentaron y curaron a los cautivos, y después los ayudaron a regresar a Jericó. ¡Oh, si Acaz, el rey de Judá, también hubiera visto cuán errado estaba su camino!

$\mathcal{L}$ea 2 Crónicas 28:16-27. Complete lo siguiente:

En el versículo 16 leemos que el rey Acaz envió a pedir ayuda a _____. Si el Señor humilló a Judá por la infidelidad de Acaz, ¿qué debería haber hecho éste, en lugar de pedir ayuda a un rey pagano?

_____

Podríamos sentirnos tentados a pensar que Acaz creyó que Dios ya no lo escucharía si clamaba a Él. Estaba equivocado. Lea los hechos y el diálogo que se produjeron en ese mismo tiempo, según Isaías 7:1-13. ¿Cómo se revela la increíble necedad del rey Acaz en estos versículos?

_____

En su opinión, ¿cuál era el problema más grande de Acaz: la incredulidad, la soberbia, la idolatría, la falta de oración o el legalismo? ¿Por qué?

_____

Acaz tuvo la oportunidad perfecta de recibir la misericordiosa ayuda de Dios; pero se negó, y prefirió pedir ayuda al rey de Asiria. Ahora vemos claramente cuán necia fue esta decisión, pero muchas veces, Dios está anhelando que nosotros pidamos su ayuda, pero nosotros corremos a buscar el socorro de otras personas.

¿*P*or qué cree usted que tomamos decisiones como estas algunas veces?

_____

Relea Isaías 7:13. ¿Por qué Dios es tan paciente, según 2 Pedro 3:9?

_____

¡Es tan difícil llegar a comprender realmente cómo nuestro Dios puede ser tan misericordioso y lleno de bondad! ¡Estaba dispuesto a escuchar el clamor arrepentido de un rey que había adorado personalmente a los ídolos y hasta había sacrificado a su propio hijo en el fuego! ¿No nos prueba este ejemplo que Dios puede perdonar cualquier pecado si hay un arrepentimiento genuino? No pierda de vista el hecho de que Acaz "sacrificó y quemó incienso en los lugares altos".

Lea nuevamente 2 Reyes 15:32-35. ¿Por qué los lugares altos eran accesibles al joven e impresionable Acaz?

_____

No es coincidencia que la atrocidad que Jotam decidió ignorar fuera exactamente la que hizo perder a su hijo. Dada la naturaleza de la maldad (Romanos 6:19), Acaz cayó, de sacrificar ofrendas en los lugares altos, a forjar personalmente ídolos y luego llegó a sacrificar su propio hijo. Pero Dios lo habría perdonado si él se hubiera arrepentido. ¿Encuentra usted difícil de creer que Dios perdonara a Acaz?

*E*che un vistazo a dos generaciones más adelante (2 Crónicas 33:1-20), a Manasés, nieto de Acaz. Recuerde: sólo estamos mirando un momento el futuro, para dejar algo en claro con respecto de la misericordia de Dios. ¿Qué indicaciones ve usted de que la maldad de Manasés podría haber superado la de Acaz?

_____

Compare con 2 Crónicas 33:10 y 11. ¿En qué forma sugiere este pasaje que Manasés podría haber evitado caer prisionero?

_____

Podríamos decir que Manasés "tocó fondo" en el versículo 11. ¿En qué forma puede esta terrible caída ser considerada una "bendición disfrazada"?

_____

Algunos de nosotros jamás habríamos mirado hacia arriba si no hubiéramos llegado a tocar fondo. ¡Muchas veces no reconocemos que estamos cautivos hasta que el enemigo nos pone un anzuelo en la nariz! Espero que aprendamos a agradecer a Dios por los tiempos en que la infelicidad nos llevó a la libertad, ¡pero también aprendamos a reconocer un yugo extraño antes de permitir que nos tiren el anzuelo!

Este momentáneo salto al futuro nos ha permitido tener una imagen vívida de la misericordia de Dios para un rey horriblemente malvado. Segunda Crónicas 33:13 dice que cuando Manasés oró, "Dios oyó su oración". Manasés acabó por arrepentirse de sus acciones; quitó de la nación todos los dioses extranjeros y los altares hechos a los ídolos, e indicó al pueblo que sirviera a Dios. Manasés tiene la distinción de ser, probablemente, el peor, y uno de los mejores reyes de Israel. Cuando Manasés reinó, el reino del norte había sido destruido, así que la palabra "Israel" se refiere nuevamente a Judá.

Ahora volvamos a Acaz. Dios le habría mostrado la misma misericordia a él, si Acaz hubiera orado y mostrado que estaba arrepentido por medio de acciones piadosas. Según Isaías 7, Dios invitó a Acaz a acercarse a Él y pedirle una señal.

¿*P*or qué cree que Dios deseaba que Acaz, y no Isaías, pidiera la señal? Después de todo, Isaías era el profeta que Dios había asignado a Judá...

_____

Dios es el iniciador de la reconciliación. Isaías no podía cerrar el vacío que separaba a Acaz del Dios de sus padres. Dios extendió su mano de misericordia para sacar al rey perdido de su caverna, pero Acaz no quiso aferrarse a esa mano. Acaz fue cautivo mucho antes que su pueblo. Era la clase más triste de cautivo; aquel que se niega a ser libre según las condiciones de Dios, las únicas posibles para una verdadera libertad.

¿*Q*ué excusa dio Acab para no pedir a Dios una señal, en Isaías 7:12?

_____

Se estaba refiriendo al mandato de Deuteronomio 6:16. Éste es el mismo hombre que había quebrantado varios de los Diez Mandamientos en formas increíbles. ¡Qué momento para sacar a relucir el legalismo! Si Dios había dado permiso a Acaz para pedir una señal, ¡obviamente no se iba a sentir tentado ni ofendido por el pedido! Dios es quien establece sus reglas y puede anularlas con una ley superior, en cualquier momento que lo desee.

*N*o tentaréis a Jehová vuestro Dios, como lo tentasteis en Masah.
Deuteronomio 6:16

No es de extrañarse que el pueblo de Dios fuera camino a la cautividad. Su rey estaba cautivo del pecado y se negaba a ser liberado. Me temo que en la misma forma, algunos líderes cristianos han llevado a sus rebaños a lugares de cautividad, en lugar de libertad, porque ellos mismos eran cautivos. He conocido la terrible carga de ser líder cuando yo aún estaba atrapada por los nudos de dolorosas ataduras. También sé qué gozo es el liderazgo cuando somos libres y puedo decir que vale la pena. *Cristo* vale la pena.

Hace algunos años, un pastor, sin saberlo, se metió en la atadura del miedo a través de un prolongado e ininterrumpido estudio sobre la guerra espiritual. Sus enseñanzas se volvieron muy desequilibradas, concentrándose únicamente en Satanás, los poderes de las tinieblas, y la lucha espiritual. Finalmente comenzó a practicar exorcismos los domingos, en el tiempo que antes se dedicaba a invitar a las personas a aceptar a Cristo. No es necesario aclarar que su congregación también perdió el equilibrio y cayó cautiva del temor. Este líder había sido elegido para glorificar a Dios y en un tiempo su ministerio había irradiado a Cristo, pero finalmente, el único que se llevaba la "gloria" era el enemigo. El concepto es claro: si somos líderes, de cualquier clase, tenemos una responsabilidad mucho mayor de que la libertad en Cristo sea una realidad en nuestra vida. No sólo la calidad de nuestra vida cristiana está en gran peligro, sino también la calidad de las vidas de los que nos siguen. Como líderes, nos sentimos tentados a decir: "¡Pero nosotros también somos humanos!"

*E*l apóstol Pablo escribió una afirmación maravillosa que refuta el argumento de que los cristianos no son más que débiles humanos. Escriba en el margen una paráfrasis de 2 Corintios 4:7.

No queremos ser como Acaz en ningún aspecto posible. La voluntad de Dios para nuestras vidas es que seamos libres en Cristo. No importa qué clase de obstáculo parece interponerse entre la auténtica libertad y nosotros; Dios nos extiende su mano. Él nos ha dado el poder del Espíritu Santo para que nos ayude a aferrarnos a Él con todas nuestras fuerzas.

D Í A 4
El reinado de Ezequías

La lección de hoy será un agradable respiro después de nuestra desconcertante mirada al rey Acaz, cuyas acciones fueron chocantes, aun comparándolas con las de las dinastías paganas. Qué turbador resulta pensar que él era el rey de Judá. Los títulos y la herencia no significan nada si el rey de la nación elegida no tiene un corazón entregado a Dios. Estudiaremos hoy al hijo justo de un padre injusto. La Biblia dice más de este rey en particular de lo que tenemos tiempo y espacio para estudiar; pero aun así, quiero que sepamos lo más posible para servir a nuestro propósito. Habrá mucha lectura hoy, pero creo que la encontrará interesante.

*C*omience leyendo 2 Crónicas 29:1-11, 29-30, 30:1-15, 31:1, 20-21. ¿Por qué cree que Ezequías fue tan diferente de su padre?

El abuelo de Ezequías, Jotam, también había sido un rey bueno y justo. Pero, ¿qué hizo Ezequías, que Jotam no hizo? Compare 2 Reyes 15:35 y 2 Crónicas 31:1.

> *El Tesoro de Hoy*
>
> *Entonces dijo Isaías a Ezequías: Oye palabra de Jehová de los ejércitos: He aquí vienen días en que será llevado a Babilonia todo lo que hay en tu casa, y lo que tus padres han atesorado hasta hoy; ninguna cosa quedará, dice Jehová"* (Isaías 39:5-6).

Como se puede ver, Ezequías fue un rey piadoso que buscó de todo corazón tanto la reforma como la restauración. Quiso restaurar a Israel a su identidad en Dios. Israel tenía un corazón dividido y había dejado de cumplir el propósito que Dios tenía para él. El hecho de que Ezequías desafiara el gobierno de su padre e incansablemente se esforzara por llevar a la nación a su antigua relación con Dios, demostró que era un hombre de agallas, que podía soportar lo que viniera. Me pregunto cuándo la filosofía y las actitudes de Ezequías comenzaron a distanciarse de las de su padre. ¿Es posible que haya quedado tan afectado por haber perdido un hermano en un altar pagano, que desconfiara de un padre que podía hacer tal cosa? Observemos que no leemos ningún insulto dirigido personalmente a Acaz; pero no debería maravillarnos que Ezequías tuviera sentimientos muy negativos hacia el reinado de su padre, ya que su propio reinado fue todo lo contrario de aquel.

*A*hora continuemos nuestra lectura sobre esta curiosa figura del Antiguo Testamento. Lea 2 Crónicas 32:1-23.

El reino del sur podría fácilmente haber caído en la cautividad cuando Senaquerib invadió Judá con su ejército armado. El versículo 22 sugiere que, al manejar el ataque de tan poderoso enemigo en la forma en que lo hizo, Ezequías honró a Dios.

*¿ Q*ué clase de tácticas diríamos que utilizó Senaquerib contra Ezequías y el reino de Judá? Marque todas las que sean correctas.
❑ Usó el miedo y la intimidación.
❑ Intentó abrumarlos con su poder.
❑ Intentó socavar su fe.
❑ Intentó hacer que desconfiaran de Dios.

Podemos ser fieles a Dios y aun así ser tacados por el enemigo

Observe que según 2 Crónicas 32:1, podemos ser fieles a Dios, estar en el centro de su voluntad y aun así, ser atacados por el enemigo. Algunas veces nuestro enemigo ataca a los creyentes débiles que andan vagando, porque son presa fácil. Otras veces ataca a los siervos de Dios que están rendidos completamente a Él. No nos dejemos engañar pensando que de alguna manera podemos evitar los intentos de Satanás por tomarnos cautivos. Seremos sabios si no nos consideramos invulnerables y de esa forma estamos alertas y vigilantes en todo momento. Satanás no puede forzarnos a ir donde él nos lleve, pero sí puede presentarnos un camino muy bello para atraernos.

*P*or el tono de 2 Crónicas 32:20, Ezequías e Isaías obviamente tenían miedo, pero ¿qué hicieron con sus temores?

_____

La ausencia de temor no es prueba de fe; la prueba de fe es lo que hacemos con ese temor.

Algunas veces la fe es la ausencia de temor. Otras veces, fe es decidir creer a Dios aun cuando nuestro corazón se derrite de miedo. Quizá entonces la prueba de la fe está en lo que hacemos con el temor, no el hecho de que lo sintamos o no. Ezequías quizá haya sentido que el ataque de Senaquerib era la experiencia más atemorizante de su vida... hasta que lo embargó una clase de temor totalmente diferente, mucho más personal.

*L*ea Isaías 38. ¿Qué pensó y sintió Ezequías cuando supo que iba a morir (reacciones bastante típicas en esa situación)?

_____

¿Qué prometió hacer Ezequías, tras haber sufrido tal amargura en su alma? Elija una opción.
❑ Ayudar a los oprimidos   ❑ Andar humildemente todos sus años
❑ Ofrecer un sacrificio a Dios   ❑ Alabar a Dios

¿Notó usted que Dios sanó a Ezequías por medio de un tratamiento médico? Obviamente, Dios no erigió un muro entre la fe y el uso de la medicina.
Mi corazón se quebranta cada vez que veo llorar a un hombre grande. Gracias a la bendición de tener emociones femeninas, puedo llorar hasta cuando veo un comercial de tarjetas de felicitación. No me avergüenzo de eso. En realidad, creo que me agrada. Pero muchos hombres actúan en forma tan diferente, que creo que me conmueve

especialmente cuando los hombres lloran, porque me doy cuenta de cuán profundamente emocionados deben sentirse para llegar a las lágrimas. Mi corazón se enternece al pensar en Ezequías, el poderoso rey de Judá, volviendo su rostro hacia la pared para llorar, de modo que nadie más que Dios lo viera.

Recuerdo cuando Michael, nuestro hijo lloraba. Cuanto más crecía, más escondía su rostro cuando comenzaban a correr las lágrimas. Cuanto más personal era el asunto, menos quería que alguien lo viera llorar. Nada podía haber golpeado a Ezequías en forma más personal. Esta batalla no la libraba por Judá. Esta vez estaba solo. Los consejeros reales no podían ayudarlo. El ejército del rey no podía luchar contra la enfermedad. De alguna manera, la muerte tiene el poder de quitarnos todo nuestro "status", poder y privilegios, ¿no es cierto? Estamos desnudos delante de Dios...

Dios, obviamente, también se conmovió con las lágrimas y los clamores de Ezequías. El Señor extendió su vida 15 años y le dio una señal notable al revertir el movimiento del sol, haciendo retroceder el tiempo por un momento, como símbolo.

Tan pronto como Ezequías se recuperó, comenzó a hacer afirmaciones "como si supiera", como si este cercano encuentro con la muerte le hubiera otorgado automáticamente un doctorado. Dijo cosas como: "a ti agradó librar mi vida del hoyo de destrucción", como si la muerte o la decisión de librar de ella a sus hijos fuera una expresión de un amor especial de Dios. Dios no puede amarnos más o menos de lo que nos ama en este momento. Su sanidad no tiene nada que ver con que haya amado a una persona más que a otra. Ezequías también supuso que Dios le había dado 15 años más porque sólo quienes viven en esta tierra pueden alabarle (v. 19). Todos estos años he pensado que mi capacidad de alabar a Dios se potenciará cuando muera, y que hasta entonces, me encuentro seriamente limitada. Pero ninguna de estas afirmaciones de Ezequías fue la más importante. Alguien debió haberle tapado la boca con masa de higos antes que continuara: "Andaré humildemente todos mis años a causa de aquella amargura de mi alma". Estamos a punto de descubrir por qué.

$\mathcal{T}$enemos dos últimos pasajes para leer. Primero, lea 2 Crónicas 32:24-33. ¿En qué se equivocó momentáneamente Ezequías?

_____

Cada uno de nosotros tiene la capacidad de olvidar lo que Dios ha hecho por nosotros, y esto nos paraliza. Por un momento, nos humillamos. Pero, si no guardamos nuestro corazón y nuestra mente, comenzamos a pensar que seguramente nosotros hicimos algo bien para que Dios fuera tan bueno con nosotros. Realmente, Dios es compasivo. Pero Él oye el clamor de justos e injustos, de piadosos e impíos. Nunca podremos saber exactamente por qué Dios responde en diferentes formas a los clamores que escucha; pero podemos confiar en que siempre es bueno, siempre es justo, y siempre nos ama. Creo que Ezequías quizá haya pensado que su vida había sido salvada más por su mérito personal que gracias a la misericordia de Dios.

$\mathcal{L}$ea Isaías 39:1-8. ¿A quién mostró Ezequías sus tesoros?

_____

¿Qué nos sugiere la repetición de las palabras "su" y "sus" en el versículo 2?

_____

Ezequías bajó la guardia y disfrutó de la aprobación de los impíos.

Las acciones de Ezequías son típicas de quien quiere congraciarse con el enemigo. Babilonia sería justamente la nación que llevaría a Judá a la cautividad. Ezequías, ansioso por mostrar sus tesoros, todos los cuales pertenecían a Dios, permitió, neciamente, una excesiva familiaridad al enemigo. Ezequías bajó la guardia y disfrutó de la aprobación de los impíos.

¿En qué forma nosotros también tendemos a jactarnos de nuestros tesoros ante los que no tienen a Dios, disfrutando de su favor y su aprobación?

_____

_____

En cierto momento, después de este arrebato de soberbia, Ezequías se arrepintió, según dice 2 Crónicas 32:26, pero es importante que no pasemos por alto su sorpresiva respuesta cuando Isaías predijo que Judá caería en cautividad, en Isaías 39:8.

¿Por qué Ezequías no se sintió devastado por la cercana cautividad de Judá?

_____

Nuestras acciones tendrán consecuencias aun después que nos ausentemos de esta tierra.

Creo que no pensamos ni oramos lo suficiente por nuestros descendientes: nuestros hijos, nuestros nietos y sus hijos. Nuestras acciones, buenas o malas, tendrán consecuencias aun después que nos ausentemos de esta tierra. Mientras nosotros disfrutamos las bendiciones del cielo y la misericordia y la gracia de Dios, nuestros nietos quizá estarán sufriendo dolorosas consecuencias de situaciones que nosotros causamos. O, por otra parte, quizá lleguen a disfrutar los beneficios de la vida de un abuelo o una abuela fieles que posiblemente nunca hayan conocido.

No olvidaré fácilmente a Ezequías. Su vida es un duro recordatorio de que nadie es inmune a actuar neciamente movido por la soberbia. Quizá temamos pedirle a Dios todos los días que nos mantenga humildes, porque sabemos que la humildad implica incomodidad. Quizá tengamos que sufrir ser avergonzados, o fracasar. Me pregunto a mí misma, tanto como le pregunto a usted: ¿Por qué no tememos mucho más a lo que puede hacer la soberbia? La soberbia puede tener un alto precio para nosotros... y posiblemente también para quienes nos siguen en la vida.

Hace varios años comencé a desarrollar el hábito de confesar mi soberbia y arrepentirme de ella diariamente, aunque no hubiera sido consciente de su presencia. Le pedí a Dios que me mostrara en qué ocasiones la soberbia levantaba su cabeza en mi vida o se infiltraba en ella. Muchas veces Dios me mostró pequeñas actitudes de soberbia que, si las dejaba crecer, podrían llegar a ser devastadoras. Quisiera compartir un ejemplo reciente de esto.

No hace mucho, decidí que era hora de comprar una Biblia nueva. Mi otra Biblia tenía aspecto de haber sido echada en la lavadora de ropa. Puedo asegurarle que a ningún empleado de ninguna librería le agrada ayudarme a comprar una Biblia nueva. ¡Para mí, es como elegir pareja! Saco al menos 20 Biblias diferentes y cuando he terminado de examinarlas todas, parece que por el estante hubiera pasado un huracán. Finalmente me decidí por una.

Tener una Biblia nueva implica pasar por el proceso de acostumbrarnos a encontrar en ella los pasajes que buscamos, tan rápidamente como en la anterior. Les dije a mis compañeros de trabajo que iba a tener la Biblia nueva en la oficina, y que por un tiempo continuaría llevando la Biblia vieja cuando tuviera que ir a dar alguna charla. Mientras estas palabras salían de mi boca, el Espíritu Santo pareció susurrar en mis oídos: "Eso me suena a soberbia". Y tenía razón. Yo no quería tener que avergonzarme por tardar en encontrar algún pasaje conocido delante de un grupo. Se me revolvió el estómago. En ese momento dejé la Biblia vieja y he estado pasando una y otra vez las páginas de la nueva hasta encontrar lo que busco.

¿Notó en nuestro estudio de esta semana que los reyes que siguieron a Dios aparentemente tuvieron más problemas de soberbia que los reyes que no lo siguieron? ¿En qué forma puede usted aplicar esto a su propia vida, y prepararse para evitarlo?

_____

Usted ha trabajado duramente conmigo hoy. Sé que hemos leído muchos pasajes bíblicos, pero creo que yo he aprendido algo para siempre, y espero que usted también. Por favor, permítame concluir con un último punto.

Para cuando el príncipe de Babilonia envió a sus delegados a Ezequías, el reino del norte ya era cautivo de Asiria. Encuentro un claro mensaje en el hecho de que Ezequías no estuviera en guardia ante los avances del príncipe pagano. Él pensaba que la amenaza provenía de Asiria, así que no consideraba que Babilonia fuera un problema. Se cuidaba tanto de un enemigo que no supo ver que se le acercaba otro. Pensó que la cautividad podía venir de un solo lado. Grave error. Ochenta años después, el reino de Judá sería vencido por los poderosos babilonios.

Dios me enseñó una lección impresionante hace unos años. Yo me había guardado diligentemente en relación con los hombres. Lejos estaba de saber que una mujer inestable que tenía un problema de homosexualidad se sentiría obsesionada por mí. Yo estaba preparada para los avances de los hombres, pero no estaba preparada en lo más mínimo para que me abordara una mujer. Amados, tenemos mucho que aprender. La ignorancia no es nuestra amiga. Dios usó mi experiencia para ayudarme a discernir no sólo la inestabilidad bien escondida de las personas que se me acercan algunas veces, sino también para estar en guardia en mi relación con las mujeres, tanto como con los hombres. Que Dios utilice este estudio bíblico poderosamente en cada una de nuestras vidas para que sepamos cómo protegernos en todos los flancos.

DÍA 5
El reinado de Cristo

Comenzamos nuestro estudio conociendo a los reyes que reinaron durante la vida de Isaías. En los capítulos 1 al 35 de su libro, Isaías predicó sobre la rebelión del pueblo de Dios y la amenaza de los asirios contra Judá y Jerusalén. El reino del norte fue tomado cautivo por Asiria en el año 722 a.C. En los capítulos 36 al 39, Isaías registra la derrota de Asiria por parte del reino del sur, cuando el rey Ezequías respondió sabiamente al ataque de Senaquerib. Isaías también registra la enfermedad de Ezequías, su caída en la soberbia, y el futuro dominio de Babilonia.

Hemos aprendido algo importante al estudiar a los reyes de Judá. Ni siquiera los mejores fueron suficientes. Ni siquiera los más honorables fueron santos. Ni siquiera los más humildes fueron inmunes a la soberbia. Ningún líder humano es incapaz de equivocarse

¿Cómo desea Dios que usted responda a lo que le ha mostrado hoy?

_____

_____

_____

_____

El Tesoro de Hoy
"*El Espíritu de Jehová el Señor está sobre mí, porque me ungió Jehová; me ha enviado a predicar buenas nuevas a los abatidos, a vender a los quebrantados de corazón, a publicar libertad a los cautivos, y a los presos apertura de la cárcel*" (*Isaías 61:1*).

25

en el liderazgo. Algunas veces los desvíos más tristes de los líderes son cometidos en el afán de ganar la aprobación de algunos seguidores inconstantes. Muchos líderes luchan en su interior con cautividades internas y personales. Para que la libertad en Cristo sea real en nuestras vidas, tendremos que aprender a andar en ella, independientemente de cualquier otra persona que conozcamos. En nuestra búsqueda de libertad, no necesitamos simplemente un líder. Aunque alguien nos guíe por el camino hacia la libertad, aún podemos volver a ser cautivos.

Necesitamos algo más que un líder en nuestro camino hacia la libertad. Necesitamos alguien que permanezca con nosotros y nos dé el poder de continuar siendo libres. Necesitamos un Salvador; alguien que nos salve constantemente. Muchas personas creen que la salvación es solamente la invitación inicial de Cristo para perdonarlas y entrar a sus vidas. Aunque necesitamos ser *salvos* de nuestra separación eterna de Dios sólo una vez, Cristo continúa su obra redentora en nosotros durante el resto de nuestras vidas.

¿Recuerda usted algunos potenciales desastres de los que Cristo lo salvó después de su experiencia inicial de salvación?

_____

_____

Isaías 36 al 39 es la antesala de un nuevo tema en Isaías. En los capítulos 40 al 66, Dios inspiró a Isaías para que profetizara sobre el tiempo en que la cautividad llegaría a su fin; Israel sería consolado por Dios y restaurado a su propósito inicial. Me fascina la forma en que Dios expresa ese cambio de dirección profético en el libro de Isaías, después de haber declarado los serios pecados del pueblo y sus castigos, en la primera mitad del libro.

*E*scriba Isaías 40:1 en el espacio que damos a continuación.

_____

¿No es un versículo maravilloso? El siguiente versículo comienza con las palabras: "Hablad al corazón de Jerusalén". Oh, cuánto agradezco yo a Dios por las palabras tiernas con que me habló después que fui escarmentada por mi pecado. Muchas de ellas provenían del libro de Isaías. Aprenderemos muchísimo de ambos, pero recibiremos mucha sanidad de las palabras de consuelo de Dios. Algunas veces me pregunto por qué *Él continúa siendo tan fiel. Sí, es fiel para castigar, o si no, ¿cómo aprenderíamos de nuestra rebelión? Pero también es tan compasivo en su consuelo... Como en el caso de Israel y Judá, gran parte de nuestra cautividad se debe a que no quitamos los obstáculos de la incredulidad, la soberbia, la idolatría, la falta de oración, y el legalismo que apaga el Espíritu. Pero Dios continúa llamándonos a un lugar espacioso, libres de ataduras terrenales.

*D*ios eligió a Isaías para dejar registradas algunas de las más notables profecías acerca de Cristo.

Quisiera que examine con atención la siguiente afirmación, porque es la conexión crucial entre el libro de Isaías y nuestro estudio de la libertad: Dios eligió el libro de Isaías, un tratado sobre la cautividad, para dejar registradas algunas de las más notables profecías sobre Cristo que se encuentran en todo el Antiguo Testamento. En un libro por medio del cual Dios profetizó los horrores del yugo extranjero, también presentó al Libertador. En algunos casos, Dios cumplió las profecías en forma temporaria por medio de seres humanos, como Ciro, mientras que su cumplimiento acabado se produce en

Cristo. En el pasaje bíblico que sirve como base para este estudio, vemos una prueba innegable de que estas Palabras se cumplen en el Mesías, Jesucristo.

Preste atención a Isaías 61:1-4. Lea estos versículos en voz alta.
Extraigamos algunos conceptos importantes de este maravilloso texto.

1. *Dios escucha el clamor de los oprimidos.* Dios incluso escucha los clamores de quienes son oprimidos como resultado del pecado y la rebelión. Nunca debemos dejar de creer que Dios se preocupa por quienes están en prisiones físicas, emocionales, mentales o espirituales. Todo entra en el dominio de Dios. Dios dio Isaías 61:1-4 como una respuesta a la cautividad que previó al mirar desde lo alto a la rebelde Judá. Veamos un tiempo muy anterior en que Dios vio la esclavitud de su pueblo. Quiero que usted vea que parte del carácter continuo de Dios es llamar a los cautivos a la libertad.

Lea Éxodo 3:7. Observe que Dios inició la relación redentora entre el
pueblo y el Libertador. ¿Qué impacto estaba teniendo la esclavitud en los
israelitas? ¿Estaban...
❑ sufriendo?   ❑ entregándose al pecado?   ❑ olvidando a Dios?

¿Qué escuchó Dios?
❑ Sus quejas   ❑ Sus gemidos   ❑ Sus clamores

Cuando sufrimos a causa de la cautividad (o por otra razón), ¡debemos aprender a clamar! Dios ve nuestro sufrimiento y se preocupa profundamente por nosotros, pero reconocer la esclavitud es un punto de partida crucial hacia una auténtica libertad.

En Éxodo 3:7, la versión Reina Valera 1960 dice: "he conocido sus angustias". La palabra hebrea que se traduce como "conocido" sugiere una relación y una percepción íntimas. Dios conoce íntimamente las angustias y los sufrimientos producidos por cualquier clase de esclavitud. También tiene el remedio. Él es quien satisface nuestras necesidades. Ya fuera que los israelitas fueran víctimas de los capataces, como en Éxodo, o que cayeran en esclavitud por causa de la idolatría y la desobediencia, como en el libro de Isaías, Dios tenía en mente liberarlos. Mientras el sol se levante por las mañanas, Dios continuará ofreciéndose a liberar a sus hijos. Como dice el Salmo 102:17-18: "Habrá considerado la oración de los desvalidos, y no habrá desechado el ruego de ellos. Se escribirá esto para la generación venidera; y el pueblo que está por nacer alabará a JAH". Somos una de esas futuras generaciones que sufre la cautividad.

Para cada cautivo, Dios envió a un Libertador. Las palabras de liberación que Dios pronuncia en Isaías 61:1-4 acerca de Aquel que fue enviado para proclamar libertad a los cautivos se aplican a nosotros hoy, como a los israelitas que enfrentaban la cautividad en manos de Babilonia. Y continuarán aplicándose mientras Dios mire desde lo alto de su santuario, observe la tierra y escuche los gemidos de los prisioneros.

2. *Dios cumple Isaías 61:1-4 solamente en Cristo.* Lucas 4:14-21 registra el comienzo del ministerio de Jesús. Jesús citó Isaías 61 como descripción de su tarea.

Observe el contexto de Lucas 4:14-21. ¿Qué acababa de experimentar
Cristo, según Lucas 4:1-13? _____

¿Cómo se nos dice que Cristo regresó a Galilea, en Lucas 4:14?
❑ Por el mar   ❑ En el poder del Espíritu   ❑ Débil y famélico

¡Cuán alentador es saber que dado que el Espíritu de Dios vive en nosotros, nosotros también podemos salir de la tentación con un mayor poder del Espíritu que nunca! Veamos cómo se cumple Isaías 61:1-4 en Cristo. Observemos que tanto Isaías 61:1 como Lucas 4:14 nos dicen que Cristo Jesús, el Libertador enviado por Dios, tendría el poder del Espíritu de Dios. A través de nuestro estudio, veremos cuán importante es el Espíritu Santo para que la libertad en Cristo sea una realidad en nuestra vida.

*S*egunda Corintios 3:17 será una verdad vital para nosotros. Este pasaje nos dice que "donde está el Espíritu del Señor, allí hay
_____".

Cristo nos hace libres por el poder de su Espíritu; y mantiene nuestra libertad a medida que aprendemos a vivir día tras día en el poder de su Espíritu libre. Según Isaías 61 y Lucas 4, sólo Jesús fue designado por Dios para ofrecer esta clase de libertad.

Lucas 4:16 nos dice que Cristo acostumbraba ir a la sinagoga de su ciudad natal en el día de reposo. Con compasión, Cristo se puso de pie delante de los que allí estaban y desenrolló el escrito que contenía la más gloriosa descripción de tareas jamás dada. ¿Lo imagina leyendo las eternas palabras de su Padre? ¡Palabras que habían esperado siglos para su cumplimiento! Allí, ante todas esas personas, estaba ese joven nacido en su misma ciudad —el Señor encarnado—, la plenitud de la Trinidad habitando corporalmente (Colosenses 2:9). Jesús leyó las palabras y dijo: "Hoy se ha cumplido esta escritura delante de vosotros". ¡Aleluya!

La Palabra dice: "todos daban buen testimonio de Él, y estaban maravillados". Me conmuevo al darme cuenta que ver a Jesús y estar maravillados por sus palabras, no es lo mismo que creer.

3. El ministerio de Cristo es un ministerio del corazón. Dios envió a Cristo en el poder de su Espíritu para llevar al corazón bajo la autoridad liberadora de su Palabra.

*L*ea nuevamente la descripción de tareas de Jesús en el libro de Isaías. Haga una lista de todos los ministerios para los que Dios ungió a su glorioso embajador en Isaías 61:1-4:

_____

_____

Cristo vino a "vendar a los quebrantados de corazón, a publicar libertad a los cautivos, y a los presos apertura de la cárcel... a consolar a todos los enlutados; a ordenar que...se les dé gloria en lugar de ceniza... manto de alegría en lugar del espíritu angustiado" (Isaías 61:1-3). Cualquiera que saque del corazón el evangelio, francamente, no le queda mucho más. Jeremías 17:9 nos dice que "engañoso es el corazón más que todas las cosas". Por lo tanto, nada necesita más de la entrada de la verdad de Dios en él, que el corazón. Encontraremos la libertad en la medida que nuestros corazones acepten, confíen y respondan a la verdad de la Palabra de Dios.

¿*C*uál de las siguientes afirmaciones refleja mejor su situación actual, a esta altura de su relación con Dios?
❑ Me siento completamente cómodo dando prioridad al corazón.
❑ Generalmente me pregunto qué le sucede a la gente que se vuelve emotiva durante un estudio bíblico o durante el culto de adoración.

❑ Me siento más cómodo con lecciones bíblicas y sermones que apelen al intelecto.

❑ He entregado a Dios el acceso sin restricciones a mi corazón.

Que Isaías 61 y Lucas 4 sean pruebas para usted de que liberar a los cautivos es una prioridad absoluta para Cristo y que es necesario que el corazón esté involucrado. Si nos basamos en 2 Pedro 3:9, su primera prioridad es liberar a los cautivos de la atadura de la destrucción eterna, pero los que son salvos pueden, aún, estar cautivos (Gálatas 5:1). ¿Qué imagen le viene a la mente cuando piensa en cristianos que permanecen cautivos?

Cuando pienso en ataduras, me imagino yugos que provienen de algún trauma en la niñez o de haber sido víctimas de algún tipo de abuso en ese tiempo. ¿Por qué? Porque el yugo que se formó en mi niñez fue la cautividad más grande que he tenido que combatir, en lo personal. Dejo esto bien en claro porque la mayoría de nosotros, sin saberlo, limitamos nuestra percepción de la cautividad a las ataduras que hemos experimentado o de las que hemos sido testigos. Para que este estudio sea más efectivo, aceptemos el desafío de expandir nuestras concepciones sobre la cautividad.

Cuando me di cuenta que Dios me estaba llamando a escribir este estudio, le pedí al grupo de mujeres al que enseño que ampliaran mi horizonte, en términos de áreas de cautividad que pueden enfrentar los creyentes. Pedí que las que hubieran sido libres de algún tipo de atadura compartieran conmigo mediante una carta dos temas:

• el área de cautividad específica que habían enfrentado;

• en qué forma y en cuánto tiempo Dios las hizo libres.

No creo que nada pudiera haberme preparado para las respuestas que recibí. Tengo permiso de algunas de ellas para utilizar fragmentos de sus cartas en momentos apropiados durante este estudio. Aunque no daré sus nombres, sé que usted conoce personas como ellas. Son cristianas brillantes y cultas. Sirven fielmente en sus iglesias. Muchas cantan en el coro. Provienen de diferentes entornos socioeconómicos. Por miedo a ser juzgadas, muchas de ellas nunca le han contado a nadie, excepto a algún consejero temeroso de Dios, las cosas que han debido enfrentar.

Escuché dolorosos testimonios de ataduras a la lujuria y un patrón repetido de caer en el pecado sexual. Con lágrimas en los ojos he leído sobre la lucha contra impulsos homosexuales y el temor a los hombres, debido al abuso sufrido en la infancia. Algunas hablaban de haber sufrido una incapacidad de amar a las personas a plenitud, incluyendo a sus propios esposos e hijos. Una me escribió sobre la victoria que Dios le había dado sobre la compulsión a robar que sentía. Otra había sido liberada de su hábito de mentir. Una amiga de la que yo jamás hubiera sospechado nada me escribió sobre su liberación de la amargura producida por el abuso que había soportado en su niñez. He escuchado de muchas que habían sido cautivas de un corazón crítico que juzgaba a las personas. Otras habían luchado terriblemente con su ira hacia Dios. Duda. Desánimo. Soledad. Insatisfacción crónica.

No olvide que estas cartas eran solamente de aquellas mujeres que habían encontrado libertad en Cristo. ¡Imagine cuántos seres humanos más están aún luchando!

• Cristo vino a liberar a los cautivos – sin importar qué clase de yugo los tenía atrapados.

• Vino a sanar a los quebrantados de corazón – sin importar qué era lo que había roto esos corazones.

• Vino a dar vista a los ciegos – sin importar qué fuera lo que les impedía ver.

¿*C*ómo desea Dios que usted responda a lo que le ha mostrado hoy?

_____

_____

_____

_____

_____

1. Oswald Chambers, *My Utmost For His Highest* (Westwood, NJ; Barbour and Company, Inc., 1935) 195.
2. Trent C. Butler et al., eds., *Holman Bible Dictionary* (Nashville: Holman Bible Publishers, 1991), 645.

SEMANA 2

Para que conozcáis...

Día 1

Conocer a Dios y creerle

Día 2

Glorificar a Dios

Día 3

Hallar satisfacción en Dios

Día 4

Experimentar la paz de Dios

Día 5

Disfrutar de la presencia de Dios

Espero que haya tenido una hermosa semana y una reunión muy provechosa con su grupo. Ahora voy a hacerle un regalo. Vamos a examinar cinco beneficios que Dios desea que cada uno de sus hijos disfrute. Podrá encontrar el primero en el versículo para memorizar de esta semana. Isaías 43:10 nos dice con qué propósito nos eligió Dios.

Memorizar la Palabra de Dios y meditar en ella y en sus verdades son claves para hacer de la libertad en Cristo una realidad en su vida. No se deje abrumar por la extensión de los pasajes que memorizamos. No permita que Satanás le diga que no puede hacerlo. Escriba Isaías 43:10. Repase Isaías 61:1. Lleve los pasajes con usted. Practíquelos cada vez que bebe algo. Plante las Palabras de Dios y sus beneficios en el terreno de su alma.

Preguntas Principales

Día 1: Según Isaías 43:10-13, ¿cómo describiría a Aquel que le eligió para amarle, creerle y adorarle como Dios?

Día 2: Según Isaías 43:7, ¿para qué nos creó Dios?

Día 3: ¿Por qué cree usted que el autor del Salmo 63 tenía tal hambre y sed de Dios?

Día 4: Según Isaías 48:18, ¿qué sucedería si prestáramos atención a los mandamientos de Dios?

Día 5: En el Salmo 16:11, ¿qué esperaba David de Dios confiadamente?

Desearía poder estar con usted mientras estudia esta semana. Que pase un tiempo de gran bendición... no con la autora de *¡Sea libre!*, sino con el autor de la libertad.

DÍA 1
Conocer a Dios y creerle

En la gloriosa tesis de Isaías sobre los cautivos que son liberados, el profeta describe los beneficios de Dios en un resumen inolvidable: "Ni nunca oyeron, ni oídos percibieron, ni ojo ha visto a Dios fuera de ti, que hiciese por el que en él espera" (Isaías 64:4).

*M*e encanta la manera en que el apóstol Pablo escribe este mismo versículo en 1 Corintios 2:9. ¿Qué comentario agrega Pablo a la descripción de lo que Dios ha preparado para nosotros?
❑ Ningún ojo ha visto
❑ Ningún oído ha percibido
❑ Ninguna mente ha concebido ("no ha subido en corazón de hombre")

Dios desea hacer en su vida lo que sus ojos nunca han visto, sus oídos nunca han oído y su mente nunca ha concebido. Pero así como los hijos de Israel eran cautivos de los babilonios, hay áreas de cautividad que pueden evitar que vivamos la realidad de Isaías 64:4 y 1 Corintios 2:9.

Tómese un momento para releer nuestra definición de cautividad dada en la introducción: "Un cristiano es mantenido cautivo por cualquier cosa que sea obstáculo para la vida llena del Espíritu, abundante y eficaz, que Dios planeó para él". Una de las maneras más efectivas para detectar un área de cautividad es medir si estamos disfrutando, o no, de los beneficios que Dios ha preparado para cada uno de sus hijos.

Esta semana cada uno de nosotros intentará responder la siguiente pregunta: ¿Estoy experimentando los beneficios de mi relación de pacto con Dios a través de Cristo, o los beneficios sobre los que leo en las Escrituras me parecen simplemente ideas agradables pero sin fuerza?

Es posible que un yugo extraño esté impidiéndonos comprender cinco beneficios principales que Dios planea que sus hijos disfruten. Estudiaremos estos beneficios "para que conozcáis" lo que es vuestro (Isaías 43:10) y para poder reconocer qué es lo que está faltando. La ausencia de cualquiera de estos beneficios será un útil indicador de cautividad. He aquí estos cinco beneficios:

> Conocer a Dios y creerle
> Glorificar a Dios
> Hallar satisfacción en Dios
> Experimentar la paz de Dios
> Disfrutar de la presencia de Dios

La lección de hoy será un estudio del primer beneficio; luego estudiaremos cada uno de los demás beneficios en los demás días de la semana.

PRIMER BENEFICIO: Conocer a Dios y creerle

*L*ea Isaías 43:10-13 y responda las siguientes preguntas.
¿**Para qué hemos sido "escogidos" según Isaías 43:10? Marque todas las opciones que correspondan.**

El Tesoro de Hoy
"Vosotros sois mis testigos, dice Jehová, y mi siervo que yo escogí, para que me conozcáis y creáis, y entendáis que yo mismo soy" (Isaías 43:10).

❏ Para conocer a Dios   ❏ para ser prósperos

❏ Para ser felices   ❏ para creer a Dios

❏ Para encontrar a Dios   ❏ para entender que Él es Dios

Según estos versículos, ¿cómo describiría a Aquel a quien usted ha sido elegido para amar, creer y entender que es Dios?

_____

En Isaías 43:10, la palabra hebrea que se traduce como "conozcáis" es *yadha*. Esta palabra implicaba un nivel de familiaridad muy íntimo y muchas veces se utilizaba para referirse a la relación entre esposo y esposa. Uno de los propósitos principales en este planeta es conocer a Dios íntimamente y con reverente familiaridad.

*¿H*a recibido usted a Cristo como su Salvador personal? ❏ Sí ❏ No
Si no lo ha hecho aún, no puedo pensar en un momento mejor para hacerlo, ya que Cristo es la única entrada al camino de la libertad. Parafrasee Juan 8:36 en el siguiente espacio:

_____

Una de las más bellas características de la salvación es su simplicidad. Cristo ya hizo todo el trabajo en la cruz. Lo único que usted debe hacer es:

1. Reconocer que es un pecador y no puede salvarse a sí mismo.
2. Reconocer que Cristo es el Hijo de Dios y que sólo Él puede salvarlo.
3. Creer que Él fue crucificado por los pecados de usted, y que murió en su lugar.
4. Entregarle su vida y pedirle que sea su Salvador y Señor.

*S*i ya conoce a Cristo, ¿cuánto tiempo hace que es cristiano?

¿Cómo caracterizaría su relación con Dios?

Distante   Algo cercana y personal   Muy cercana y personal

Si eligió "cercana y personal", ¿qué características de su relación demuestran un cierto nivel de familiaridad? Si no lo hizo, ¿qué es lo que hace que se sienta distante de Él?

_____

Si disfruta de una relación estrecha con Dios, este estudio será una oportunidad para profundizarla. Deseo de todo corazón que al dar vuelta la última página de este libro usted pueda decir: "¡Y yo que cuando comencé, pensaba que lo conocía y lo amaba!" Si no puede describir su relación con Dios con palabras como "cercana" y "familiar", no desespere. A medida que permitamos que Dios penetre en nuestros corazones, los sane, los cambie, o simplemente los haga más como el suyo, también tendremos muchas oportunidades de ponernos a tono con su corazón.

Isaías 43:10 nos dice que Dios no sólo desea que lo conozcamos, sino que desea que le creamos. La palabra hebrea que se traduce como "creáis" en este versículo es *aman*, que significa "ser firme, permanecer, confiar".

El nivel de nuestra confianza en Dios es un tema monumental en la vida de cada creyente. Confiar en un Dios invisible no es algo que surja naturalmente en ningún creyente. Una relación de confianza crece sólo en una forma: dando pasos de fe y tomando la decisión de confiar. Este "paso" puede, algunas veces, parecer algo más de lo que podemos hacer, pero Dios está ansioso por ayudarnos a superar nuestra incredulidad. La capacidad de creerle a Dios generalmente se desarrolla por pura experiencia. "Él me fue fiel ayer. No me será infiel hoy".

¿*C*ómo caracterizaría usted su nivel de confianza en este momento?

❏ Tentativo   ❏ condicional   ❏ fuerte
❏ Débil   ❏ profundo   ❏ cómodo
❏ Incondicional   ❏ casi inexistente   ❏ creciente

¿Qué experiencias han influido en su actual nivel de confianza?

_____

_____

¿Ha reconocido algún síntoma de cautividad?   ❏ Sí   ❏ No

¿Cuál es el primer beneficio? _____

Si sentimos que hay algo que nos detiene en nuestro proceso de conocer a Dios y creerle no se llene de culpas ni piense que ha hecho todo mal. Regocíjese porque Cristo quiere hacernos libres para conocerlo y creerle. Parte del proceso será reconocer qué nos está deteniendo y aprender a identificar de qué se trata.

*C*oncluya escribiendo nuestra definición de cautividad en el espacio que damos a continuación, para comenzar a memorizarla.

_____

_____

Escriba una breve oración a Dios poniéndose a su completa disposición; agradézcale por no darse por satisfecho con nada menos para usted que "lo que ojo no ha visto, ni oído ha percibido, ni mente ha concebido".

Estoy enormemente agradecida por su disposición a unirse a mí en este camino hacia la libertad. Estoy orando por usted todos los días.

Glorificar a Dios

El Tesoro de Hoy

"*Todos los llamados de mi nombre; para gloria mía los he creado, los formé y los hice*" (*Isaías 43:7*).

Una de nuestras metas, en *¡Sea libre!,* es reconocer algunos de los obstáculos personales que nos impiden experimentar la vida abundante. El primer día reconocimos que la ausencia de alguno de los beneficios primarios de ser un hijo de Dios puede ser indicación de un área de cautividad. Basándonos en el libro de Isaías, tomamos una lista de cinco beneficios que deberían ser realidad en la vida de cada uno de nosotros, pero que son, virtualmente, pura teoría, parcial o totalmente, para aquellos que están cautivos en ciertas áreas.

*B*asándonos en lo que recuerde de la última lección, marque los cinco beneficios principales que somos libres de disfrutar como hijos de Dios. Si le falta alguno, repase la lección anterior.

❑ Experimentar la victoria diariamente ❑ disfrutar de la presencia de Dios
❑ Ser paciente en las tribulaciones ❑ glorificar a Dios
❑ Experimentar la paz de Dios ❑ conocer a Dios y creerle
❑ Encontrar la sanidad de Dios ❑ hallar satisfacción en Dios
❑ Sentirse realizado al servir a Dios ❑ vencer al maligno

Recurra a su memoria, de ser posible. ¿Cuál es nuestra definición de cautividad?

En nuestra lección anterior comentamos brevemente el primer beneficio, que es conocer a Dios y creerle. Desde esa lección quizá usted se haya dado cuenta de que hay obstáculos que le molestan en su deseo de conocer a Dios y le hacen dudar a la hora de creerle. Oro para que al dar vuelta a la última página de este estudio bíblico, usted haya sido gloriosamente liberado para seguir a Dios y confiar en Él. Hoy examinaremos el segundo beneficio: glorificar a Dios.

Según Isaías 43:7, ¿para qué nos creó Dios?

❑ Para que tengamos comunión con Él ❑ para honor de su nombre
❑ Para su gloria ❑ para ser conocido en el mundo

Sin mirar más adelante, ¿qué cree usted que Dios quiere decir al hablar de su "gloria"?

Cuanto más estudio la gloria de Dios, más me convenzo de que es prácticamente indefinible. Veremos varios pasajes bíblicos. Pero tenga en cuenta que la gloria de Dios excede por lejos todo lo que podamos comprender en términos humanos. Su gloria es todo lo que vamos a aprender... e infinitamente más.

*E*xamine cuidadosamente cada uno de los siguientes pasajes y anote todo lo que aprenda sobre la gloria de Dios:

Isaías 6:3: _____

Números 20:6: _____

2 Crónicas 5:13-14: _____

Salmo 19:1: _____

Salmo 29:9: _____

Isaías 42:8: _____

La gloria de Dios no es sólo algo que lo refleja. ¡Es también parte de su ser! En cada uno de estos pasajes del Antiguo Testamento, la palabra hebrea que se traduce como "gloria" es *kabodh*, que significa "peso, honor, estima". La palabra *kabodh* proviene de otra palabra hebrea que nos permite comprender mucho más. Se trata de *kabedh*, que significa "ser renombrado... mostrarse grande o poderoso". En otras palabras, la gloria de Dios es la manera en que Él se hace conocer o se muestra poderoso. Dios desea revelarse a los humanos. La gloria de Dios es la forma en que Él muestra quién es.

*E*studie los siguientes usos neotestamentarios de la palabra "gloria" y anote otros elementos que le den una mejor comprensión del concepto.

La gloria de Dios es la forma en que Él se hace reconocible.

Juan 1:14: _____

Juan 2:11: _____

Hebreos 1:3: _____

2 Pedro 1:3: _____

La palabra griega que se traduce como "gloria" en el Nuevo Testamento es *doxa*. Es "la verdadera comprensión de Dios o las cosas. La gloria de Dios debe significar su esencia invariable. Dar gloria a Dios es reconocerlo plenamente. La gloria de Dios es lo que Él es esencialmente". *Doxa* proviene de otra palabra maravillosa: *dokeo*, que significa "pensar o suponer". La gloria de Dios es la forma en que Él se hace reconocible.

Lea Isaías 43:7 una vez más. Basándonos en lo que hemos aprendido de los pasajes bíblicos y definiciones estudiadas, ¿qué cree usted que significa haber sido creados "para la gloria de Dios"?

_____

_____

Creo que ser creados para la gloria de Dios significa dos maravillosas verdades para quienes somos llamados por su nombre:
• Dios desea que *nosotros* lo reconozcamos y
• Dios desea que *otros* lo reconozcan *a través de* nosotros.

*L*ea 1 Corintios 10:31. ¿Cómo interpretaría este versículo basándose en lo que hemos aprendido?

_____

¡Dios desea ser reconocible en nosotros, en todo lo que hagamos! Vivir una vida que glorifique a Dios es sinónimo de vivir una vida que revele a Dios. Si usted es como yo, probablemente lo abruma la enorme responsabilidad que implica ese llamado. ¡Somos criaturas imperfectas! ¿Cómo vamos a ayudar a otros a reconocer algo de Dios sólo observando nuestras vidas y conociéndonos? Examinemos otra parte de la definición de *doxa* que relaciona la palabra con los seres humanos: "la gloria de las cosas creadas, incluyendo al hombre, es lo que Dios los ha destinado a ser, aunque no lo hayan logrado en su totalidad". Los siguientes pasajes nos ayudarán a comprender la gloria de Dios.

¿ *Q*ué aprendemos sobre la gloria de Dios en Romanos 3:23?

_____

Ahora lea Colosenses 1:24-27. ¿Cuál es el misterio que Dios utilizó al apóstol Pablo para dar a conocer, según el v. 27?

❏ **Nuestra salvación**   ❏ **la aceptación de los gentiles**
❏ **Cristo en vosotros**   ❏ **Jesús es Dios**

El misterio que el apóstol Pablo tuvo el privilegio de anunciar fue que Cristo mismo habita en la vida de cada creyente. ¡Cristo en nosotros! Romanos 8:9 nos dice que "si alguno no tiene el Espíritu de Cristo, no es de Él". En otras palabras, en el mismo momento en que cada uno de nosotros recibió a Cristo como nuestro Salvador, el Espíritu Santo de Cristo vino a residir en nuestro ser interior.

¿Puede ver la clave? No tenemos ninguna esperanza de que Dios sea reconocible en nosotros si el Espíritu de Cristo no habita en nuestro interior. Si el Espíritu Santo no reside en nosotros, no tenemos nada de Dios para mostrar. Cristo es la única "esperanza de gloria" de un ser humano. ¿Comprende lo que quiero decir? "Cristo en vosotros, la esperanza de gloria".

Glorificamos a Dios en la medida en que mostremos exteriormente la existencia interna del Cristo vivo. Una vida que glorifica a Dios no es algo que se obtiene repentinamente.

*L*ea 2 Corintios 3:17-18. ¿Qué dice el versículo 18 sobre la obra de Dios

en usted? _____

Espero que no se le escape el hecho de que estamos siendo "transformados de gloria en gloria a la misma imagen de Cristo". Me encanta la forma de expresarlo de la versión Reina-Valera 1960: ¡"de gloria en gloria"! Es que las personas que están viviendo la realidad de su liberación en Cristo (Gálatas 5:1; 2 Corintios 3:17) progresan en sus vidas espirituales en una gloria siempre creciente. A medida que crecen en madurez espiritual, el Espíritu de Cristo se hace cada vez más reconocible en ellos. De la misma manera, cuando Cristo no es reconocible en una vida redimida, tenemos que identificar esa área de cautividad y permitir que Dios obre en ella.

¿Recuerda la definición de *doxa* en relación con los seres humanos? "Lo que Dios los creó para que fueran". Ahora, reflexione una vez más sobre las palabras de Isaías 43:7: "Todos los llamados de mi nombre, para gloria mía los he creado". Permítame intentar un resumen de lo que hemos aprendido:

- Fuimos creados para la gloria de Dios.
- No tenemos esperanza de gloria de Dios sin el Espíritu de Cristo que habita en nosotros a partir de la salvación.
- Cumplimos el propósito "que Dios tuvo para nosotros al crearnos" cuando Dios es "reconocible" en nuestro estilo de vida.

Quizá usted se pregunte cómo una persona puede reconocer si su vida ha estado glorificando a Dios o no. Los siguientes pasajes y las afirmaciones que contienen pueden ayudarnos a determinar si este segundo beneficio es una realidad actual en nuestras vidas o no. Por favor, no desmaye si siente que aún no está viviendo una vida que glorifica a Dios. Recuerde: Él nunca echa luz sobre nuestras debilidades o fallas para condenarnos. Romanos 8:1 nos asegura que "ninguna condenación hay para los que están en Cristo Jesús". ¡Dios nos hace ver los obstáculos para que podamos ser libres!

*D*elante de cada afirmación, coloque una V (verdadero), F (falso) o P (estoy progresando), según se aplique a su situación.

____ **El factor más importante a considerar en cada cosa que hago es si Dios será glorificado o no (1 Corintios 10:31).**
____ **No busco mi propia gloria (Juan 8:50, 54).**
____ **Al servir a los demás, espero sinceramente que de alguna manera ellos vean a Dios en mí (1 Pedro 4:10-11).**
____ **Cuando estoy sufriendo dificultades, me vuelvo a Dios e intento cooperar con Él para que pueda usarlas para mi bien y para su gloria (1 Pedro 4:12-13).**
____ **Algunas veces puedo lograr cosas o soportar cosas solamente gracias al poder de Dios (2 Corintios 4:7).**

¡No se preocupe! ¡La mayoría de la gente probablemente no puede completar todos esos espacios en blanco con una gran V! Ninguno de nosotros glorifica a Dios constantemente en todo lo que hacemos y decimos. Dios desea hacer en cada vida más de lo que jamás hemos visto, oído o imaginado (1 Corintios 2:9). Algunas veces, Dios nos protege de la soberbia manteniéndonos hasta cierto punto ignorantes del nivel en el que estamos realmente glorificándolo. Pero cuando podemos responder a las afirmaciones anteriores con una respuesta afirmativa, como "verdadero", o "estoy progresando", ¡Dios está siendo glorificado! Puede estar seguro de ello. ¡Sólo asegúrese de volver la mirada a Él y darle la gloria!

La lección de hoy quizá le haya sido difícil. Quizá sienta que tiene un largo camino por recorrer antes de cumplir el propósito para el cual Dios lo creó (Isaías 43:7). Por el contrario, yo espero que pueda ver el magnífico potencial que Él planeó para que usted realizara. Sin importar a qué lo haya expuesto Dios hoy, puede gozarse en las maravillosas palabras de Cristo que le pertenecen.

¿Qué dijo Cristo que le ha sucedido a través de quienes creen en Él?

(Juan 17:9-10) _____

¿*C*ómo desea Dios que usted responda a lo que le ha mostrado hoy?

_____

_____

_____

_____

_____

En este contexto, Cristo utilizó la palabra "glorificado" para indicar la riqueza que había recibido. No importa en qué etapa de este viaje hacia la vida liberada en Cristo está usted, este es su tesoro. Él no desea quitarle. Lo que Él quiere es darle, liberarlo de cualquier obstáculo para la vida abundante y llena del Espíritu que Él murió para darle.

Por favor, concluya la lección de hoy orando sobre la vida que glorifica a Dios. Aprender a dialogar con Dios, de manera personal, es una parte esencial del proceso de liberación. Comparta con Él su respuesta a la lección de hoy.

El Tesoro de Hoy
"¿Por qué gastáis el dinero en lo que no es pan, y vuestro trabajo en lo que no sacia? Oídme atentamente, y comed del bien, y se deleitará vuestra alma con grosura"
(Isaías 55:2).

Primer beneficio: Conocer a Dios y creerle

Segundo beneficio: Glorificar a Dios

D Í A   3
Hallar satisfacción en Dios

Hoy estudiaremos el tercer beneficio: hallar satisfacción en Dios. Al enfocar este beneficio en particular, haremos bien en recordar Juan 8:32. Usted y yo estamos haciendo un viaje hacia la vida liberada en Cristo.

Según Juan 8:32, ¿qué utilizará Cristo continuamente como medio para

que lleguemos a destino? _____

No sólo la verdad de Dios es absolutamente necesaria para nuestro progreso hacia la libertad completa, sino que también es necesario que nosotros seamos veraces. El Salmo 51:6 dice que Dios desea "la verdad en lo íntimo". Nuestro viaje se convertirá en un montón de horas desperdiciadas si no permitimos que la verdad de Dios penetre los lugares más íntimos de nuestras vidas y nos haga sinceros en respuesta a Él. Una combinación de dos vehículos: la verdad de Dios y nuestra propia veracidad, nos llevará al destino que deseamos. La honestidad ante Dios es una necesidad absoluta para que avancemos en este viaje.

Menciono cuán importante es la sinceridad porque quizá esté a punto de ser más honesta de lo que algunos de nosotros podemos soportar. Quiero que me escuche y examine lo que voy a decir. Muchos cristianos no están satisfechos con Jesús. Quizá usted está de acuerdo con esta afirmación, o quizá se quede con la boca abierta de asombro; pero sin importar cuál sea su respuesta, creo que usted probablemente haya experimentado exactamente lo que he expresado.

Antes que me llame "hereje", quiero dejar algo bien en claro: Jesús es absolutamente satisfactorio. En realidad, Él es el único medio por el cual una criatura mortal cualquiera puede encontrar verdadera satisfacción en la vida. Pero creo que una persona puede recibir a Cristo como su Salvador, servirlo durante décadas, y encontrarse con Él cara a cara en la gloria, sin jamás haber experimentado satisfacción en Él sobre esta tierra. Si usted ha descubierto la genuina satisfacción en Cristo, supondré que, como yo, tiene la misma ansiedad porque otros también lo encuentren satisfactorio, y de todas maneras participará de buena gana en esta lección.

La Biblia utiliza la palabra "alma" en diversas maneras. Una de ellas es para referirse a la parte no material de nosotros. Cuando hablo de "hambre del alma", me refiero a nuestra necesidad de satisfacción espiritual. Estoy segura de que estamos abordando un tema que a pocas personas les resulta cómodo, pero es hora de que la verdad rompa los cerrojos de los armarios donde ocultamos nuestra insatisfacción.

*P*rimero intentemos dar nuestra propia definición de satisfacción. ¿Qué cree usted que significa estar satisfecho con algo?

_____

Ahora, permítame que le formule una pregunta que espero que conteste honestamente: Su alma, su espíritu, su verdadero "yo", ¿está enteramente satisfecho con Cristo? Mientras meditamos en nuestra respuesta, examinemos el significado bíblico de la satisfacción por medio de varios pasajes del Antiguo Testamento.

*L*ea Isaías 55:1-2. ¿Qué parece estar ofreciendo Dios en estos versículos?

_____

Reformule la pregunta del versículo 2 en sus propias palabras:

_____

¿Qué clase de satisfacción está destacando Dios en estos versículos?
❑ Física   ❑ Emocional
❑ Espiritual   ❑ Mental

La palabra hebrea que se traduce como "sacia" en Isaías 55:2, es *sob'ah*, que significa "tener suficiente, estar lleno [...] suficientemente" (Strong's). En efecto, Dios pregunta: "¿Por qué trabajan tanto por cosas que no son suficientes que no pueden llenarlos?

¿ *R*ecuerda algo por lo que usted haya trabajado duramente para lograrlo y que finalmente no le dio la satisfacción que usted esperaba?
❑ Sí   ❑ No

Cada uno de nosotros ha sido decepcionado por algo en lo que esperábamos hallar gran satisfacción. Ahora veamos otra referencia muy oportuna a la satisfacción.

*L*ea Jeremías 31:23-25. ¿Cuándo dice Dios que satisfará al alma cansada y saciará a toda alma entristecida, según el versículo 23?

_____

En Jeremías 31:25, la palabra hebrea que se traduce como "saciaré" es *mal'e*: "llenar, lograr, llenar algo que estaba vacío... el acto de llenar nuevamente, así como la experiencia de ser saciado". La palabra que se traduce como "entristecida" es *da'ab*, que significa "desfallecer" (Strong's). Fácilmente podemos ser llevados cautivos cuando buscamos otras respuestas a necesidades y deseos que sólo Dios está preparado para satisfacer. ¿Cuántas veces "desfallecemos" por algo que ni siquiera sabemos qué es? Quizá cada uno de nosotros ha experimentado un anhelo o un lugar vacío en la profundidad de nuestro ser, que hemos intentado ignorar.

Un paso importante de nuestra liberación en Cristo es permitir que Él llene los lugares vacíos que hay en nuestras vidas. La satisfacción en Cristo puede ser una realidad. Lo sé por experiencia y deseo que sepan cuán completos Él nos puede hacer sentir. No hablo de una vida llena de actividades, sino de un alma llena de Jesús.

Dios muchas veces nos enseña verdades espirituales haciendo paralelos con realidades físicas.

Esa llenura que sólo Él puede dar no es un resultado automático de la salvación. Yo tenía poco más de 30 años cuando comprendí la enorme diferencia que hay entre salvación del pecado y satisfacción del alma. La salvación asegura nuestras almas para toda la eternidad. La satisfacción del alma nos da vida abundante en la tierra. Dios muchas veces nos enseña verdades espirituales haciendo paralelos con realidades físicas. Podemos aprender muchas verdades sobre un alma satisfecha haciendo un paralelo entre el alma y el cuerpo físico. Sé que suena simplista, pero sígame la corriente por un momento y, por favor, conteste las siguientes dos preguntas:

¿*C*ómo sabe que tiene hambre? Describa la sensación del hambre.

_____

¿Cómo sabe que tiene sed?

_____

Sígame un poco más. ¿Qué hace usted generalmente cuando tiene hambre o sed? Cuando tiene sed, no desea una bolsa de palomitas de maíz. ¡Lo que quiere es un vaso grande de agua! Cuando tiene hambre, no se sienta e ignora los síntomas. Si ignora sus necesidades físicas durante un tiempo, no sólo se sentirá mal, sino que pronto estará enfermo. Fácilmente podemos reconocer las señales que el cuerpo nos da; pero hay gran sabiduría en aprender a discernir las señales que nos da nuestra naturaleza espiritual. El Salmo 63 nos permite ver un alma satisfecha.

*L*ea Salmos 63:1-8. ¿Por qué cree usted que este autor sentía tal hambre y sed de Dios?

_____

¿Cuál era la expectativa del autor después de confesar su sed de Dios y buscarlo con todo ahínco (ver v. 5)?

_____

¿Cómo mediría usted la clase de satisfacción que el autor estaba acostumbrado a hallar cuando buscaba a Dios con todas sus fuerzas?
- ❏ Como agua para el alma sedienta
- ❏ Muy adecuada
- ❏ Como la comida más deliciosa para un hambriento
- ❏ milagrosa
- ❏ apenas suficiente

El síntoma de un alma que necesita a Dios es una sensación de vacío interior. La constante incapacidad de hallar satisfacción.

¿Recuerda usted algún momento en su vida en que supiera que debería estar satisfecho, pero no lo estaba? Describa esa sensación.

_____

El alma también puede manifestar síntomas físicos de necesidad. Me agrada representármelo de esta manera: así como mi estómago gruñe cuando necesito alimento físico, mi espíritu tiende a gruñir cuando necesito alimento espiritual. Cuando un cajero de un supermercado parece irritable o malhumorado, algunas veces sonrío para mis adentros y me digo: "¡Seguramente sus hijos lo despertaron antes que pudiera tener su tiempo devocional!" Puedo asegurarle que mi personalidad es totalmente diferente cuando no he tenido el tiempo que necesito con el Señor. ¡Mi alma puede llegar a gruñir!

¿*C*uál es su experiencia? ¿Alguna vez su alma hambrienta ha manifestado síntomas físicos? ❏ Sí ❏ No   De ser así, ¿cuáles son?

❏ Irritabilidad   ❏ ambiciones egoístas   ❏ enojo
❏ Pensamientos impuros   ❏ envidia   ❏ resentimiento
❏ Erupciones de lujuria ❏ otro:_____

Continuemos con una analogía similar. Cuando un alma tiene sed del agua viva (Juan 4), también puede manifestar un síntoma físico. Así como mi boca se reseca cuando tengo sed, mi boca espiritual tiende a resecarse cuando necesito la frescura y la satisfacción que sólo Dios puede darme. Los siguientes pasajes sugieren algunos síntomas de una boca húmeda del agua viva de Dios:

*B*asándose en estos versículos, ¿cuáles serían las manifestaciones de una sed recientemente satisfecha por Dios?

Salmo 71:8 _____

Salmo 119:172 _____

Isaías 50:4_____

Teniendo en cuenta las indicaciones de una sed que ha sido recientemente satisfecha, ¿en qué maneras se manifestaría un espíritu seco?

_____

_____

Finalmente, quiero destacar algo importante. Podemos suponer casi con seguridad que nuestra alma está hambrienta y sedienta de Dios si no hemos compartido ningún alimento o bebida espirituales durante un tiempo. Las almas acostumbradas a recibir alimento probablemente tengan un apetito altamente desarrollado. Veamos nuevamente el Salmo 63. David estaba acostumbrado a contemplar el poder y la gloria de Dios. Estaba tan familiarizado con el amor de Dios, que lo consideraba "mejor que la vida". Por lo tanto, extrañaba la frescura de Dios cuando no la tenía.

Creo que nosotros tenemos la misma tendencia. Cuanto más nos ha satisfecho el amor de Dios, su Palabra, su presencia, más las anhelaremos. Por otra parte, podemos pasar tanto tiempo lejos del Señor y su alimento y bebida espiritual que ya no sintamos hambre o sed. Sé, por experiencia personal, que si no compartimos la comida y la bebida espiritual de Dios durante un tiempo, tendremos hambre y sed de esa satisfacción, lo sepamos o no. ¡Vuelva al Pan de Vida y al Agua Viva! "Gustad, y ved que es bueno Jehová" (Salmo 34:8).

¿*C*ómo desea Dios
que usted responda a
lo que le ha mostrado
hoy?

_____

_____

_____

_____

_____

Dios puede satisfacer el deseo de su alma. Satisfacer la profundidad de nuestro ser con Jesús es un beneficio de la gloriosa relación de pacto que tenemos con Dios en Cristo. Durante las semanas que siguen, comenzaremos a discernir las cosas que nos impiden experimentar la vida satisfactoria.

*C*oncluya la lección de hoy escribiendo lo que aprenda sobre el "tercer beneficio" en los siguientes pasajes:

Salmo 103:1-2, 5 _____

Filipenses 4:19 _____

Apocalipsis 3:20_____

¡Abra la puerta, amado! Cristo espera para satisfacer su alma hambrienta.

Experimentar la paz de Dios

*El Tesoro de
Hoy*
*"¡Oh, si hubieras
atendido a mis
mandamientos! Fuera
entonces tu paz como
un río, y tu justicia
como las ondas del
mar" (Isaías 48:18).*

*Primer beneficio:
Conocer a Dios y
creerle*

*Segundo beneficio:
Glorificar a Dios*

*Tercer beneficio:
Hallar satisfacción en
Dios*

¿Está comenzando a sentir la necesidad de una mayor libertad en Cristo? Estoy orando por usted en este viaje. Si le da a Dios completo acceso a su corazón, mente y alma, cuando vuelva la última página será "libre" para amarlo en formas que jamás imaginó. Este estudio bíblico lo llevará a pasajes liberadores y exigirá de usted un grado de cooperación que Dios honrará. Se aproxima una cosecha muy fructífera.

Hoy estudiaremos el cuarto beneficio: Experimentar la paz de Dios. No creo que pueda enfatizar demasiado la importancia de la paz como beneficio real y práctico de nuestra relación de pacto con Dios. Su paz no debe ser una sorpresa infrecuente, sino la norma constante en nuestras vidas.

*S*egún 2 Tesalonicenses 3:16, ¿con cuánta frecuencia y en cuántas áreas de su vida Dios desea darle paz?

_____

La paz puede ser posible en toda situación, pero no podemos simplemente producirla cuando la necesitamos. En realidad, no podemos producirla en lo más mínimo. Es "fruto del Espíritu" (Gálatas 5:22).

Tenemos la paz de Cristo. Si recibimos a Cristo, ya nos ha sido dada. Sencillamente, no siempre sabemos cómo activarla. Hoy hablaremos sobre la clave para experimentar la realidad práctica de la paz de Dios.

El libro de Isaías utiliza la palabra "paz" 26 veces. Dios prometió continuamente que habría paz cuando sus cautivos regresaran de todo corazón a Él. Comencemos a descubrir la clave para experimentar la paz que Cristo nos dejó como herencia.

*D*escubra qué enseña cada uno de los siguientes pasajes sobre la paz; esté atento a las indicaciones de un común denominador entre muchos de ellos.

Isaías 9:6-7 _____

Isaías 26:3 _____

Isaías 32:17 _____

Isaías 53:5 _____

Isaías 54:10 _____

Isaías 57:2 _____

Isaías 60:17 _____

¿Ha visto alguna indicación de un común denominador que une varios de estos pasajes? ❏ Sí ❏ No De ser así, ¿cuál era?

_____

Isaías 9:6-7 presenta la clave de la paz: "Y se llamará su nombre Príncipe de paz. Lo dilatado de su imperio y la paz no tendrán límite". Permita que Dios escriba este principio en su corazón para siempre: la clave de la paz es la autoridad. Cuando permitimos que el Príncipe de paz gobierne nuestras vidas, tenemos paz. La paz acompaña la autoridad.

La clave de la paz es la autoridad.

*R*ecuerde un momento de su vida en que sin duda alguna usted experimentó la paz de Dios que sobrepasó su entendimiento.

_____

¿Puede usted también decir, como yo, que ha sentido la ausencia de la paz en circunstancias mucho menos difíciles? ¿Alguna vez se preguntó cuál era la diferencia? La paz viene en situaciones que están completamente rendidas a la autoridad soberana de Cristo. Algunas veces, cuando finalmente dejamos de tratar de descubrir las respuestas a todos los "porqué" de nuestras vidas, y decidimos confiar en un Dios soberano, una paz inesperada se derrama sobre nosotros como la lluvia del verano. Algunas veces no tenemos paz en situaciones mucho menos estresantes porque no estamos tan desesperados o dispuestos a entregarlas a Dios.

Después de mucho luchar, tuve que entregar algunas de las heridas de mi niñez a la autoridad soberana de Dios, porque me di cuenta de que si no lo hacía, me consumirían como un cáncer invasor. Cuando finalmente le permití gobernar todo lo relativo a mi pasado, no sólo el Príncipe de paz me dio su paz, sino que realmente hizo algo bueno de lo que había sido horrible e injusto. Si usted aún no ha doblado la rodilla ante la autoridad de Dios sobre algunas áreas de su pasado, amigo mío, algo lo tiene cautivo.

Cristo desea desesperadamente que su pueblo experimente su paz. Quizá le sea de bendición saber cuánto lo desea. Muchas palabras griegas se traducen como "llorando" o "llorar" en el Nuevo Testamento. Cada palabra griega representa diferentes grados de dolor expresado. La palabra *klaio* es la más fuerte que se utiliza en el Nuevo Testamento para expresar "dolor". Significa "llorar, gemir, lamentarse, implicando no sólo derramar lágrimas, sino también toda otra expresión externa de dolor". Cristo lloró en varias ocasiones, pero sólo una vez su dolor se describe con la palabra *klaio*.

ℒea Lucas 19:41-42. ¿Por qué mostró Jesús tal extremo dolor?

Creo que Cristo aún sufre cuando ve corazones que viven tormentos innecesarios. Usted puede tener la paz de Cristo, hermano, sin importar cuáles son las circunstancias, pero debe creer, doblar las rodillas, y aprender a recibir.

Algunos podremos rendirnos a su autoridad en áreas problemáticas casi inmediatamente. Para otros, rendirse a Cristo parece más difícil. También debemos recordar que doblar la rodilla es, finalmente, asunto de obediencia pura. Quizá usted nunca sienta que desea entregar su circunstancia, dolor o pérdida a Él; pero puede elegir someterse a su autoridad por fe y obediencia, más que por emoción. La obediencia es la señal de la auténtica rendición a la autoridad de Dios en cualquier asunto.

Cuando finalmente doblé la rodilla ante el Príncipe de paz y le entregué las heridas de mi infancia, comprendí que Él me indicaba que perdonara a la persona que me había herido. Dios no insistió en que lo perdonara por el bien de quien me había dañado, sino para que yo tuviera paz en mi vida. Una vez que comencé a entregarle esta área tan dolorosa, Él comenzó a darme una capacidad sobrenatural para perdonar. Una porción de la Biblia en Isaías revela bellamente la relación entre la obediencia, la autoridad de Dios y la paz. Dios tiene derecho a toda autoridad por ser quien es.

Lea Isaías 48:17-18. ¿Qué nombres se dan a Dios en el versículo 17?
❑ Ungido ❑ Santo ❑ Redentor
❑ Salvador ❑ Señor ❑ Príncipe
❑ Dios ❑ Hijo de Justicia

Permítame revertir el orden en que Él se menciona a sí mismo por nombre, y compartir con usted cómo veo yo su derecho a la total autoridad. Él es Dios, el Creador de los cielos y la tierra, el supremo autor de toda existencia. Él reina sobre todo, y en Él todas las cosas existen. Es el Señor, amo y dueño de todas las criaturas vivas. Él es quien hizo el pacto, y quien lo sostiene. Él se deleita en la humanidad, su preciada creación, y nos corteja para llevarnos a una relación profundamente rica. Él es santo. Como Señor, nunca nos pedirá nada que no sea justo, bueno y abierto a la luz. Él es perfecto y sin mancha. Finalmente, Él es redentor, el que nos compró del dominio del pecado para que podamos experimentar vida abundante. Él nos compró para hacernos libres. "¿Qué, pues, diremos a esto? Si Dios es por nosotros, ¿quién contra nosotros?" (Romanos 8:31). Ahora examinemos la siguiente pregunta:

¿𝒬ué sucede si prestamos atención a los mandatos de Dios?
(Isaías 48:18). Marque todas las opciones correctas.
❑ Recibiremos lo que pedimos.
❑ Nuestra justicia será como las ondas del mar.
❑ Tendremos paz como un río.
❑ Prosperaremos y tendremos buena salud.

Estudiemos las siguientes descripciones y aplicaciones para imaginarnos la paz como un río.

Un río es una corriente de agua en movimiento. La Palabra de Dios no dice que tendremos paz como un estanque. Si somos completamente honestos, tendremos que admitir que pensamos que las personas "pacíficas" son aburridas y tienen tanto dinamismo como un muerto. Generalmente pensamos: "¡Yo quiero vivir de verdad! ¡Prefiero dejar de lado la paz y tener una vida excitante!" ¡Amado, pocas veces el agua se presenta en forma más excitante que como un río! ¿Cuándo fue la última vez que vio esos rápidos llenos de espuma blanca? Podemos tener vidas activas, llenas de entusiasmo, sin tener que sufrir una vida de tormento.

Cuando Dios utilizó la analogía de un río, describió una paz que puede ser conservada mientras la vida gira y corre y choca contra las piedras. Dejemos de imaginarnos a las personas pacíficas como monjes desprovistos de expresión. Tener paz como un río es tener seguridad y tranquilidad de corazón y mente en el medio de los saltos y giros inesperados del viaje de la vida a través de los cambios. La paz es someterse a una autoridad confiable; no resignarse a abandonar toda actividad. Pero recuerde que cualquier actividad que no pueda ser llevada bajo la cubierta de la autoridad de Dios llegará a ser una fuente de confusión y fatiga.

¿*R*ecuerda usted algún momento en su vida en que la paz acompañó un tiempo de muchas ocupaciones que podría haber resultado en caos si usted no hubiera estado en la voluntad de Dios?

❏ Sí   ❏ No   De ser así, describa brevemente ese tiempo.

_____

Un río es una corriente de agua fresca alimentada por otras fuentes o corrientes menores. He descubierto que no puedo mantener un espíritu de paz en el presente dependiendo de una relación del pasado. La paz proviene de una relación activa, continuada y obediente con el Príncipe de paz. Él quiere alimentarnos con el agua viva de su Espíritu Santo y una corriente continua de su Palabra, hasta que tengamos paz como un río. Este y otros estudios bíblicos son ejemplos de cómo Dios desea alimentar un río de paz en su alma.

¿De qué otra manera puede Dios darle la oportunidad de mantener una fuente de agua fresca saltando en su interior?

_____

Un río comienza y termina en una masa de agua. Cada río tiene una fuente de origen, en las tierras altas y una desembocadura. Los ríos son totalmente dependientes y siempre están conectados con otras fuentes de agua. De la misma manera, la paz como un río fluye de una conexión continua con la Fuente en las "tierras altas", Jesucristo, y un oportuno recordatorio de que esta vida finalmente se derramará en una gloriosa vida eterna. ¡Esta vida presente no es nuestro destino, aleluya! Los que conocemos a Cristo personalmente estamos continuamente moviéndonos sobre rocas y algunas veces, acantilados, por lugares estrechos y anchos valles, camino a un destino celestial. Hasta entonces, permanecer en Cristo (Juan 15:4) es la clave.

Cuando dijo que podíamos tener paz como un río en Isaías 48:18, no estaba bosquejando alguna analogía imprecisa. Quería decir exactamente lo que dijo. ¿Qué debemos hacer? Prestar atención a los mandatos de Dios (en obediencia) por el poder del Espíritu Santo que vive en nosotros. ¿Por qué debemos hacerlo? Porque Dios no puede equivocarse en nuestras vidas. Isaías 48:17 dice que Él nos enseña sólo lo que es mejor para nosotros. Él nos dirige sólo por el camino que debemos seguir. La obediencia a la autoridad de Dios no sólo nos da paz como un río, sino justicia como las ondas del mar.

¿*C*ómo desea Dios que usted responda a lo que le ha mostrado hoy?

_____

_____

_____

_____

¿*S*e le ocurre alguna manera en que la justicia en sí misma produce paz?

_____

_____

El camino de Dios es el camino seguro. Y el único camino de paz en un mundo caótico. Amado, espero que hoy haya descubierto que la paz no está fuera de nuestro alcance. Usted puede comenzar una vida de auténtica paz, hoy mismo. Ahora mismo. El camino de la paz está pavimentado con huellas de rodillas. Doble la rodilla ante la confiable autoridad de Dios. Rinda cada parte de su vida y cada preocupación de su corazón ante el todopoderoso creador del cielo y de la tierra, que todo lo sabe y es suficiente en sí mismo. "La paz de Dios gobierne en vuestros corazones" (Colosenses 3:15).

*T*ermine la lección de hoy compartiendo algo que haya aprendido sobre el cuarto beneficio: Experimentar la paz de Dios.

_____

El Tesoro de Hoy

"Cuando pases por las aguas, yo estaré contigo; y si por los ríos, no te anegarán. Cuando pases por el fuego, no te quemarás, ni la llama arderá en ti. Porque yo Jehová, Dios tuyo, el Santo de Israel, soy tu Salvador" *(Isaías 43:2-3).*

Primer beneficio: Conocer a Dios y creerle

Segundo beneficio: Glorificar a Dios

Tercer beneficio: Hallar satisfacción en Dios

Cuarto beneficio: Experimentar la paz de Dios

D Í A   5
Disfrutar de la presencia de Dios

Ya hemos examinado cuatro maravillosos derechos o beneficios que Dios nos da: 1) conocer a Dios y creerle; 2) glorificar a Dios; 3) hallar satisfacción en Dios; 4) experimentar la paz de Dios. El quinto beneficio es disfrutar de la presencia de Dios. Los cinco se entrelazan, pero también espero que pueda ver a cada uno de ellos como una unidad con características propias.

Dudo que cualquier creyente sienta la maravillosa presencia de Dios cada segundo de cada día. Algunas veces el desafío es simplemente creer que Él está con nosotros porque así lo prometió (Hebreos 13:5). Eso es fe. Dios nos ha asegurado muchas veces que su presencia permanece con nosotros.

*P*rimero prestemos atención a la seguridad que Dios nos da de su presencia en Isaías 43:1-7. Después de leer este texto, por favor complete lo siguiente:

"Cuando leo el versículo 1, siento... _____

_____

Con frecuencia, la Palabra de Dios nos dice que no temamos, pero no todos nuestros miedos son infundados. Piénselo. Nuestra sociedad actual presenta muchas amenazas reales. Relea el versículo 5. Dios no dice que a sus hijos no les sucederán cosas difíciles.

¿*Qué* razón tenemos para no ceder ante el temor? Elija una.
❑ Dios nos librará.
❑ Dios está con nosotros.
❑ Nuestras vidas son sólo un suspiro comparadas con la eternidad.

Algunas veces a los creyentes les suceden cosas atemorizantes, como a los no creyentes. Si la presencia de Dios no nos asegura que nada atemorizante nos sucederá, ¿cómo puede la seguridad de la constante presencia de Dios con nosotros aquietar nuestros temores?

Complete los espacios en blanco con las promesas que Dios hizo, según las siguientes condiciones.
Cuando pases por las aguas,_____

Cuando pases por los ríos, _____

Cuando pases por el fuego, _____

¿Qué podemos deducir de la repetición de la palabra "cuando" en el versículo 2, en lugar de "si"?

_____

¿Recuerda un momento de su vida cuando sintió más claramente la presencia de Dios? ¿Cuáles fueron las circunstancias?

_____

¿Recuerda un momento en su vida cristiana en que no pudo sentir la presencia de Dios en ninguna manera? ¿Cuáles fueron las circunstancias?

_____

Lea el Salmo 139:7-12 y la promesa de Hebreos 13:5. Obviamente, y afortunadamente, no podemos escapar de la presencia de Dios, pero ¿por qué cree usted que experimentamos momentos en que sentimos su presencia más claramente que en otros?

_____

_____

La presencia de Dios en nuestras vidas es completamente inmutable, pero la evidencia de su presencia no lo es. En algunas ocasiones, Dios alterará a voluntad la evidencia de su presencia de manera de que nos beneficiemos al máximo con alguna experiencia. Algunas veces nos será más beneficioso ver muchas "huellas" visibles de sus manos invisibles durante un tiempo difícil. Otras veces, nos será mejor ver menos evidencias.

¿ *Q*ué dijo Cristo a uno que insistía en ver "huellas" literales, en Juan 20:24-29?

_____

Dios no nos ama menos cuando nos da menos evidencias. Simplemente desea que crezcamos y desea enseñarnos a andar por fe y no por vista. Estos pasos implican un mayor desafío cuando somos liberados al atravesar experiencias atemorizantes, en lugar de ser liberados de ellas.

**Lea Mateo 14:25-32. El viento, ¿se aquietó antes o después que Cristo dijo a sus discípulos que no tuvieran miedo? ❑ Antes ❑ Después
¿En qué se basaba la valentía de los discípulos, entonces, dado que la tormenta aún estaba rugiendo?**

_____

¡Podemos aprender a disfrutar de la presencia de Dios en las tormentas!

No es que no tengamos nada que temer y que la cobardía sea simplemente un estado mental irracional. Su presencia es el fundamento para que tengamos valentía en medio de las tormentas de nuestra vida. Cristo no dijo: "¡Anímense! Calmaré la tormenta. No tengan miedo". Por el contrario, con los vientos rugiendo aún, Él dijo: "¡Anímense! Soy yo. No tengan miedo". Él no siempre calma inmediatamente la tormenta, pero siempre está dispuesto a calmar a su hijo por medio de su presencia. "¡No te preocupes! ¡Estoy aquí contigo! Sé que los vientos rugen y que las olas son altas, pero yo soy Dios sobre ambos. Si permito que continúen subiendo, es porque quiero que me veas andar sobre el agua. Esta clase de huellas sólo puede verse en una tormenta. Estoy contigo en esto, y te amo más de lo que jamás sabrás". Probablemente nunca aprendamos a disfrutar de las tormentas, ¡pero podemos aprender a disfrutar de la presencia de Dios en ellas!

*E*n el Salmo 16:11, ¿qué esperaba David, confiado, en Dios?

_____

La Biblia Reina-Valera versión 1960 traduce la frase como "en tu presencia hay plenitud de gozo". La palabra hebrea que se traduce como "gozo" es *simchah*, que significa "júbilo, alegría, gozo, placer, regocijo/regocijarse". *Simchah* proviene de una palabra que significa "dar alegría" (Strong's). Podemos aprender a disfrutar de la presencia de Dios aun cuando la vida no es algo que podamos disfrutar en ese momento. No puedo explicarlo, pero lo he experimentado personalmente vez tras vez.

Antes que podamos comenzar a disfrutar de la presencia de Dios en nuestras vidas, debemos aceptar su presencia continua en ellas, como un hecho absoluto. ¿Es usted de los que siempre necesita una serie de "huellas" para asegurarse? La más maravillosa huella que Dios dejó con su mano invisible está probablemente a su alcance en este mismo momento: su Palabra. La Biblia declara que Dios nunca abandona a sus hijos.

¿ *E*stá dispuesto a aceptar la presencia permanente de Dios en su vida como un hecho absoluto? ¿Está dispuesto a comenzar a disfrutar de Dios en su vida más que nunca? ❑ Sí ❑ No De ser así, escriba en el margen una sencilla oración pidiéndole que fortalezca su fe y le enseñe a disfrutarlo al máximo.

El quinto beneficio de nuestra relación de pacto: disfrutar de la presencia de Dios, y los otros cuatro (conocer a Dios y creerle, glorificar a Dios, hallar satisfacción en Dios, y experimentar la paz de Dios), están obviamente relacionados entre sí. Quisiera presentarle una comparación para que usted pueda diferenciarlos sencillamente.

Mi esposo Keith y yo estamos casados desde hace más de 20 años. Después de pasar la mitad de nuestras vidas juntos, yo conozco a mi esposo muy bien, y le creo cuando él me dice algo (primer beneficio). En un sentido terrenal, yo lo glorifico porque he vivido tanto tiempo con él que algunas de sus características ahora se reflejan en mí (segundo beneficio). Él satisface prácticamente toda necesidad que debe satisfacer un esposo (tercer beneficio). Muchas veces experimento paz cuando él asume la responsabilidad en los temas económicos y relativos a nuestra seguridad futura (cuarto beneficio). No podría experimentar el último beneficio principal de nuestro matrimonio sin los otros cuatro, pero al mismo tiempo se trata de algo claramente diferente: realmente disfruto de la presencia de mi esposo (quinto beneficio). Mi esposo y yo pasamos mucho tiempo juntos, pero muchas otras parejas también lo hacen. Lo que hace tan especial el tiempo que pasamos juntos, es que realmente lo disfrutamos.

A pesar de lo mucho que disfruto a mi esposo, mis hijas, mi familia y mis amigos, ninguna otra relación en mi vida me da tanto puro gozo como mi relación con Dios. No he "llegado" a ningún "lugar" místico, ni he dado estos pasos rápidamente o sin prestar atención. He aprendido a disfrutar de Dios con el tiempo. No todo minuto que paso con él es gozoso o muy divertido. La intimidad con Dios crece al compartir todo tipo de experiencias. He llorado amargamente con él. He gritado de frustración. Algunas veces pensé que me iba a partir el corazón en dos. Pero también he reído en voz alta con él. He llorado de gozo inexpresable. He dejado mi silla para caer de rodillas, extasiada. He dado gritos de entusiasmo.

Si tuviera que definir mi relación con Él con una sola frase en general, diría que Él es el gozo absoluto de mi vida. No es que simplemente lo ame. Es que me encanta amarlo. No sé otra manera de decirlo: para mí, Él funciona.

Dudo al decir todo esto porque me molestaría mucho pensar que sueno orgullosa de mi relación con Dios. Por favor, escuche lo que dice mi corazón cuando le digo que el gozo más grande de mi vida es aquello que justamente menos merezco. Yo considero que la capacidad de amar a Dios y disfrutarlo es, absolutamente, un regalo de gracia... un regalo que Él estará feliz de entregar a todos los que le ofrezcan su corazón entero. Sé un poco lo que el apóstol Pablo tenía en mente cuando dijo en 2 Corintios 11:2: "Porque os celo con celo de Dios". Amigo, yo anhelo que usted disfrute a Dios con todo "celo". Lo deseo tanto que apenas puedo soportarlo. Deseo que Dios sea la mayor realidad en su vida. Quiero que tenga mayor seguridad de su presencia que de cualquier otra que pueda ver o tocar. Es su derecho como hijo de Dios. Estamos destinados a esta clase de relación con Dios, pero el enemigo ha tratado de convencernos de que la vida cristiana es sacrificada, en el mejor de los casos y artificial, en el peor.

*E*n el margen, escriba nuestra definición de cautividad. Puede repasar el día 1 de ser necesario.

Esta semana hemos trabajado duramente para establecer una lista de cinco beneficios basados en el libro de Isaías que deberían ser una realidad en nuestra relación con Dios.

*P*or favor, escriba los cinco beneficios en orden, en el margen. Luego, escriba 1, 2, 3, 4 ó 5 junto a cada afirmación de las que siguen, según se corresponda con cada beneficio.

Primer beneficio: Conocer a Dios y creerle

Segundo beneficio: Glorificar a Dios

Tercer beneficio: Hallar satisfacción en Dios

Cuarto beneficio: Experimentar la paz de Dios

Quinto beneficio: Disfrutar de la presencia de Dios

Primer beneficio:

_____

_____

Segundo beneficio:

_____

_____

Tercer beneficio:

_____

_____

Cuarto beneficio:

_____

_____

Quinto beneficio:

_____

_____

_____ "Casi no puedo creer cómo Dios me ha hecho avanzar durante este último año, desde que murió mi esposo. Lento pero seguro, Él está llenando esos horribles lugares vacíos".

_____ "Siento una extraña calma en mi vida en este momento. Recuerdo un tiempo, no hace mucho, en el que esta situación me habría causado pánico".

_____ "Estoy aprendiendo tanto sobre Dios en el estudio del Evangelio de Juan. Estoy aprendiendo a confiar en Él mucho más".

_____ "Sé que has pasado por muchas cosas este año pasado, Ana, pero nunca he visto más claramente a Cristo en alguien que como lo veo en ti".

_____ "¡Lamento llegar tarde! Dios me está revelando cosas maravillosas en mi tiempo devocional y perdí la noción del tiempo. Recuerdo cuando pasar 15 minutos orando me parecía una eternidad. ¡Dios es tan bueno!"

El enemigo no tiene derecho a impedirle vivir cualquiera de estos beneficios. Son suyos. En este estudio vamos a reclamar algunos terrenos perdidos. ¿Está conmigo en esto? Al reflexionar sobre la lista de beneficios y el tiempo que hemos compartido, ¿le sugiere alguno de estos beneficios que podría haber algo que está deteniéndolo? ¿Acaso Dios le está señalando la posibilidad de que haya un área de cautividad en su vida?

Terminemos con una tarea que deseo que tome muy en serio. Comprométase totalmente con Dios para que Él pueda liberarlo para ser todo lo que Él planeó que usted fuera. Pídale en el nombre de Jesús que no permita que el enemigo robe ni un milímetro de la victoria que Dios tiene para usted. No debemos permitir que la intimidación o el temor nos aprisionen en ninguna área. Recuerde, Satanás no puede presumir de autoridad alguna en su vida. Él intentará todo para engañarlo. No lo permita. "Mayor es el que está en vosotros, que el que está en el mundo" (1 Juan 4:4).

Escuche con atención. La campana de la libertad está sonando.

¿*C*ómo desea Dios que usted responda a lo que le ha mostrado hoy?

_____

_____

_____

_____

Quitar los obstáculos

Día 1
El obstáculo de la incredulidad

Día 2
El obstáculo de la soberbia

Día 3
El obstáculo de la idolatría

Día 4
El obstáculo de la falta de oración

Día 5
El obstáculo del legalismo

¿Alguna vez ha leído *El progreso del peregrino*, de Juan Bunyan? Se lo recomiendo ampliamente. Bunyan comparó la vida cristiana con un viaje desde la Ciudad de la Destrucción hasta la Ciudad Celestial. Aunque jamás me atrevería a comparar este estudio con el clásico de Bunyan, creo que en *¡Sea libre!* estamos embarcados en ese mismo viaje. Pero en esta travesía viajamos desde la Ciudad de la Esclavitud hasta la Tierra de la Libertad.

Esta semana examinaremos cómo quitar algunos obstáculos que bloquean nuestro progreso. Isaías 64:4 será nuestro versículo para memorizar. Las palabras de Isaías nos darán aliento en el camino: "Ni nunca oyeron, ni oídos percibieron, ni ojo ha visto" lo que Dios tiene para nosotros. Siga trabajando en la memorización. Lleve con usted las tarjetas con los versículos. Ya sea que viaje en un vagón de tren o en un avión, la Palabra de Dios será el combustible para su viaje. Dios le bendiga mientras trabaja esta semana.

Preguntas Principales
Día 1: ¿Cuál fue el tema del encuentro en Mateo 9:27-29?
Día 2: ¿Cuál cree usted, entonces, que es el mayor obstáculo para glorificar a Dios?
Día 3: ¿Qué señales de idolatría encontró Isaías en el pueblo (Isaías 2:8)?
Día 4: ¿Con qué debemos mantener nuestros pies "calzados" (Efesios 6:15)?
Día 5: ¿Qué significa el término "legalismo" cuando se lo utiliza en un contexto negativo dentro de lo religioso?

El obstáculo de la incredulidad

Bienvenido a la tercera semana de nuestro viaje hacia la libertad. La semana pasada examinamos cinco beneficios principales de nuestra relación con Dios. La ausencia de alguno de ellos es una posible señal de alguna forma de cautividad.

Creo que Dios quiere hacer una obra tremenda en nosotros a través de este estudio. Podemos ser cambiados radicalmente cuando comenzamos a experimentar la verdadera libertad en Cristo. Una de mis más terribles pesadillas sería que usted invierta muchas horas de estudio, aumentando su conocimiento teórico, pero al volver la última página de este libro, aún sienta en sus muñecas el peso de las mismas cadenas que soportaba al comenzar. Esta tragedia puede ser una realidad si no le damos a Dios acceso a lo más profundo de nuestro corazón.

Según Isaías 57:14, ¿qué debe ser quitado? _____

En la época de Isaías, los pueblos se preparaban para ser visitados por el rey con semanas de anticipación. Los obreros limpiaban el camino y construían una calle que facilitaría el acceso al rey y su séquito. El terreno en el Oriente Medio es muy diverso, y sus valles repentinamente se convierten en montañas escabrosas. En las rocas de las montañas se abren grietas que muchas veces hacen caer grandes y peligrosos bloques de piedra al valle. Sin las comodidades de las calles modernas, asfaltadas, el camino era traicionero.

Si el rey no encontraba el camino preparado en la forma adecuada, no llegaba al pueblo y no le daba su bendición. Pero Dios inspiró Isaías 57:14 con una escena diferente en mente. Estudiemos en detalle el pasaje. Observemos que Dios pone más énfasis en el viajero común que en el rey. En lugar de pedir que todos los "tropiezos" u obstáculos sean quitados para su propio viaje, el Rey ordenó que los obstáculos fueran quitados para que su pueblo pudiera viajar. Él deseaba que ningún obstáculo se interpusiera en el viaje de su pueblo hasta su presencia. Para alcanzar la libertad, debemos quitar algunos obstáculos muy grandes. Debemos hacer lo que dice Isaías 57:14.

Sí, enfrentamos algunos obstáculos que deben ser quitados; pero tenemos la aprobación y la bendición del incomparable Rey a nuestro favor. No necesitamos preguntarnos si Él estará dispuesto y podrá librarnos de las ataduras que no nos permiten disfrutar de la vida abundante. Recuerde: Cristo nos ha hecho libres para que disfrutemos la libertad. Él está más que dispuesto; está listo para ayudarnos. La pregunta es si nosotros estamos listos para cooperar con Él y preparar el camino para nuestro Libertador.

¿Cuáles son algunos de los obstáculos con los que usted ha luchado en sus anteriores intentos por vivir una vida abundante y libre en Cristo?

_____

_____

A lo largo de este estudio, trataremos de quitar muchos obstáculos que se interponen entre nosotros y la práctica de la libertad. Esta semana veremos cinco obstáculos que corresponden a cada uno de los beneficios de la libertad. Estos obstáculos son tan grandes que si no se enfrentan y se les quita inmediatamente, la visita personal del Rey sufrirá grandes tropiezos. Hoy concentrémonos solamente en el primer beneficio.

$\mathcal{L}$ea Isaías 43:10 y escriba el primer beneficio en el espacio que damos a continuación. Fíjese en la página 48 de ser necesario.

_____

Celebre el hecho de que se ha comprometido a conocer a Dios al iniciar este estudio bíblico. ¡Acepte una palmada de aprobación en la espalda de parte del Espíritu Santo, bien merecida, por cierto! Concentrémonos, entonces, en la segunda parte del primer beneficio: creerle a Dios.

¿ $\mathcal{C}$uál sería el obstáculo más obvio para creerle a Dios entre las siguientes opciones?

❏ Desobediencia ❏ prioridades equivocadas ❏ incredulidad
❏ Arrogancia ❏ falsa adoración

Por simple que esto parezca, el obstáculo mayor que tenemos para creer a Dios es la incredulidad: elegir no creerle. Hoy no hablamos de creer en Dios. Estamos hablando de creerle a Dios, creer lo que Él dice, y creer que Él es quien dice que es. Podemos creer en Cristo para ser salvos en cuestión de segundos, y aun así, pasar el resto de nuestros días creyendo poco más que eso. Quizá tengamos bien asegurada la eternidad, mientras nuestra vida en la tierra es algo "temblorosa", en el mejor de los casos. Definamos claramente qué significa "creerle a Dios", y podremos comprender mucho mejor en qué consiste su terrible antónimo.

$\mathcal{L}$ea Génesis 15:6 y Romanos 4:3. ¿Qué le dicen estos versículos sobre Abraham? Elija una opción.
❏ Abraham creyó en Dios.
❏ Abraham creyó en el Cristo pre-encarnado.
❏ Abraham fue bendecido por creer en Dios.
❏ Abraham creyó a Dios.

Elijo un versículo del Antiguo Testamento y otro del Nuevo Testamento que le corresponda, para que podamos ver la congruencia entre ambos testamentos en cuanto al concepto de creer a Dios. En Génesis 15:6, la palabra que se traduce como "creyó" es *'aman*, que significa "afirmar; permanecer firme; soportar, confiar, creer". Esta palabra hebrea muchas veces se traduce como "fiel" en el Antiguo Testamento que conocemos en nuestro idioma. En Romanos 4:3, la palabra griega que se traduce como "creyó" es *pisteuo*, que significa "estar firmemente persuadido de algo, creer... con la idea de esperanza y gran expectativa". Proviene de la palabra griega *pistis*, que se traduce como "fe" en todo el Nuevo Testamento. Como vemos, en ambos testamentos, *creencia* y *fe* representan el mismo concepto.

Podemos suponer fácilmente cuál sería, entonces, la definición de "incredulidad", pero veamos un pasaje muy interesante de la Escritura que nos ayudará a comprenderla mejor y también nos dará ánimo:

$\mathcal{L}$ea Marcos 9:21:24. El padre sufriente que manifiesta creer en el versículo 24, ¿qué suplica urgentemente a Cristo en la siguiente frase?

_____

¡Qué refrescante debe de haber sido esta honesta admisión para Cristo! Primero, el padre del niño poseído dio la respuesta correcta: "Creo". Pero las respuestas correctas no son de gran ayuda para un corazón vacilante. Ese padre, en presencia de Cristo, no pudo contener lo que su corazón honestamente sentía: "¡Ayúdame a superar mi incredulidad!" La palabra griega que se traduce como "incredulidad" es *apistos*, que significa "no digno de confianza, que no es de fiar; ...algo que es increíble". Al examinar esta definición, junto con sus antónimos (creencia o fe), podemos sacar la siguiente conclusión:

Podemos creer en Cristo, aceptando la verdad de que Él es el Hijo de Dios; podemos creer que gracias a Él recibimos salvación eterna; y al mismo tiempo, no permanecer firmes, no aferrarnos a lo que creemos, ni elegir considerarlo "confiable" día tras día.

La frase "no digno de confianza" me hace temblar. ¡Dios es digno de nuestra confianza!

*E*scriba su propia paráfrasis de Números 23:19.

_____

_____

¿Recuerda algún tiempo en que Dios no demostró ser digno de su confianza? Si pensamos que hemos descubierto una ocasión en que Dios no respondió a nuestra confianza, creo que lo que sucede es una de estas tres cosas:

- interpretamos mal la promesa;
- no supimos ver la respuesta; o
- nos dimos por vencidos antes que se cumpliera el tiempo de la respuesta de Dios.

En el hecho de que un creyente sea incrédulo hay aspectos positivos y negativos. ¿Qué es lo negativo? Que la incredulidad nos paraliza. Segunda Corintios 5:7 dice que "por fe andamos, no por vista". En otras palabras, los pasos con que avanzamos hacia Dios son los que damos por fe, creyendo. La incredulidad paraliza, literalmente, nuestro "andar" espiritual poniendo obstáculos en el camino de un viaje victorioso aquí en la tierra.

A veces nos acercamos a Cristo con la actitud del padre del niño poseído. En Marcos 9:21, Él preguntó al padre cuánto tiempo hacía que el jovencito estaba en esas condiciones.

*L*ea Marcos 9:22. Después de responder a la pregunta de Cristo, ¿cómo reveló el padre su falta de confianza en la capacidad de Cristo para sanar al jovencito?

_____

¿Cómo respondió Cristo en el versículo 23? _____

Quizá usted haya estado luchando con un área de cautividad durante mucho tiempo. O quizá no tenga idea de qué es lo que le impide gozar plenamente de los beneficios de su salvación. Casi se ha dado por vencido, o quizá haya dejado de creer que Dios puede hacerlo. Quizá secretamente se acerque a Él con una actitud de: "Si puedes hacer algo, ten piedad de mí".

Esta es la parte positiva: Si estamos dispuestos a admitir nuestra falta de confianza en Él, Cristo está más que dispuesto a ayudarnos a superar nuestra incredulidad. Creer, es decir, tener fe en la capacidad y las promesas de Dios, es un requisito previo vital para que la libertad que hemos ganado por medio de Jesucristo se haga evidente en nosotros. Hagamos una breve prueba para medir nuestro nivel de fe. Por favor, responda sinceramente. No tendrá que compartir sus respuestas en el grupo.

Los pasos con que avanzamos hacia Dios son los pasos que damos en fe.

Junto a cada una de las siguientes preguntas, escriba un número del 1 al 10 para indicar cuán firmemente cree usted, o no, la afirmación correspondiente. Después de indicar lo que cree, busque el pasaje bíblico indicado para saber qué dice la Biblia sobre el tema.

_____ 1. ¿Cree usted que los cristianos pueden ser cautivos en algunas áreas de su vida (Gálatas 5:1)?

_____ 2. ¿Cree usted que Cristo puede liberar a cualquier persona de su cautividad (Lucas 4:18)?

_____ 3. ¿Cree usted que Dios lo conoce personalmente mejor que nadie y que desea lo mejor para usted (Salmo 139:1-3; Isaías 48:17)?

_____ 4. ¿Cree usted que los cristianos tienen un enemigo invisible, pero muy real, llamado Satanás, que es una personalidad maligna, más que un "principio" maligno (Efesios 6:10-12)?

_____ 5. ¿Cree usted que su corazón puede desear, desesperadamente a veces, algo que es malo para usted (Jeremías 17:9)?

_____ 6. ¿Cree usted que la Biblia es la Palabra inspirada por Dios y que es verdadera (2 Timoteo 3:16; Salmo 18:30)?

No importa lo que haya respondido; puedo identificarme con usted. En algunos momentos de mi vida probablemente yo habría contestado como usted. En un momento, no podría haber respondido ninguna de estas preguntas con un firme "10". Pero ahora y en los últimos años, puedo asegurarle que Dios me ha convertido en una verdadera creyente.

Su lucha quizá consista en que no está convencido de que la Biblia es la Palabra de Dios. De ser así, las "pruebas" bíblicas significarán poco para usted. Créalo o no, tampoco yo estuve siempre convencida... aunque jamás lo habría admitido. No es coincidencia que mi falta de convencimiento fuera acompañada por una tremenda falta de conocimiento. Sabía lo que me habían enseñado y creía de todo corazón lo básico; pero no me convencí de la inspiración de toda la Palabra de Dios hasta que comencé a estudiarla. En lugar de descubrir huecos e incoherencias, la belleza de la Palabra de Dios y la perfecta combinación del Antiguo y el Nuevo Testamento me han hecho caer de rodillas, maravillada. El estudio de las Escrituras ha aumentado mi fe. Cada vez me maravilla más su Palabra.

Observe cuán importante puede ser la fe en el tema de la libertad. Lea Mateo 9:27-29. ¿Cuál cree usted que fue el tema de este encuentro?

_____

Por favor, comprenda esto. Cristo es totalmente Dios. Él puede sanar a cualquier persona o realizar cualquier milagro. Cristo no nos pide que creamos en nuestra capacidad de ejercitar una fe sin titubeos. Nos pide que creamos que Él puede hacer las cosas.

Cuando se trata de llevarnos a una vida de libertad, creo que Él, además, está dispuesto. Si nos concentramos en nuestra sanidad física yo no estaría tan segura. Algunas veces Dios sana las enfermedades físicas y algunas veces elige una mayor gloria a través de la enfermedad. Él siempre puede sanar una enfermedad física, pero no siempre elige dar sanidad en esta tierra. Creo que las Escrituras dejan absolutamente en claro, sin embargo, que Dios siempre desea que el cautivo espiritual sea libre. La voluntad de Dios es que lo conozcamos y le creamos, que lo glorifiquemos y hallemos satisfacción en Él, que experimentemos paz en Él y lo disfrutemos. Para que Dios cuente con nuestra total cooperación en este camino hacia la libertad, debemos creer que Él está dispuesto y puede hacerlo.

Dios siempre desea que el cautivo espiritual sea libre.

¿ C ree usted a Dios? ¿Cuál es su grado de fe en este momento, según el siguiente diagrama?

Incredulidad	Estoy luchando	Cada vez confío más	Certeza

Si para usted la incredulidad no es un problema, tenga cuidado de no juzgar a algún hermano cuya fe sea más débil (Romanos 14:1). Hay muchas razones para la incredulidad cuando se trata de ser libres de la cautividad. Algunos creyentes han estado encadenados durante tanto tiempo y han intentado con tanto esfuerzo liberarse en el pasado que casi han dado por perdida toda esperanza para el futuro.

S i le resulta difícil creer que puede verdaderamente vivir la libertad de Cristo, ¿quisiera clamar como clamó aquel padre en Marcos 9:24? Pase un tiempo en oración pidiendo al Padre que venza su incredulidad. Si su lucha no es contra la incredulidad, complete la siguiente oración: "Señor, ayúdame a vencer mi..."

¿ C ómo desea Dios que usted responda a lo que le ha mostrado hoy?

_____

_____

_____

_____

_____

Al terminar la lección de hoy, eche un vistazo a Isaías 43:10. Dios desea que lo conozcamos y lo amemos. La clave más efectiva para creer a Dios está delante de nuestros propios ojos: cuando más lo conozcamos, más creeremos. El apóstol Pablo lo expresó así: "Yo sé a quién he creído, y estoy seguro que es poderoso para guardar mi depósito para aquel día" (2 Timoteo 1:12). Generalmente corremos a Dios para lograr un alivio temporario. Dios está buscando personas que quieran andar con Él con una fe permanente. Amado, elija creer. Quienes confían en Él no serán avergonzados.

D Í A   2

El obstáculo de la soberbia

Estamos preparándonos para una poderosa obra de Dios en nuestras vidas. Sacaremos mayor provecho de las semanas que siguen si quitamos cada obstáculo antes de continuar con el resto del material. Cada uno de estos obstáculos corresponden como tropiezos directos a cada uno de los cinco beneficios de nuestra relación de pacto con Cristo. En el primer día de esta semana estudiamos el obstáculo principal para el primer beneficio: conocer a Dios y creerle.

El Tesoro de Hoy
"Yo habito en la altura y la santidad, y con el quebrantado y humilde de espíritu, para hacer vivir el espíritu de los humildes, y para vivificar el corazón de los quebrantados" (Isaías 57:15).

¿ C uál es ese obstáculo? _____. Basándose en el ejemplo del niño poseído por demonios, ¿cuál debe ser nuestra ferviente oración si tenemos dificultades para creerle a Dios?_____

Hoy estudiaremos el principal obstáculo que se atraviesa en el camino del segundo beneficio: glorificar a Dios. Primero refresquemos nuestra memoria en cuanto a lo que significa glorificar a Dios. Recordemos que la palabra *kabedh* significa "ser renombrado... mostrarse grande o poderoso". En palabras más simples, Dios se glorifica en cualquier persona a través de la cual pueda mostrarse... y mostrarse grande o poderoso. ¿Cómo puede usted tener la seguridad de estar viviendo una vida que glorifique a Dios?

Adoptando una actitud que glorifique a Dios. Recuerde: Proverbios 23:7 describe nuestra situación como seres humanos: "cual es su pensamiento en su corazón, tal es él". Dios colocó un pasaje maravilloso en el libro de Isaías, que ilustra bellamente una actitud a través de la cual Dios indudablemente será glorificado.

$\mathcal{E}$n Isaías 26:8, ¿qué desean, o valoran, las personas?

_____

Dios se hará ver "grande y glorioso" a aquellos que deseen con toda el alma su nombre y su memoria. La palabra original que se traduce como "memoria" es *shem*, que significa "posición definida y visible, honor, autoridad, carácter, fama" (Strong's). Aquellos que poseen una actitud que glorifica a Dios le han permitido asumir una posición definida en sus vidas que no puede menos que volverse claramente visible.

$\mathcal{C}$oloque una X en la escala que ve a continuación, indicando cuán visible estima usted que es Dios en su vida en este momento.

Prácticamente invisible   Claramente visible

No crea que es el único si Dios no se ve claramente en su vida. Pocas cosas son más contrarias a nuestra naturaleza que el hecho de que alguien tenga más "fama" que nosotros.

$\mathcal{S}$egún Isaías 42:8, ¿cómo respondería Dios a esta actitud de "Tú primero, yo segundo"? _____

Según Isaías 43:7, somos llamados a permitir que el Rey de toda la creación se revele a través de nosotros. Él no compartirá su gloria con nadie, ni siquiera con sus propios hijos. No porque sea egoísta, sino porque está interesado en nuestros tesoros eternos. Al demandar que busquemos solamente su gloria, nos está llamando a vencer la tendencia abrumadora y natural de buscar nuestra propia gloria.

¿$\mathcal{C}$uál cree usted, entonces, que es el mayor obstáculo para glorificar a Dios?
❑ soberbia   ❑ indiferencia   ❑ ignorancia
❑ rebelión   ❑ desobediencia

Alexander Pope lo llamó "el infaltable vicio de los necios". La soberbia: destructora de ministerios, matrimonios, amistades, trabajos y carácter. Dios será más claramente visible por medio de aquellos que desean la fama para Él más que cualquier otra cosa. Suena simple, pero no lo es. En realidad, pocas cosas son más contrarias a nuestra naturaleza humana que desear la fama de otra persona por sobre la nuestra propia. Aun cuando deseamos la fama de nuestro cónyuge o nuestros hijos, en lo más profundo de nuestro ser, muchas veces deseamos la fama que ellos nos podrían dar.

Para cumplir nuestro destino determinado por Dios y permitir que el Rey de toda la creación se haga visible a través de nosotros, debemos vencer la tentación de buscar nuestra propia gloria y desear, en cambio, la suya. Para reconocer cualquier área de cautividad en nuestra vida y permitir que Dios trabaje en ella, debemos reconocer a la soberbia como algo más que un deseo de promovernos a nosotros mismos. Es un engaño peligroso que nos lleva a la cautividad.

Lea Jeremías 13:15-17. Quisiera que sienta el peso o la gravedad de este pasaje.

1. ¿Por qué cree que la soberbia es un obstáculo que no nos permite prestar atención a Dios y sus mandatos?

2. Según el versículo 16, ¿por qué los soberbios deberían buscar rápidamente el remedio de dar gloria a Dios?

3. ¿Qué dijo Dios que sucedería finalmente, si su pueblo, debido a la soberbia, no escuchara sus palabras (v. 17)?

¿Recuerda algunas razones por las que tendríamos que abandonar la soberbia para liberarnos de algún área de cautividad? Nombre las razones que pueda.

_____

_____

Tenga cuidado: la soberbia muchas veces se presenta disfrazada. Por ejemplo, he conocido personas que creían que estaban demasiado apartadas como para ser salvas; que eran demasiado malvadas, demasiado pecadoras. Estas personas quizá se sorprendieran mucho si supieran que su actitud también es una forma de soberbia. Ellas creen que su pecado o su problema es más grande que Dios.

No quiero que nada sea obstáculo para la obra de Dios en su vida personal durante estas semanas. Sé cuán real es la cautividad y sé cuán real es la libertad. No me detendré para rogarle, siempre basándome en las Escrituras, que permita que la libertad resuene en su vida. La soberbia será un enorme obstáculo en el recorrido que nos espera.

- Dios desea llegar a nuestros corazones. La soberbia cubre el corazón.
- Dios desea librarnos de todo obstáculo de nuestro pasado. La soberbia se niega a mirar de nuevo hacia atrás.
- Dios desea tratarnos con la medicina de su Palabra. La soberbia no quiere que le digan qué hacer.
- Dios desea hacernos libres. La soberbia piensa que es suficientemente libre.
- Dios desea sacarnos de nuestros rincones oscuros. La soberbia dice que nadie tiene porqué meterse en nuestros secretos.
- Dios desea ayudarnos con los problemas que nos agobian. La soberbia niega que haya problemas.
- Dios desea que seamos fuertes en Él. La soberbia no admite flaquezas.

Estamos en una travesía hacia la libertad. Al comenzar nuestro viaje, imaginemos que tenemos todo lo necesario empacado y listo para partir: Biblia, libro, lápiz, expectativas, tiempo. Pero antes de dar los primeros pasos, nos encontramos con una roca en medio del camino. El tamaño de esta roca varía en cada caso, según la medida en que la soberbia sea un problema para nosotros. No creo que ninguno de nosotros vea solamente una piedrecita en el camino. Para avanzar desde aquí, Dios debe darnos el poder de mover esa roca de la soberbia fuera del camino hacia la libertad.

1. El primer empujón es ver la soberbia como un enemigo maligno.

¿ **Q**ué motivación le da cada uno de los siguientes pasajes para considerar a la soberbia como un enemigo?

Proverbios 8:13 _____

Proverbios 11:2 _____

Proverbios 13:10 _____

Proverbios 16:18 _____

Abdías 1:3 _____

2. El *segundo empujón* es considerar la humildad como una amiga. Muchas veces, nuestra sociedad considera la humildad bíblica como señal de debilidad. Nada más lejos de la verdad. Es fácil estar lleno de soberbia, es algo que se da naturalmente. La humildad requiere de una dosis de fortaleza sobrenatural que sólo tienen aquellos que son lo suficientemente fuertes como para admitir su debilidad.

¿ *Qué* motivación le da cada uno de los siguientes pasajes para considerar a la humildad como una amiga?

Santiago 4:6, 10 _____

Isaías 57:14, 15 _____

Isaías 66:2 _____

Algunas versiones bíblicas traducen "miraré" como "estimaré". ¿Se imagina usted ser alguien a quien Dios "estima" o "respeta"? ¡Qué concepto tan maravilloso!

3. El *tercer y último empujón* es humillarnos delante de Dios. Santiago 4:10 y 1 Pedro 5:6 nos dicen que nos humillemos. La humildad es algo que no tenemos hasta que nos humillamos. Requiere de acción antes de llegar a la posesión. Humillarnos no significa odiarnos. La humildad se logra cuando abrimos nuestros ojos a la realidad. Tengo muchas razones para ser humilde, muchas más de las que tengo para ser soberbia.

Una simple observación de la realidad debería hacer que nos fuera posible humillarnos. Sólo lea algunos capítulos de la Biblia sobre la grandeza de Dios; Job 38 es uno de mis preferidos. No es necesario que nos odiemos para ver cuán pequeños somos en comparación con Dios y responder adecuadamente inclinándonos frente a Él. En resumen, eso es lo que significa humillarnos ante Dios: inclinarnos ante su majestad. No tenemos que dejar la cabeza colgando y despreciarnos para hacernos humildes. Simplemente debemos elegir bajar la cabeza de los lugares elevados que no nos corresponden. Elegimos humillarnos sometiéndonos a su grandeza cada día.

Humillarnos ante Dios significa inclinarnos ante su majestad.

La última frase de Daniel 4:37 nos da una de las mejores motivaciones para la humildad en la vida personal. ¿Qué dice allí?

Yo lo veo de esta forma: prefiero humillarme yo misma y no que Dios se vea obligado a humillarme. Permitamos que las circunstancias y las debilidades y cualquier espina en la carne que Dios haya permitido, hagan el trabajo que fueron enviadas para hacer: provocar humildad. No se trata de que Dios nos pisotee, sino que Él pueda, gozosamente, levantarnos. Tome un momento hoy para encontrar un lugar privado donde pueda ponerse de rodillas y humillarse delante de su poderoso y glorioso Dios. Los ejércitos celestes oirán el tumulto de las rocas de la soberbia rodando muy lejos de nuestro camino hacia la libertad.

El obstáculo de la idolatría

El Tesoro de Hoy
"¿Quién formó un dios, o quién fundió una imagen que para nada es de provecho?"
(Isaías 44:10).

Hoy apuntamos los reflectores sobre un tercer obstáculo que bloquea el camino hacia la libertad en Cristo. El mismo corresponde específicamente al tercer beneficio de nuestra relación de pacto con Dios.

¿ Cuál es el tercer beneficio? _____
En el tercer día de la segunda semana, aprendimos cuánto Dios desea que hallemos satisfacción en Él, en lugar de perder tiempo y esfuerzos en lo que no satisface.

Comencemos nuestra lectura de hoy con Isaías 55:1-9. En el margen, escriba todo lo que estos versículos nos enseñan sobre Dios.

En Isaías 55:2, Dios plantea una preocupación a sus propios hijos: gente que lo conoce, pero que no viene a Él para recibir todo lo que Él desea darles. ¿Le suena familiar? Dios pregunta: "¿Por qué gastáis el dinero en lo que no es pan y vuestro trabajo en lo que no sacia?" Luego, como un padre frustrado decidido a alcanzar a su hijo, dice: "Oídme atentamente y comed del bien, y se deleitará vuestra alma con grosura". Creo que el remedio de Dios para quienes poseen una sed y un hambre interior (Isaías 55:1) que no pueden llenar, está implícito en Isaías 55:6.

¿ Qué deben hacer los que tienen hambre y sed espiritual (Isaías 55:6)?

_____

Isaías 55:3 es la invitación perfecta para todos los que no pueden hallar satisfacción duradera: "venid a mí".

Creo que Dios crea y activa una molesta insatisfacción en toda persona por una excelente razón. Según 2 Pedro 3:9, Dios no desea que nadie perezca, sino que todos procedan al arrepentimiento. Él nos dio voluntad propia, de manera que podamos decidir si aceptar o no esa invitación: "venid a mí". Dios nos creó intencionalmente con una necesidad que sólo Él puede satisfacer.

Muchos vienen a Cristo porque están buscando algo que les falta; pero después de recibir su salvación, van a otra parte para buscar más satisfacción. Los cristianos pueden estar miserablemente insatisfechos, si aceptan la salvación de Cristo pero rechazan la plenitud de la relación diaria que satisface. Así como lo ofreció al pueblo de Israel, Dios nos ofrece mucho más de lo que generalmente decidimos disfrutar.

Nuestro Señor, infinitamente sabio y misericordioso, nos creó con un vacío en forma de Dios, para que le busquemos. La insatisfacción no es algo terrible. Es algo creado por Dios. Sólo es terrible cuando no permitimos que nos lleve a Cristo. Él desea que hallemos lo único que saciará nuestros corazones hambrientos y sedientos.

¿Alguna vez la insatisfacción lo llevó a descubrir a Cristo en una forma nueva y satisfactoria?   ❏ Sí   ❏ No   De ser así, ¿cuándo fue?

_____

Al mirar hacia atrás, ¿recuerda un tiempo en que Dios intentó llevarlo a hallar la plenitud en Él, pero usted se quedó con algo inferior? ❑ Sí ❑ No **De ser así, ¿cómo fue?**

_____

Comprender que Dios desea que hallemos genuina satisfacción en Él nos permite descubrir el tercer obstáculo principal en nuestro camino hacia la libertad: limitarnos a buscar satisfacción en algún otro lugar. Dios dio a esta práctica un nombre que yo no esperaba oír: idolatría. Después de meditarlo seriamente, comprendí que era un nombre totalmente adecuado, a pesar de lo duro que suena.

Cualquier cosa que pongamos en un lugar que pertenece a Dios es un ídolo. Dios nos creó de tal manera que sólo Él es adecuado para satisfacer nuestras más profundas necesidades. Todos hemos sucumbido ante la idolatría en un momento u otro de nuestras vidas. Antes de dejar caer la cabeza avergonzado, recuerde que el Espíritu Santo no nos convence de pecado para condenarnos. Por el contrario, nos convence de pecado para que tomemos conciencia, pidamos perdón y seamos libres.

Para avanzar en el camino hacia la libertad, debemos quitar el obstáculo de la idolatría. Comenzamos reconociendo este obstáculo como la adoración de ídolos, pero podemos descubrir que es difícil quitarlo. Los dos primeros obstáculos para la libertad (la incredulidad y la soberbia) pueden ser quitados efectivamente por elección. Podemos elegir creer a Dios y podemos elegir humillarnos delante de Él. No estoy minimizando las dificultades, pero digo que los obstáculos son quitados por medio del ejercicio de la voluntad. Algunos de los ídolos que hay en nuestras vidas (personas o cosas que hemos puesto en el lugar de Dios) pueden ser mucho más difíciles de quitar. Algunos han estado en ese lugar durante años y sólo el poder de Dios puede hacer que retrocedan. Esperamos trabajar para quitarlos durante las próximas semanas.

Debemos comenzar a quitar los ídolos decidiendo reconocer su existencia y admitiendo su incapacidad de satisfacernos. Espero que cuanto más estudiemos, más convencidos estemos de que Dios está capacitado para desplazar cualquier ídolo que tengamos.

Para el pueblo de Israel, la idolatría era un problema. Vimos algunos resultados de ello en las vidas de Uzías, Jotam, Acaz y Ezequías. La idolatría permeaba la vida del pueblo de Dios.

Cualquier cosa que pongamos en un lugar que pertenece a Dios es un ídolo.

$\mathcal{L}$ea Isaías 2:1, 6-9.

El profeta Isaías registró lo que vio cuando miró a Judá y Jerusalén. En el versículo 6 dijo: "tú has dejado tu pueblo". Isaías llegó a la conclusión de que no había señal de la presencia de Dios allí. Dios había prometido no abandonarlos, y no lo hizo. Pero cuando el pecado está tan extendido, Él ciertamente puede minimizar la presencia de su Espíritu Santo y dejarnos virtualmente sin señales de su presencia. Yo he experimentado el retroceso de la obvia presencia de Dios en mi vida en tiempos de pecado.

¿ $\mathcal{Q}$ué señales de idolatría vio Isaías en el pueblo (Isaías 2:8)?

_____

¿Cómo podemos, figuradamente, arrodillarnos ante la obra de nuestras manos?

_____

El profeta Isaías estaba tan perturbado por la idolatría que Dios le permitió ver, que exclamó: "no los perdones". Cuando Dios nos permite discernir espiritualmente la maldad que hay en nosotros o a nuestro alrededor, apreciamos de golpe toda su misericordia y su gracia. Quizás ocasionalmente se nos permita ver como Él ve, pero somos prácticamente incapaces de comprender cómo Él continúa perdonando. A la nación de Israel se le había dado todo, pero se negaban a recibirlo y a ser satisfechos. Cambiaron lo que sus corazones podían conocer por lo que sus ojos podían ver. Isaías 44:10 nos recuerda que "los ídolos para nada son de provecho". Más aún, el versículo siguiente dice que finalmente, los ídolos acarrean vergüenza.

*L*ea Isaías 44:6-23 y luego complete lo que sigue.

¿Cómo pueden nuestros ídolos o sustitutos de Dios, acarrearnos vergüenza en el final?

_____

Lea el versículo 12. Las personas pueden concentrarse tanto en sus ídolos que ya no presten atención a sus necesidades físicas. ¿Recuerda usted algún ídolo que pueda desplazar al sentido común en lo relativo a la salud física?

_____

Lea el versículo 13. Los ídolos pueden, ciertamente, tomar formas humanas. Creo que podemos aplicar este punto literalmente. Cada uno de nosotros ha exaltado a alguna persona en nuestras vidas a un punto que sólo corresponde a Dios. ¿Recuerda usted a alguien que alguna vez haya idolatrado? ¿Por qué cree que lo hizo?

_____

Lea el versículo 21 con atención. ¿Por qué cree usted que Dios desea que Israel recuerde estas cosas?

_____

La misericordia de Dios es indescriptible, ¿verdad? Aun cuando su pueblo se volvió tan decididamente a los ídolos, Él borró sus ofensas como una nube, sus pecados como la niebla de la mañana. Al vernos obligados a enfrentar algunos de los ídolos que hemos adorado en nuestra búsqueda de satisfacción, nunca debemos dudar de la misericordia de Dios. Él sólo pide: "Vuélvete a mí, porque yo te redimí" (v. 22).

¿Ve usted la fuerte conexión entre nuestra búsqueda de satisfacción y la adoración de los ídolos? El vacío que Dios creó en nuestras vidas para poder luego ocuparlo demanda atención. Sea que nos demos cuenta o no, buscamos desesperadamente algo que nos satisfaga y llene los lugares vacíos. Nuestro anhelo por ser llenos es tan fuerte que tan pronto como algo o alguien parece llenar esa necesidad, sentimos la abrumadora tentación de adorarlo.

En mi opinión, uno de los versículos que más mueven a la reflexión en Isaías 44 es el versículo 22. Vuelva a leerlo cuidadosamente. La convicción me inunda una vez más como una oleada. ¿Cuántas veces me he alimentado de cenizas, en lugar de darme un festín de la Palabra de Dios, que da vida? ¿Cuántas veces mi corazón engañado me guió por un camino errado? ¿Cuántas veces he tratado de salvarme a mí mismo?

¿*Q*ué siente usted? Este versículo, ¿le despierta algún tipo de respuesta intensa? _____

❏ Sí ❏ No **De ser así, escriba lo que siente en un papel.**

Podría caer postrada sobre mi rostro y alabar a Dios por toda la eternidad por haberme hecho despertar y decir: "Lo que estoy aferrando con mi mano es una mentira". Recuerdo una cosa a la que me aferraba con toda mi energía. También recuerdo el momento en que Dios abrió mis ojos para hacerme ver qué mentira había creído. Lloré durante días.

Originalmente yo pensaba que esa mentira era algo bueno. Mi corazón, herido desde mi niñez, me había engañado. Aunque en ese momento no lo comprendía, llegué a inclinarme y adorarla. Mi único consuelo en esa idolatría es que finalmente permití que Él separara uno por uno mis dedos, que se aferraban a ella.

Si no hubiera descubierto qué mentira tenía en mi mano derecha, nunca habría corrido a Él para llenar el vacío que ésta dejó. He descubierto la gloriosa satisfacción que sólo el Señor Jesucristo puede dar. Puedo decirle honestamente en este momento que amo a Cristo más que a cualquier otra cosa o persona en este mundo. Cristo no tiene rival en mi vida.

Sí, tuve que tocar fondo para descubrir este nivel de satisfacción. Lamentablemente, muchas veces aprendo con los golpes. Espero no contentarme con nada menos durante el resto de mi vida. Soy muy consciente de que Satanás constantemente estará forjando ídolos delante de mí. Espero nunca olvidar aquel ante el cual me incliné y al que adoré, para no caer otra vez.

Amado, sea lo que sea a lo que nos aferremos para encontrar satisfacción es una mentira... a menos que sea Cristo. Él es la Verdad que nos hace libres. Si en este momento está aferrándose a algo en su anhelo por hallar satisfacción, ¿está dispuesto a reconocerlo como una mentira? Aunque sienta que no puede soltarlo en este preciso instante, elévelo a Dios (quizá literalmente, levantando su mano en un puño como símbolo) y confiese que es un ídolo. Amado, lo que sea que tiene aferrado, si no es Cristo, es el peor engaño. La clase de engaño que se aparece como un amigo pero secretamente roba sus tesoros sin remordimientos. Dios no lo condena a usted; lo llama. ¿Le abrirá su mano? Él está abriendo sus manos para usted.

DÍA 4
El obstáculo de la falta de oración

Hemos estado trabajando para quitar algunas enormes rocas de nuestro camino hacia la libertad. Deseo profundamente que usted enfrente este estudio de la Palabra de Dios prestando atención a los detalles y que retenga estas verdades por el resto de su vida. Recuerde: no sólo deseamos que la libertad en Cristo se convierta en una realidad actual en su vida; deseamos que sea una realidad permanente.

El enemigo se asegura de que haya muchos obstáculos en el camino de la vida de libertad en Cristo. Nadie es más efectivo para el reino que el individuo que es verdaderamente libre para testificar y servir. Veremos varias piedras en el camino a lo largo de nuestro estudio, pero esta semana nos concentramos en las grandes rocas, tan enormes, que deben ser quitadas con anticipación. El obstáculo que estudiaremos hoy no es una excepción. Primero, recordemos el beneficio que él obstruye.

¿*C*ómo desea Dios que usted responda a lo que le ha mostrado hoy?

_____

_____

_____

_____

_____

El Tesoro de Hoy
"Y a los hijos de los extranjeros que sigan a Jehová para servirle, y que amen el nombre de Jehová para ser sus siervos; a todos los que guarden el día de reposo para no profanarlo, y abracen mi pacto, yo los llevaré a mi santo monte, y los recrearé en mi casa de oración; sus holocaustos y sus sacrificios serán aceptos sobre mi altar; porque mi casa será llamada casa de oración para todos los pueblos (Isaías 56:6, 7)".

¿ *C*uál es el cuarto beneficio?_____

La clave para la paz es la autoridad. La paz es fruto de una vida justa y obediente. Definir el tema de la autoridad es una llave tan importante para abrir las puertas de la prisión, que dedicaremos una semana entera a él, más adelante en nuestro estudio. Esta semana nos concentramos en las rocas que podemos quitar inmediatamente.

El tema de la desobediencia y la rebelión contra la autoridad de Dios complica la vida de un cautivo. Puedo decirle por experiencia personal que en momentos de profunda cautividad yo deseaba más que nada ser obediente a Dios. Me sentía miserable en mi rebelión y no podía entender porqué seguía tomando decisiones equivocadas. Sí, eran decisiones mías y he tomado plena responsabilidad por ellas como pecados propios. Pero Satanás me tenía atrapada en tal círculo vicioso que me sentía incapaz de obedecer aunque deseaba hacerlo desesperadamente. Naturalmente, no era que no pudiera, pero mientras creía la mentira, me comporté en consecuencia.

*L*ea **Filipenses 4:6-7. Vamos a divertirnos un momento, parafraseando los versículos desde un punto de vista negativo. En otras palabras, convierta esta receta para la paz en una receta infalible para la ansiedad. Comience con las siguientes palabras y complete los dos versículos en la misma forma:**

Por nada conservéis la calma, sino... _____

_____

_____

_____

_____

Sé que su receta para la ansiedad será excelente. Si usted es como yo, la sabrá de memoria, ¡porque la ha practicado tantas veces! No importan las palabras que haya utilizado para redactarla, probablemente advirtió a quien desea estar ansioso que evite la oración.

Yo habría escrito algo así: "Por nada conservéis la calma, sino sean conocidas vuestras quejas a todos los que conocéis excepto Dios, recordando lo malo constantemente, sintiéndoos maltratados por Dios en todo, pensando 'Así me paga mis esfuerzos'. Y los ácidos de vuestro estómago, que sobrepasan todos los productos lácteos, os causarán una úlcera que hará que vuestros gastos médicos se acumulen y os provoquen un ataque cardíaco, llevándoos a la locura".

Sin dudas, evitar la oración es una receta segura para la ansiedad, una manera infalible de evitar la paz. Para experimentar esa clase de paz que sobrepasa toda circunstancia, la Biblia nos desafía a desarrollar vidas de oración activas, auténticas (lo que yo suelo llamar "carnosas"). Esto es, la oración que tiene verdadera sustancia; pensamientos originales que brotan de un corazón profundamente individual, personales e íntimos. Muchas veces hacemos cualquier cosa menos orar. Generalmente queremos algo más "sustancioso". Aun estudiar la Biblia, ir a la iglesia, hablar con el pastor o recibir consejo parecen actividades más tangibles que orar.

¡Qué victoria tiene el enemigo cuando nos hace dejar de orar! Él prefiere que hagamos cualquier otra cosa antes que orar. Prefiere ver que sirvamos hasta caer rendidos, porque sabe que finalmente, sin oración, nos resentiremos. Prefiere que estudiemos la Biblia hasta la madrugada, porque sabe que si no oramos, nunca tendremos una profunda comprensión y el poder necesario para vivir lo que hemos aprendido. Él sabe que las vidas sin oración son vidas sin poder, mientras que las vidas de oración son vidas de poder.

El apóstol Pablo ansiaba que los demás conocieran a Cristo tan satisfactoriamente como Él lo conocía. Pablo estaba totalmente convencido de que algunas bendiciones de Dios eran resultado únicamente de la oración y oraba diligentemente para que ellas fueran realidad en las vidas de otros creyentes.

*L*ea Efesios 1:17-20. Escriba las bendiciones específicas que son resultado de la oración.

_____

_____

_____

¿Puede ver en qué forma algunas de estas bendiciones o manifestaciones del Espíritu Santo pueden reemplazar la ansiedad por paz? Por favor, sea específico en su respuesta.

_____

_____

Sin negar ningún concepto que usted haya descubierto, quisiera hacer una observación muy general basada en estos versículos. Cuanto más conocemos a Dios (v. 17), más confiaremos en Él. Cuanto más confiamos en Él, más sentiremos su paz cuando nos azoten los vientos.

*U*sted parafraseó Filipenses 5:6-7. Lea estos dos versículos una vez más, en voz alta, de ser posible. Para mí, suena como si fuera una promesa. ¿Alguna vez el mundo le ha prometido algo que realmente produjera paz auténtica y duradera en medio de una confusión continua a su alrededor?
❏ Sí   ❏ No

Hace poco, en el supermercado, me causó gracia la etiqueta de una loción que decía ser muy efectiva para combatir tensiones. Mientras lo leía, oí a un bebé llorando en el otro pasillo. Por mi mente cruzó la idea de ofrecerle esa loción a la pobre madre que empujaba a ese pequeño gritón en su cochecito... pero me detuvo la imagen del frasco de loción arrojado directamente hacia mi cara. Es que este mundo no puede conseguir una solución real y duradera para las tensiones y el estrés de la vida.

Hace unos pocos días vi otra vez el mejor consejo que este mundo parece tener: "Sólo recuerde dos cosas: 1) No se preocupe por pequeñeces. 2) Todo es una pequeñez".

Una vez, sólo una vez, quisiera poder meterle una media sudada en la boca a la persona que dijo eso. ¿Sabe por qué? Porque no todo son pequeñeces. Tengo una amiga cuyo hijo, que estaba en el último año de la escuela secundaria, quedó paralítico despúes de un accidente. Todos los días oro por una lista de personas de 4 a 74 años de edad que están batallando contra el cáncer. El esposo de mi querida amiga, un creyente honesto y trabajador que tiene un hijo en la universidad, acaba de perder su empleo... otra vez. No hace mucho, tres tornados arrasaron mi ciudad, dejando un saldo de robos, muertes y destrucción. No, no son pequeñeces.

La filosofía del mundo se ve obligada a minimizar las dificultades, porque no tiene respuestas reales.

La filosofía del mundo se ve obligada a minimizar las dificultades, porque no tiene respuestas reales. Usted y yo sabemos que no se trata de pequeñeces. Allá afuera hay muchos problemas reales, serios. Sólo la oración puede cubrirnos de paz.

Es hora de quitar del medio esa roca de la falta de oración. Es el obstáculo más odioso en el camino de un creyente hacia la victoria, sin importar cuál sea el destino específico. Ciertamente, la falta de oración será un obstáculo que no nos permitirá avanzar en nuestra búsqueda de hacer que la libertad en Cristo sea una realidad en nuestra vida.

¿*P*or qué cree usted que la falta de oración es un obstáculo tan grande?

Además de las razones que usted anotó, quisiera compartirle una que yo descubrí. Cuando Satanás apunta perfectamente a nuestro "talón de Aquiles", elige el momento justo y se cubre con el disfraz ideal, nada de lo que sigue nos evitará caer en su trampa:

Disciplina: de alguna manera, en tiempos de gran tentación y debilidad, la disciplina puede volar como un pájaro por la ventana más cercana.

Lecciones que hemos aprendido en el pasado. De algún modo, no pensamos claramente cuando recibimos un ataque sorpresivo y frontal.

Lo que es mejor para nosotros. Nuestra naturaleza humana es demasiado autodestructiva como para elegir automáticamente lo mejor en nuestros momentos de debilidad.

Nuestra motivación más poderosa será la Persona con la que caminamos. Mantenernos cerca de Él por medio de una comunicación constante hará que recibamos una provisión continua de fortaleza para andar victoriosamente, en paz, aun cuando crucemos una zona de guerra.

Amado, quisiera darle otra razón por la que necesitamos oración para poder ser libres. Satanás tratará de apretar en nosotros ataduras que nuestro fiel Refinador quiere debilitar. Recuerde: Cristo vino para dar libertad a los cautivos. Satanás vino para poner en cautividad a los libres. Cristo desea que cortemos algunas cuerdas que nos atan en nuestras vidas. Satanás tratará de utilizarlas para atarnos con dobles nudos.

Debemos andar con Cristo paso a paso en este viaje, para tener protección, poder y una pasión sin paralelo en nuestras vidas. De otra forma, nada de esto será real para nosotros. El enemigo será derrotado. Créalo. Actúe en consecuencia.

*L*ea Efesios 6:10-18, poniendo especial atención al versículo 18. Observe las palabras "velando en ello". Pablo se refería a las palabras que había dado anteriormente sobre la guerra. ¿Por qué cree usted que la oración era especialmente importante en los temas de guerra?

_____

Lo último que Dios desea para sus hijos es un espíritu de temor hacia el enemigo.

Ahora lea Efesios 6:15. Observe que debemos tener "calzados los pies con el apresto del..." _____

Nuestros pies nos mantienen en equilibrio cuando estamos de pie. Esta parte de las Escrituras habla de estar de pie, soportando las maquinaciones del diablo. Dios desea que estemos alerta y tengamos el poder de su Espíritu. Lo último que desea para sus hijos es un espíritu de temor ante el enemigo. ¿Tenemos por qué temer al enemigo?

Pablo respondió confiadamente en Romanos 8:37: "Antes, en todas estas cosas somos más que vencedores por medio de aquel que nos amó".

Somos más que vencedores. Aunque estamos en guerra con Satanás, quien, lo sabemos, tiene mucho poder, nuestro equilibrio en el campo de batalla proviene de saber esto: estamos en paz con Dios, quien es gloriosamente omnipotente y batalla por nosotros. Nuestros pies están calzados en forma adecuada para la batalla ya que descansan cómodamente en el evangelio de paz. No experimentaremos esa paz sin oración. Por esta razón, Pablo dijo: "Velando en ello con toda perseverancia y súplica" (Efesios 6:18).

¿Imagina usted cuán diferente habría sido la vida de Pablo y la vida de la iglesia naciente, si él hubiera permitido que el temor lo gobernara? Por medio de la fe, que es lo opuesto del temor, Pablo estaba espiritualmente libre aunque estuviera físicamente encadenado. Si hubiera cedido ante el temor, habría estado espiritualmente encadenado aun cuando físicamente estuviera libre.

*L*ea Efesios 6:19-20. Según estos versículos, ¿de qué dependía Pablo para ayudarse a no tener temor?

❏ sabiduría ❏ fortaleza ❏ conocimiento
❏ oración ❏ amigos ❏ Biblia

La oración importa. El Espíritu de Dios liberado por medio de nuestras oraciones y las oraciones de otros convierte a los cobardes en vencedores, el caos en calma, el llanto en consuelo. El enemigo conoce el poder de la oración. Ha estado observándola, furioso, durante miles de años. Para prepararme para esta lección, busqué todas las veces en que se usa la palabra "orar" u "oración", desde Génesis hasta Apocalipsis. Casi lloro al ver cientos de referencias.

Abraham oró... oró Isaac... Jacob oró... Moisés salió de la presencia de Faraón y oró... Moisés oró por el pueblo... Entonces oró Manoa a Jehová... Entonces clamó Sansón a Jehová... Ana oró a Jehová... David rogó a Dios... Elías clamó a Jehová... Oró Eliseo y dijo... Cuando Job hubo orado por sus amigos... Y oró Ezequías... Hallaron a Daniel orando... Entonces oró Jonás a Jehová su Dios desde el vientre del pez... Levantándose muy de mañana, siendo aún muy oscuro, Jesús salió y se fue a un lugar desierto, y allí oraba. ...Yendo un poco adelante, se postró sobre su rostro, orando...

Si Cristo quiso fortalecer la vida divina en Él por medio de períodos de soledad e intimidad con el Padre, ¿cuánto más debo hacerlo yo? Sin oración, no tengo esperanzas de vivir la vida victoriosa.

Repase nuevamente los nombres de los personajes bíblicos que oraron. La lista podría continuar. Sin excepción, las vidas de oración fueron vidas de poder. La Biblia es un libro de oración. Y el Tesoro de Hoy nos recuerda que la presencia de Dios es una casa de oración. Oh, amado, cuando nuestras vidas hayan terminado y el número de nuestros días se haya completado, que de nosotros pueda decirse: "Y él oró..."

*¿C*ómo desea Dios que usted responda a lo que le ha mostrado hoy?

_____

_____

_____

_____

_____

D Í A   5
El obstáculo del legalismo

Hoy terminamos nuestro énfasis en quitar los obstáculos que se interponen en el camino de los beneficios de Dios. Esta semana hemos ejercitado nuestros músculos espirituales para quitar las rocas de...

Incredulidad... para poder conocer a Dios y creerle.
Soberbia... para poder glorificar a Dios.
Idolatría... para poder hallar satisfacción en Dios.
Falta de oración... para poder experimentar la paz de Dios.

No queremos nada menos que lo mejor que Dios desea darnos. El versículo para memorizar nos recuerda por qué estamos dispuestos a poner en funcionamiento toda la energía espiritual, emocional, mental y física que este viaje demanda.

*E*scriba de memoria Isaías 64:4 (compare con 1 Corintios 2:9).

_____

_____

Amado, cada vez que se sienta tentado a permitir que las prioridades del mundo le oculten a Dios y su Palabra, ¡repita en voz alta este versículo! Él es digno de nuestra mayor atención y el estudio de su Palabra nos liberará y revitalizará como nada en este mundo puede hacerlo. ¡Él es fiel!

Tenemos una última roca que hacer rodar fuera del camino antes de ser libres para avanzar sin obstáculos en nuestro viaje hacia la liberación. Como recordará, cada obstáculo que estudiamos esta semana es un impedimento directo para uno de los cinco beneficios principales de nuestra salvación.

*¿ C*uál es el quinto beneficio? _____

Muchos elementos o condiciones pueden evitar que disfrutemos plenamente de la presencia de Dios en nuestras vidas personales. Por ejemplo, no pasar un tiempo adecuado con Él afectará en gran manera nuestra capacidad de disfrutar su presencia. Tener una vida de oración poco desarrollada también podría quitarnos el gozo, así como guardar amarguras o enojo contra otra persona; pero quien estudia la Palabra de Dios en profundidad y aun así no disfruta de Dios, muchas veces sufre de un problema que tiene un nombre horrible: legalismo.

A su leal saber y entender, ¿qué significa el término "legalismo" cuando se lo utiliza en un contexto negativo dentro de lo religioso?

_____

_____

La palabra "legalismo" no aparece en la Biblia, pero en toda ella hay muchas ilustraciones perfectas del mismo. Cada uno de los siguientes pasajes nos enseña algo sobre el legalismo ya sea directamente o a través de un ejemplo.

*E*scriba lo que aprenda sobre el legalismo en cada pasaje.

Mateo 12:9-14 _____

Hechos 15:1-2, 6-11 _____

Gálatas 2:15-16 _____

Utilizando lo que ha aprendido sobre el legalismo en los pasajes anteriores, interprete Eclesiastés 7:15-20 como mejor lo comprenda.

_____

En mi opinión, el legalismo se produce cuando se conjugan tres condiciones:

1. *Las reglas reemplazan a las relaciones.* Los fariseos, en Mateo 12, revelaron que sólo comprendían superficialmente a Dios y no disfrutaban de su presencia. El día de reposo le pertenecía enteramente a Dios. Él lo estableció para bien del hombre, no para aprisionarlo. El beneficio más grande que Cristo pudo dar al hombre de la mano seca fue una relación con el Salvador. Él inició esa relación con una sanidad. ¡No es necesario que nos preguntemos quién disfrutó más a Cristo ese día; si los fariseos, o el hombre de la mano seca!

¿Cómo puede alguien que estudia la Palabra de Dios eliminar todo el disfrute de su andar cristiano reemplazando relaciones por reglas?

_____

2. *Los microscopios reemplazan a los espejos.*

*B*asándose en Mateo 7:1-5, ¿qué cree usted que significa la frase anterior?

_____

_____

Observe las palabras de Mateo 12:10: "para poder acusarle". Los fariseos modernos algunas veces practican el "voyeurismo" religioso y están siempre observando a ver si encuentran alguna razón para acusar a los demás. Generalmente les agradan las situaciones "de telenovela" en la iglesia, porque su propia relación con Dios es enteramente desprovista de entusiasmo. Buscan las fallas de los demás para mantener el interés en el asunto.

Puedo decir, con gratitud, que he visto muchos más ejemplos de cristianismo genuino en la iglesia, que de legalistas sin sentimientos. Lamentablemente, también he visto muchos cristianos sinceros ser intimidados por legalistas endurecidos, algunas veces. El cristiano que se concentra en las fallas de los demás no puede disfrutar verdaderamente de la presencia de Dios.

3. *La ocupación reemplaza a la pasión*. Si nuestra motivación para la obediencia es cualquier otra cosa que no sean el amor y la devoción por Dios, probablemente estamos metidos hasta el cuello en el legalismo y se avecina el desastre. La obediencia sin amor es nada más que la ley. Hay muchos ejemplos del Antiguo Testamento en que los israelitas demostraron cuán breve es la duración de la justicia por la justicia en sí.

$\mathcal{L}$ea la descripción que Dios hace del legalismo en Isaías 29:13. Escriba lo que sería un ejemplo de legalismo para usted.

_____

_____

Examinemos nuestros corazones por un momento. Dios no mide la temperatura espiritual colocándonos un termómetro debajo de la lengua, por las palabras que decimos, ni en nuestro oído, por las profundas enseñanzas que escuchamos, ni debajo de los brazos, por el servicio que le damos. Dios toma nuestra temperatura espiritual directamente del corazón.

$\mathcal{E}$n el margen, usted encontrará un dibujo de un termómetro. Veamos si podemos tomarnos la temperatura por un momento. Yo no se lo contaré a nadie, si usted promete no hacerlo tampoco. No quiero que ponga el nombre de ninguna medición que yo le pida que haga. Sólo usted sabrá lo que cada marca significa. Tomemos cuatro "temperaturas". Primero, si usted pudiera medir su "temperatura", basándose en las palabras espirituales o "religiosas" que dice, ¿dónde colocaría una marca en el termómetro? Dibuje una línea en ese punto. Le repito: no escriba ninguna palabra junto a las marcas. Este ejercicio es solamente para su uso personal.

Segundo, si pudiera medir su temperatura basándose en las nuevos conocimientos bíblicos que recibe, ¿dónde colocaría la marca en el termómetro? Dibuje una línea a esa altura.

Tercero, si pudiera medir su temperatura basándose en su servicio, en las obras que hace por Dios, ¿dónde colocaría la marca? Dibújela.

Finalmente, si pudiera medir su temperatura por Dios directamente de su corazón, ¿dónde marcaría la línea en el termómetro? Hágalo. Nadie más que usted sabe qué temperatura representa cada línea.

No sé si a usted, pero a mí este pequeño experimento me ha hecho reflexionar un poco. Existen tres poderosas razones para quitar este gran obstáculo del legalismo del camino, antes de continuar con nuestro estudio.

1. *Este viaje tiene que ver con una relación; no con reglas*. Quiero que usted verdaderamente disfrute de la presencia de Dios durante las próximas siete semanas. Estoy orando para que sienta su presencia más que nunca. Si le pide que Él se haga totalmente real para usted a través de su Palabra y que derrame todo su amor sobre usted, podrá disfrutar de Dios... ¡aunque no disfrute de la confrontación! Dios va a hacerse muy personal para nosotros durante estas próximas semanas. Algunas veces usted tendrá que abrir sus ojos a cosas que preferiría no ver. ¿Cómo lo sé? ¡Porque yo ya he hecho este viaje! La verdad nos hace libres. ¡Y algunas veces, la verdad nos hace confrontarnos con cosas muy duras! Cuando haya terminado este estudio y alguien le pregunte si lo disfrutó, quisiera que pueda decir con total sinceridad: "¡Disfruté a Dios!"

2. *Este viaje tiene que ver con usted.* Y la forma en que yo comparto este viaje tiene que ver conmigo. Anteriormente he escrito estudios sobre figuras bíblicas, como Moisés, David y Pablo. Esta vez, cada uno de nosotros es el protagonista humano (¡aunque algunas veces usted piense que soy su antagonista humano!). Si está haciendo este viaje con un pequeño grupo, por favor, no ceda a la tentación de poner las vidas de sus compañeros bajo el microscopio. Simplemente permita que la Palabra de Dios sea el espejo de lo que usted desea ver reflejado en su vida. Quizá escuche a los miembros de su grupo decir cosas que son totalmente desconocidas para usted. Resístase a juzgarlos o a esparcir chismes sobre ellos, aunque le cueste. Muchas personas han sido terriblemente heridas a lo largo de su vida. Tengamos misericordia unos de otros y no analicemos los problemas de los demás.

3.*Este viaje tiene que ver con el corazón.* Lo último que quiero para este estudio es que sea para usted sólo una manera más de incrementar su conocimiento bíblico. Oro para que usted crezca en conocimiento, pero no es ese nuestro propósito. Cualquier persona que tome este estudio por el puro placer de completar otro estudio bíblico se sentirá desanimada muy pronto. De hecho, si usted todavía está conmigo en este viaje, probablemente no sea una de ellas. Este estudio bíblico es para el corazón; para soltar toda cadena que impida que el corazón disfrute de la libertad abundante de la salvación de Cristo. Si permitimos que nuestras bocas se acerquen a Él por medio de la "conversación religiosa" y la "discusión teológica" en pequeños grupos, pero mantenemos nuestros corazones lejos de Él, este viaje no tendrá ningún significado. Porque, en realidad, nunca salimos del punto de partida. No estoy hablando por hablar. Le estoy rogando que no le esconda nada a Dios durante las próximas siete semanas.
Mi precioso estudiante de la Palabra de Dios, usted ha trabajado duramente para quitar esos obstáculos de su camino durante esta semana. ¿Aún tiene problemas para empujar alguno de ellos? Recuerde: Dios se especializa en hacer rodar piedras. Muéstrele cuál es la que le está causando problemas, ponga su mano en las de Él y cuente hasta tres...

Reedificar las ruinas antiguas

Día 1
Recorrer las ruinas antiguas

Día 2
Los linderos antiguos

Día 3
La serpiente antigua

Día 4
Una exploración de las ruinas antiguas

Día 5
El Anciano de días

"Reedificarán las ruinas antiguas, y levantarán los asolamientos primeros" (Isaías 61:4). Algo en estas palabras toca un profundo anhelo de mi corazón. ¿Acaso conmueven algo en usted también? ¿Le hacen querer subir al banco de trabajo del Maestro?

Tengo un amigo al que le encanta arreglar cosas viejas. Él dice que cada proyecto de reciclaje le recuerda que Dios lo salvó del basurero de la vida. Cuando lo pensamos un poco, todos los cristianos podemos sentirnos identificados. Nuestro Cristo es el Maestro Restaurador.

Esta semana estudiaremos las ruinas antiguas de nuestras vidas. No permita que esto lo asuste. Estamos mirando hacia atrás para ver cómo Dios desea transformar lo roto y arruinado en bellos monumentos a su gloria. Su versículo para memorizar de esta semana apunta precisamente a eso. Memorice Isaías 61:4 y celebre su reedificación. El Maestro Artesano aguarda.

Preguntas Principales
Día 1: ¿Cuál podría ser una razón o actitud correcta para estudiar la historia de la familia?

Día 2: ¿Cuál es la diferencia entre el celo de Dios y el que no es de Dios?

Día 3: ¿Cuál es el rol de Satanás en que cada ser humano se descarríe (Apocalipsis 12:9)?

Día 4: En Jeremías 18, ¿cuál fue la respuesta del pueblo a la voluntad de Dios de rehacerlos y darles nueva forma?

Día 5: ¿Cuál es la prioridad de Satanás para las vidas de los que ya son cristianos?

D Í A   1
Recorrer las ruinas antiguas

La cautividad que Isaías había predicho se produjo literalmente cuando los babilonios capturaron al pueblo de Judá. Queremos aplicar a nuestras cautividades internas los principios relativos a esa cautividad física.

¿ *Qué* fue lo que se reedificó y restauró? _____

¿Cuánto tiempo hacía que había sido devastado? _____

Isaías habla de reedificar, restaurar y renovar ruinas antiguas y ciudades que habían sido devastadas durante generaciones. Este último margen de tiempo ofrece la invitación más específica para una aplicación personal. Permita que el Espíritu Santo se entrometa un instante. ¿Se le ocurre alguna ruina en su vida que haya estado en su linaje familiar durante generaciones?

Recuerdo algunas ruinas antiguas en mi vida. Puede pensar en ruinas como el alcoholismo, el juego, la pornografía, el racismo, o la agresión. Exploremos este concepto para clarificar cómo podemos aplicar esta idea.

Estoy agradecida a Dios por su misterioso sentido de la oportunidad. Acabo de regresar de un viaje por Grecia y Roma. Dios nos permitió revivir muchos de los viajes del apóstol Pablo, en los que observamos con extremo interés las ruinas de ciudades antiguas como Éfeso, Corinto y Roma.

Lo que más me intriga de las ruinas es las vidas que ellas representan. Sin su significado histórico, las ruinas son sólo viejas columnas que ya no sostienen techos, calles de piedra que ya no llevan al mercado y ciudades que han sido vencidas por enemigos naturales o humanos hace ya mucho tiempo.

¿Por qué las personas se agolpan para ver ruinas antiguas? Porque desentrañar el legado de cualquier sociedad es importante para comprender el desarrollo de sus habitantes actuales. Mirar hacia atrás por los motivos adecuados, nos capacita mejor para mirar hacia delante. Debemos reunir el valor necesario para detenernos ante las ruinas antiguas y ver qué podemos aprender sobre nosotros mismos.

Debemos examinar áreas de devastación o derrota que hayan estado en las vidas de nuestras familias durante generaciones. Entonces podremos estudiar ataduras generacionales que necesitan ser rotas. Las relaciones cortadas pueden provocar yugos; una pérdida o una tragedia pueden dejar a una vida en ruinas; antiguas peleas familiares y herencias de odio, o escombros generacionales esparcidos por una bomba que cayó y una vida que se negó a ser reparada.

*P*iense por un momento en las fortalezas generacionales. En el margen, explique por qué serían difíciles de reconocer.

Quizá usted haya pensado varias razones muy importantes, pero destacaremos ésta: tendemos a pensar en la carga que nos ha sido pasada durante generaciones como parte de quiénes somos, en lugar de cómo estamos atados. En muchos casos, crecimos atados con esas cadenas, por lo que las sentimos como algo completamente natural. Es posible que las consideremos parte de nuestra personalidad, más que como un yugo que nos quita la vida abundante. Estudiemos el siguiente ejemplo.

El Tesoro de Hoy
"Reedificarán las ruinas antiguas, y levantarán los asolamientos primeros, y restaurarán las ciudades arruinadas, los escombros de muchas generaciones" (Isaías 61:4).

A principio del siglo XX, los padres de Claire murieron en una epidemia. Ella se vio obligada a vivir con su hermano mayor. El dinero escaseaba, por lo que, en nombre de Claire y sin su consentimiento, su hermano aceptó una oferta de matrimonio de un hombre mayor muy adinerado. El esposo resultó cruel y abusivo y después de ser padre de dos hijas, abandonó a la familia sin un centavo porque no había tenido un hijo varón. Claire buscó refugio en Cristo como su Salvador, pero nunca permitió que Él reconstruyera su vida. Claire murió antes que su nieta y sus bisnietas la conocieran. Ellas no eran huérfanas ni sus esposos las golpeaban, pero todas, excepto una, luchaban con falta de confianza y temor a los hombres que apenas podían reconocer, mucho menos comprender.

Cualquier cosa que se transmita a nosotros de nuestros antepasados y que inhiba la plena expresión de la libertad que debemos tener en Cristo puede ser llamado atadura o cautividad. No estamos aquí para discutir sobre genética vs. ambiente; nuestra intención es ser liberados de cualquier cosa que limite nuestras vidas en Cristo.

Explique brevemente otra posible situación de ataduras generacionales; quizá alguna que usted haya conocido personalmente.

_____

Usted y yo estaríamos de acuerdo en que son escenas muy tristes. ¿Sabe qué es lo que las hace aún más tristes? Que no era necesario que las sufrieran personas que ya estaban en Cristo. La cruz del Calvario es suficiente para liberarnos de todo yugo; y la Palabra es suficiente para hacer que la libertad sea una realidad práctica y perpetua, sin importar lo que los que vinieron antes que nosotros nos hayan dejado como "herencia". Pero esta Palabra debe ser aplicada a necesidades específicas en nuestra vida. Muchos cristianos han buscado a Cristo como Salvador, pero lo han ignorado como Libertador.

¿ *C*uál cree usted que podría ser una actitud o razón correcta para mirar hacia atrás en la historia de su familia? _____

¿Cuál sería una razón equivocada? _____

Dejemos que la Palabra de Dios nos ayude a establecer la conclusión correcta. En Mateo 1:16 el árbol familiar de Jesús incluía imperfecciones tales como Rahab la prostituta (Josué 2:1-7) y Manasés, un rey indescriptiblemente vil (2 Crónicas 33:1-17).

Primero: Aun Cristo tuvo una mezcla de elementos positivos y negativos en su linaje.

Todos tenemos una mezcla de bueno, malo y feo en nuestros árboles genealógicos. Nadie, sin importar cuán sano parezca, puede jactarse de un linaje perfectamente sano. Nuestro propósito es asegurarnos de que no heredamos ninguna cadena transmitida por nuestros ancestros que interfiera con los preciosos beneficios de nuestra relación de pacto con Cristo. Él rompió las cadenas de todo tipo de atadura al dar su vida por nosotros en la cruz; pero muchos de nosotros aún las llevamos en las manos o colgando de nuestro cuello por puro hábito, falta de conciencia o falta de conocimiento bíblico.

De vez en cuando utilizo la palabra "heredar". Quisiera que comprenda qué quiero decir. Cuando me refiero a algo que hemos "heredado", estoy hablando de algo que podemos haber aprendido en nuestro ambiente, cualquier cosa a la que estemos genéticamente predispuestos, o cualquier influencia que nos ata y que nos ha sido transmitida por otros medios. Una vez más: no me baso en la ciencia o la psicología, sino en una enfática afirmación de Gálatas 5:1: "Estad, pues, firmes en la libertad con que Cristo nos hizo libres".

Quizá usted haya "heredado" ataduras que apenas puede soportar el mirar hacia atrás. Mi oración por usted es que Dios le ayude a ver algunos aspectos positivos también. Recuerdo cuando enfrenté por primera vez los recuerdos de mis sufrimientos de niña. Al principio me sentí tentada a creer la mentira de Satanás y creer que mi infancia era una ruina. Finalmente me di cuenta que estaba equivocada. Experimenté cosas feas, pero también puedo ver la misericordiosa mano de Dios en muchos aspectos positivos.

    *E*che una mirada al linaje de Cristo en Mateo 1, prestando atención a los versículos 1 y 2. Luego lea Gálatas 3:26-29. ¿Cuál es la relación que usted tiene con el linaje que se detalla en Mateo 1?

_____

    Al darse cuenta de su linaje en el mismo árbol genealógico de Cristo, ¿cómo se siente al leer Salmos 16:6?

_____

Segundo: No es necesario que seamos desheredados o reneguemos de nuestro linaje físico para aceptar nuestro linaje espiritual y permanecer en él.

Dios reconoce plenamente y desea utilizar ambos "árboles" para su gloria. Nuestro linaje espiritual puede vencer y desarmar cualquier efecto negativo de nuestro linaje físico. Todos tenemos una "hermosa heredad" en Cristo (Salmos 16:6). Para quienes sienten que han heredado muchos aspectos negativos, aceptar con gozo esta verdad hace que el dolor de mirar atrás ya no sea tan agudo.

Hoy quiero que mire hacia atrás para ver lo positivo y lo negativo que tiene su herencia. No permita que el enemigo lo ataque con un espíritu abatido. Los maestros y predicadores han pasado por alto las ataduras generacionales durante demasiado tiempo, porque el enemigo nos ha convencido de que mirar hacia atrás es abrir la caja de Pandora.

Me levanto en contra de todo miedo e intimidación del enemigo. Él sabe que los temas que quedan encubiertos por el secreto nunca son expuestos a la luz sanadora de Dios. Vamos a enfocar positivamente aun los aspectos negativos, porque traerlos delante de Dios es el primer paso para exponerlos a la sanidad y recobrar la libertad. Si tiene que escribir algo doloroso, agradezca inmediatamente a Dios porque Él está dispuesto y preparado para hacer desaparecer de su herencia todas las cosas que lo atan.

    *R*ecordemos los cinco beneficios de nuestra relación de pacto con Cristo. Por favor, escríbalos en el margen.

Recuerde que nuestro propósito es reconocer lo que hemos heredado o qué influencias buenas o malas hemos recibido, no echar culpas. Cuando le pido que revise aspectos positivos y negativos, quiero que piense en términos de la influencia que cada una de estas personas tuvo en fortalecer o inhibir los cinco beneficios en su vida. Haga una pausa y pida a Dios que le revele o recuerde cualquier dato pertinente a nuestro estudio. Pídale también que no permita que el enemigo gane terreno en este paso ni en cualquier otro que demos juntos; crea en Dios y reciba la victoria. El siguiente ejercicio le ayudará a identificar cualquier ruina antigua. Deje en blanco lo que no corresponda.

Los cinco beneficios

1. _____

_____

2. _____

_____

3. _____

_____

4. _____

_____

5. _____

_____

Complete los cuadros que ve a continuación, describiendo las influencias positivas y negativas de sus padres y abuelos en su vida. Si no conoció a sus abuelos o a sus padres, ponga en su lugar las personas que han cuidado de usted.

Abuelos maternos

Abuelo
Influencia positiva

Abuela
Influencia positiva

Influencia negativa

Influencia negativa

Abuelos paternos

Abuelo
Influencia positiva

Abuela
Influencia positiva

Influencia negativa

Influencia negativa

Madre
Influencia positiva

Padre
Influencia positiva

Influencia negativa

Influencia negativa

¿Recuerda alguna razón por la que estos aspectos negativos hayan estado presentes en las vidas de sus padres o abuelos?   ❑ Sí ❑No
De ser así, explíquelas.

_____

_____

Hoy, ¿ha reconocido usted algunas ruinas antiguas en las últimas generaciones? De ser así, ¿cuáles son?

_____

_____

¡Gracias a Dios que, aunque usted no puede cambiar el pasado, Él puede ayudarle a cambiar lo que está haciendo con ese pasado! Y los cambios que Él hace en usted en el presente sin duda pueden cambiar el futuro. ¡Aleluya! ¡Nuestro Dios reina!

¿Cómo desea Dios que usted responda a lo que le ha mostrado hoy?

_____

_____

_____

_____

D Í A   2

Los linderos antiguos

Esta semana nuestro recorrido nos llevará hacia las ruinas antiguas, donde aprenderemos algunas lecciones de historia. Una vez más: nuestro propósito no es condenar ni deshonrar a nuestros antecesores sino reconocer barreras actuales causadas por ataduras del pasado de nuestra familia. En nuestra lección anterior destacamos dos conceptos que queremos recordar durante esta semana.

*E*n el margen, complete los dos conceptos que destacamos ayer.

La lección de hoy nos lleva de regreso a lo básico. Por favor, lea Éxodo 20:1-21 con un corazón fresco y una mente abierta a la enseñanza.

Quizá hace tiempo que no miramos este pasaje tan conocido en su contexto adecuado. Recuerde: Dios es el Maestro del orden perfecto. Antes de dar los Diez Mandamientos al pueblo de Israel, se identificó a sí mismo en el versículo 2.

*¿C*ómo se identificó Dios en el versículo 2? Complete el versículo.
"Yo soy Jehová tu Dios, que te saqué de la tierra de Egipto, de

_____ ".

¿Sabe? Una manera vital de mirar a los Diez Mandamientos es considerarlos un plan para permanecer fuera de la esclavitud. Lea las palabras de sabiduría de El Tesoro de Hoy.

El Tesoro de Hoy
"No traspases los linderos antiguos que pusieron tus padres" (Proverbios 22:28).

Primer concepto:
Aun Cristo tuvo una mezcla de elementos
_____ y _____
en su linaje.

Segundo concepto:
No es necesario que
_____
o _____
nuestro linaje físico para _____
nuestro linaje espiritual y permanecer en él.

Los Mandamientos representan un lindero antiguo que no podemos mover a nuestro gusto para adaptarlo a nuestro estilo de vida.

Un lindero era como una cerca. Servía como recordatorio visual de lo que pertenecía al dueño de la tierra y lo que estaba fuera de sus límites legales. Les recordaba a las personas cuándo estaban cruzando la raya.

Los mandamientos de Dios son los linderos por excelencia. Él es Jehová nuestro Dios y su Palabra es eterna; lo cual significa que fue escrita para ser aplicada a cada generación. Los Diez Mandamientos representan un lindero antiguo que no podemos mover a nuestro gusto para adaptarlo a nuestro estilo de vida.

Quizá usted se pregunte qué tiene que ver un lindero antiguo con un estudio sobre las ruinas antiguas: prácticamente todo. Observe que aquí mismo en este capítulo se encuentra la advertencia sobre el pecado generacional. Quienes viven más allá de los linderos retornarán a la cautividad. No sólo regresarán ellos a la cautividad, sino que dejarán un camino bien marcado para que la siguiente generación siga sus pasos.

Para comprender la atadura generacional, arriesguémonos a echar una mirada al pecado generacional. Ambos están íntimamente relacionados por al menos dos razones:

- **Toda atadura comienza con un pecado.** En el Libro del Éxodo, la nación de Israel estaba en cautividad debido a los pecados de sus crueles capataces. En el Libro de Isaías, la nación de Judá estaba camino a la cautividad debido a su propio pecado.
- **Toda atadura promueve el pecado.** No lo hace inevitable, pero lo promueve. Toda atadura fortalece en gran manera el empuje del pecado. Creo que es muy raro que una persona que ha sido criada en una atadura generacional no luche en alguna forma con el pecado que ésta promueve.

La relación entre la atadura generacional y el pecado generacional es lo que crea un ciclo. La vida fuera de los linderos lleva a la cautividad. La cautividad lleva al pecado. El pecado lleva a más cautividad. El ciclo no se detiene hasta que alguien tiene suficiente valor como para correr nuevamente hasta su lugar el lindero que Dios estableció.

*D*escriba en sus propias palabras cómo Éxodo 20:5 refleja el ciclo que acabo de describir.

_____

_____

Quiero ser parte de la ruptura de los ciclos negativos en la genealogía de mi familia. Una razón por la que nuestro estudio se llama *¡Sea libre!* es que muchos de nosotros debemos tratar con ciclos antiguos que debemos tomar la iniciativa de romper. Quizá con nuestra propia determinación y fuerzas los hemos doblado un poco, pero nunca se romperán sin Dios. Y Él, generalmente, no rehace lo que no está roto.

Los mandamientos de Dios, sus linderos antiguos, nos fueron dados, no para esclavizarnos, sino para mantenernos libres. Él es un Dios sabio y bueno que sabe lo que es mejor para nosotros. Éxodo 20:5 suena muy duro y parece muy impropio de Dios hasta que miramos con más profundidad en su Palabra. Nuestra primera piedra de tropiezo es la palabra "celoso".

*S*egunda Corintios 11:2-3 habla del "celo de Dios". Lea estos versículos y explique la diferencia entre el celo de Dios y el celo que no es de Dios.

_____

_____

Cuando Dios se refiere a sí mismo como Dios celoso, en el contexto de una advertencia contra la adoración a los ídolos en Éxodo 20:4-5, no significa que esté celoso de los ídolos. Es Dios celoso porque es celoso por sus hijos. Él sabe que todos los otros "dioses" de este mundo son nada (Isaías 41:21-24); no poseen gloria y no pueden ofrecer salvación. Los ídolos distraen la atención del verdadero y único Dios, el único digno de nuestra alabanza, el único Libertador. Dios también es Dador por su naturaleza eterna. Él desea bendecir. Cuando nos volvemos a otros "dioses", muchas veces lo forzamos a guardar su bendición y mantener quieta su mano que ansía dar. El celo que no es de Dios es estar celoso de alguien. El celo de Dios es ser celoso por alguien, por su supremo bien.

La segunda piedra de tropiezo de Éxodo 20:5 es la palabra "visito". Esta palabra refleja mejor la expresión hebrea original. Esta palabra es *paqadh* y algunos de sus significados son: "inspeccionar, revisar, numerar, depositar... hacer una visita". Era una palabra que también se utilizaba para la acción de realizar un censo.

Dios no castiga a los hijos por los pecados de sus padres. Veremos esta verdad en nuestro estudio de Ezequiel 18, el día 4. Yo creo que en Éxodo 20:5, Dios dice que Él podrá revisar o hacer un censo de todas las veces que los efectos de los pecados de los padres pueden verse en las generaciones siguientes. Podrá contar aquellos que han recibido la influencia adversa de sus padres o abuelos. Por ejemplo, si una encuestadora hiciera un conteo de la cantidad de alcohólicos en tres generaciones de una familia de patriarcas alcohólicos, el número sería, probablemente, bastante alto. ¿Por qué? Porque el alcoholismo había sido depositado en el árbol genealógico. Como implica la palabra *arithmeo*, los pecados de los padres y abuelos se suman en las generaciones siguientes.

Antes que los que somos padres muramos de miedo, recordemos que Dios es el único padre perfecto. Él no maldice a tres o cuatro generaciones por una pequeña irritación paternal. En realidad, no creo que esté maldiciendo a nadie. Creo que Dios se refiere a un fenómeno natural que se ve reflejado en las punzantes palabras de Oseas 8:7: "Porque sembraron viento y torbellino segarán". Los padres y abuelos deben tener mucho cuidado con lo que siembran, porque puede ser una cosecha de viento en sus propias vidas y de torbellinos en las vidas que les sigan.

*O*bserve el contexto de la advertencia en Éxodo 20:5. Su edicto con relación al pecado generacional, ¿viene a continuación de qué mandamiento?

¿Por qué cree que los padres y abuelos deben recibir esta fuerte advertencia en contra de buscar otros "dioses" y de inclinarse ante los ídolos?

Tenga en mente que la idolatría implica cualquier cosa o persona que adoremos, usemos como reemplazo para Dios, o tratemos como dios. Dado que sólo Cristo puede hacernos libres, todos los demás dioses o ídolos sólo pueden hacernos esclavos; por lo tanto, los padres esclavizados enseñan a sus hijos cómo vivir en cautividad aunque tengan la mejor intención de hacer lo contrario. Durante muchos años, he guardado un extracto de *It's Always Something* (Siempre hay algo), de la fallecida Gilda Radner. Los últimos párrafos son una lección de vida que todo padre debería aprender.

Cuando yo era pequeña, la prima de mi niñera Dibby tenía una perra, una perra de la calle, que estaba preñada. No sé cuánto tiempo están preñadas las perras, pero le faltaba más o menos una semana para tener sus cachorros. Un día, estaba en el jardín y cruzó mientras alguien estaba cortando el pasto. La podadora le cortó las dos patas traseras. La llevaron corriendo al veterinario y él dijo: "Puedo coserla o si no quieren que sufra puedo darle una inyección letal, pero los cachorros están bien. Va a poder dar a luz".

La prima de Dibby le dijo: "No la mate".

Así que el veterinario le cosió la herida y durante la semana siguiente la perra aprendió a caminar otra vez. No se preocupó en lo más mínimo: simplemente aprendió a caminar dando dos pasos y levantando la parte posterior y dando otros dos pasos y levantando la parte posterior otra vez. La perra dio a luz seis pequeños cachorritos, todos en perfecto estado de salud. Ella les dio de mamar y finalmente los destetó. Y cuando los cachorritos aprendieron a caminar, todos caminaban igual que su mamá.

Sí, ríase unos segundos... y después tome la historia en serio.

En su opinión, ¿en qué se parece la moraleja de este relato a lo que hemos hablado hoy, sobre las ataduras generacionales y el pecado generacional?

_____

_____

Yo leí este extracto del libro el 13 de julio de 1989. ¿Sabe por qué recuerdo tan bien la fecha? Porque después de llorar hasta quedar hecha un trapo, resolví hacer cualquier cosa, todo lo que Dios quisiera, sin importar cuán difícil fuera, para asegurarme de que mis dos preciosas cachorritas no aprendieran a caminar como su madre, la víctima. O como la madre de su madre, otra víctima. Digo esto con profundo amor y respeto. Yo estaba tratando de hacer las cosas lo mejor posible antes de llegar a este punto de inflexión en mi vida, pero todavía había algunas áreas de cautividad que yo me había convencido a mí misma de que no afectarían a mis hijas. Finalmente enfrenté el hecho de que tenía que romper todas las cadenas. Aun una cadena muy fina puede estrangularnos hasta quitarnos la vida.

Para alabanza y gloria de nuestro Dios redentor, mientras yo escribo este estudio, Amanda está en la universidad y Melissa termina sus estudios secundarios. Hasta ahora no veo señales de que vivan como "víctimas"; pero tenga por seguro que seguiré observando. Con todo mi corazón, oro que si andan como yo ando ahora, caminarán en total libertad con Dios. Yo he encontrado la libertad a su lado. Romper el ciclo ha sido un duro trabajo, pero la gloriosa libertad que Dios me ha dado es indescriptible. Valió la pena, amigo, porque él vale la pena. Y él, "casualmente", también cree que *usted* vale la pena.

Sé que la lección de hoy ha sido muy densa, pero no estamos haciendo este estudio sólo para aprender la Biblia. Dios quiere corazones sanos, no cabezas grandes. Estamos haciendo un viaje para poder empacar y mudarnos a un lugar donde podamos disfrutar libremente de nuestra relación con Cristo, un lugar asegurado por los linderos antiguos.

Si estos temas le resultan difíciles personalmente, ármese de valor. El enemigo prefiere que vivamos en negación en lugar de permitir que la Palabra de Dios penetre en nuestras vidas y nos haga libres. Si el tema de las ataduras generacionales y el pecado generacional no lo toca de cerca, pregunte a Dios cómo desea Él utilizar estas lecciones en su vida. ¿Para darle mayor compasión? ¿Mayor entendimiento? En mi opinión, casi todos nuestros árboles genealógicos necesitan una buena poda. Invitemos a Dios a participar en nuestros asuntos privados. Él es el perfecto consejero familiar.

¿*C*ómo desea Dios que usted responda a lo que le ha mostrado hoy?

_____

_____

_____

_____

_____

DÍA 3
La serpiente antigua

Tengo muchas razones para encarar el rol de Satanás en la cautividad en la forma en que lo haremos. No deseo que él sea glorificado en ninguna forma. Este estudio trata de quiénes somos en Cristo, los beneficios de nuestra relación de pacto con Dios y cómo aprender a vivir en la libertad que nos ha sido dada. Hoy he decidido concentrarme en algunas de las maquinaciones del enemigo porque creo que él está profundamente involucrado en temas de ataduras y pecados generacionales.

El Tesoro de Hoy
"Para que Satanás no gane ventaja alguna sobre nosotros; pues no ignoramos sus maquinaciones"
(2 Corintios 2:11).

¿Cómo describe Apocalipsis 12:9 a Satanás? _____

_____

Apocalipsis 12:9 se refiere a Satanás como "la serpiente antigua". Podemos suponer casi con seguridad que él y sus secuaces saben más de nuestra herencia familiar de lo que descubriría la más profunda investigación genealógica. Si puede utilizar nuestra herencia terrenal contra nosotros, dudo mucho que no lo haga.

Apocalipsis 12:9 nos revela otro comportamiento de Satanás. Vemos en Isaías 53:6 que "todos [...] nos descarriamos como ovejas, cada cual se apartó por su propio camino".

¿Cuál es el rol de Satanás en que cada ser humano se descarríe (Apocalipsis 12:9)?

_____

Podemos estar seguros de que Satanás hará todo lo posible para que nos descarriemos. Después de miles de años de existencia, no creo que la serpiente antigua tenga muchas ideas nuevas. Comienza con lo obvio y si eso funciona con los padres, funcionará con los hijos. No es muy creativo, pero sí altamente eficaz.

¿Qué más aprende usted sobre Satanás en Lucas 4:13? Elija una opción.
❑ Él tienta constantemente a las personas para que pequen.
❑ Él espera las oportunidades cuando estamos vulnerables.
❑ Él nos tienta a través de las acciones de los demás.

Mi esposo nunca tuvo una estrecha relación con uno de sus abuelos. Según Keith, este abuelo permitió que su mal carácter destruyera el hogar de la familia. Recuerdo que mi esposo decía: "Los momentos más temibles de mi vida fueron cuando vi destellos de ese mismo tipo de ira en uno de mis padres".

Cuando Keith fue padre, cada vez que reaccionaba con el más mínimo grado de enojo, el enemigo lo atacaba con pensamientos acusadores como: "¡Lo ves, eres igual a ellos!" Muchas veces se sentía deprimido después. Yo admiro a mi esposo por la manera en que ha llevado este problema al Señor y le ha permitido que lo solucione con la Verdad para que la cadena pudiera ser rota. Cada vez que Keith se enfadaba por algo, Satanás veía una oportunidad. Si podía tentar a Keith para que perdiera el control y levantara la voz o dijera más de lo que debía decir, el enemigo ganaría en dos frentes: lo habría tentado a pecar en su enojo y a perder la esperanza de cambiar su manera de comportarse, después. Si estudiamos Lucas 4:13, vemos que Satanás es un oportunista.

Personalice esta experiencia por un momento. "Imagine" que algunas veces ve en usted mismo algo que le desagradó de sus padres o abuelos.

¿Qué comportamiento podría ver usted en su vida, que le desagradó en las vidas de sus padres o abuelos?

_____

No tenemos porqué tener miedo del oportunismo de Satanás; sólo tenerlo en cuenta. Recuerde que cualquier oportunidad que Satanás tenga de obrar es una oportunidad aún mayor para que Dios obre. Ofrezcámosle las oportunidades a Él.

¿*C*ómo se describe a Satanás en 2 Corintios 11:3? _____

Quizá haya descubierto que Satanás es un engañador que extravía nuestras mentes. Quisiera concentrarme en el hecho de que es *astuto*, sutil. Cuanto menos detectable sea la obra de Satanás, menos lo resistiremos. Dios me dio un recordatorio visual atemorizante unos pocos días antes de escribir estas páginas. Keith y yo estábamos paseando nuestro perro por un sendero en el campo. Repentinamente, Keith me tomó del brazo y me dijo: "¡No te muevas!" Una enorme cobra estaba enroscada en medio del camino, a un par de metros de nosotros. ¿Por qué no la vi? Porque era del color de la tierra. ¿Por qué la vio mi esposo? Porque él es un cazador. ¡Está acostumbrado a detectar criaturas camufladas!

Podemos considerar la astucia de Satanás como momentos en que su obra está bien camuflada. Los yugos generacionales muchas veces no llegan a detectarse porque se mezclan muy bien con nuestra personalidad. Excusamos algunos de estos yugos porque simplemente "somos así". Quizá lleguemos a decir: "Mi madre era así y su madre también lo era. ¡Simplemente somos extrovertidos que decimos lo que pensamos!"

Quizá cada uno de nosotros esté comenzando a ver una cadena bien camuflada que hemos heredado de nuestros antepasados. No tenemos porqué decirnos: "Bien, no puedo librarme de eso, así que más vale que esté orgulloso de tenerlo". En Cristo, no estamos atados a nada más que Él, ¡gloria sea Dios!

¿Puede usted reconocer algunas maneras en que Satanás ha obrado sutilmente para perpetuar una cadena en su familia? ❑ Sí ❑ No De ser así, explíquelo. Puede expresarlo en forma general en el papel, ¡pero no olvide ser específico al decírselo a Dios!

_____

_____

¿Qué cree usted que podría hacer Dios para evitar que la serpiente antigua continúe atacando a su familia de esa manera?

_____

¿Qué aprendemos sobre Satanás en 2 Corintios 2:10-11?

_____

Observe que el versículo 11 dice que si no perdonamos, Satanás encuentra una puerta abierta para aprovecharse o ganar ventaja. Según 2 Corintios 2:10-11, Satanás es astuto, especialmente en asuntos de falta de perdón. Ahora vemos un concepto que nos ayudará a comprender la posible relación entre pecados generacionales, ataduras generacionales y Satanás. Éxodo 20:5 prueba que Dios ha permitido que los pecados de los padres visiten a los hijos hasta la tercera y cuarta generación. La siguiente afirmación es una presunción con buena base de verdad que podemos hacer, basándonos en muchas evidencias bíblicas sobre lo que Dios permite y la astucia de Satanás.

$\mathcal{S}$atanás está dispuesto a aprovecharse de prácticamente cualquier cosa que Dios permita.

Creo que esto explica la relación entre Satanás y el pecado generacional. Dado que Dios ha permitido esta posibilidad, Satanás trata de incrementar la probabilidad. El enemigo se especializa en aprovecharse de la negativa de alguien a perdonar. Le presentaré una imagen muy conocida. Una familia tiene un problema con un negocio familiar. Los hermanos dejan de hablarse y no permiten que sus hijos se vean. Guardan rencores durante tanto tiempo que los que se niegan a perdonar a sus familiares se convierten en personas que no perdonan a nadie. Ese cáncer se extiende a otras relaciones. Los nietos y bisnietos saben muy poco sobre la pelea original. En realidad, saben muy poco del resto de su familia. Tienen poco en común, excepto que la mayoría de ellos están airados con alguien todo el tiempo.

¿Alguna vez en su familia extendida se produjo una pelea que provocara una división a corto o largo plazo? ❑ Sí ❑ No **De ser así, ¿ha vuelto a reunirse la familia? Sea cual sea su respuesta, explíquela brevemente.**

_____

_____

Si venimos de una familia llena de divisiones, quizá sentimos que eso no nos afecta, pero no es así. La sensación de desapego es un efecto negativo en sí misma. Seamos valientes y preguntemos a Dios si estamos perpetuando la división y la falta de perdón en nuestra familia.

Parte de encontrar la sanidad es reconciliarnos con nuestra herencia familiar a la manera de Cristo. En Él, podemos tomar lo mejor y dejar lo peor atrás. Debemos amar y aceptar a nuestros familiares aunque no siempre aprobemos sus estilos de vida o no pasemos mucho tiempo juntos. Aunque no sea posible la unidad, necesitamos la paz que Cristo puede dar. Para que la libertad sea una realidad, debemos estar libres de malas obras, aunque nadie más en la familia lo haga. Si esto es un problema en su familia, comience a orar por ello.

Primera Pedro 5. 8 nos dice que Satanás es como _____.

Nuestro concepto final en el estudio de hoy amplía el espectro del punto anterior. Hemos estado hablando de que Satanás se aprovecha de nuestra falta de perdón. Según 1 Pedro 5:8, Satanás anda buscando su presa. No sé mucho acerca de los leones; pero según mi limitado conocimiento, puedo decirle algo: ¡ellos buscan cualquier cosa que sea jugosa y vulnerable! 1 Pedro 5:8 implica que Satanás está buscando devorar cualquier cosa que sea, si me permite inventar una palabra... ¡devorable! O vulnerable.

¿ *C*ómo desea Dios
que usted responda a
lo que le ha mostrado
hoy?

_____

_____

_____

_____

_____

Cuando yo era niña, mi abuela por parte de madre perdió ambos padres. Años después, perdió también a su esposo y acabó criando a mi madre sola, durante el tiempo de la Gran Depresión. Mi querida madre luchó toda su vida contra sus sentimientos de inseguridad. Cuando yo tenía aproximadamente nueve años, mi madre comenzó a tener problemas de salud que hicieron que estuviera algo aislada durante varios años. Cuando yo comencé a buscar sanidad total en Cristo, finalmente logré reunir el valor necesario para preguntarle en qué áreas era vulnerable. Él me reveló que yo tenía miedo de que no hubiera nadie que cuidara de mí; y si no permitía que Él sanara esa parte de mi vida, sería vulnerable a relaciones poco sanas. Esto sólo tiene sentido en el contexto de una cadena de inseguridad que ha pasado de generación en generación varias veces.

Dios y yo trabajamos en este problema. Aunque mis padres han sido maravillosos y mi esposo me provee todo lo que necesito, la realidad es ésta: Dios es mi única garantía. Aquel que conoce todas mis necesidades es el único que puede satisfacerlas. Sólo Él puede darnos todo; ¡pero no podemos dejar caer las cadenas que no sabemos que arrastramos! Recuerde Juan 8:32: el hecho de enfrentar la verdad de nuestro pasado y presente no nos sanará. ¡Sólo al enfrentar la verdad a la luz de la Verdad de Dios (su Palabra) seremos libres!

D Í A   4
Una exploración de las ruinas antiguas

El Tesoro de Hoy
"Y si dijereis: ¿Por qué el hijo no llevará el pecado de su padre? Porque el hijo hizo según el derecho y la justicia, guardó todos mis estatutos y los cumplió, de cierto vivirá"
(Ezequiel 18:19).

Hoy comenzaremos a mirar los planos para reedificar nuestras ruinas antiguas. Ya le he prometido que veríamos una prueba bíblica de que Éxodo 20:5 no significa que los hijos soporten la culpa de los pecados de sus padres y antepasados. Sentir el efecto de su pecado y cargar con la culpa son dos resultados diferentes. Dios da sanidad al primero y alivia la carga innecesaria del segundo.

Hoy estudiaremos Ezequiel 18. Este capítulo habla de los pecados de los padres e hijos (sin dejar fuera los de las madres e hijas). El lugar más obvio para descubrir señales de ruinas antiguas es la generación anterior a la nuestra, porque es la más reciente.

Antes de entrar en estos temas bíblicos, reconozcamos el hecho de que algunos de ustedes han descendido de un linaje sano y por otra parte, quizá haya quienes han descendido del extremo opuesto y no vean absolutamente nada positivo en su linaje familiar. Oro para que busquen sanidad en Dios y permitan que Él arroje un poco de luz sobre las sombras de gracia y bondad en su herencia física. Sin embargo, estoy suponiendo que la mayoría de los lectores serán un poco como yo. Soy una mezcla de lo mejor y lo peor en mi linaje terrenal. Yo le pido a Dios que me ayude a discernir la diferencia y permitirle romper todas las ataduras negativas en mi generación. Como usted, deseo pasar lo mejor a mis hijos, tanto en lo físico como en lo espiritual. Al extendernos hacia delante en busca de un ideal, seguramente llegaremos a un cambio positivo.

*P*or favor, lea Ezequiel 18 completo. En el espacio a continuación, escriba un resumen en una frase de este capítulo del Antiguo Testamento.

_____

Organicemos nuestras ideas. Escriba su propio bosquejo de este capítulo en la forma que prefiera, utilizando frases, oraciones o palabras.

_____

_____

_____

¿Alguna vez lo acusaron sus hijos de ser injusto en algo? De vez en cuando las mías lo hacen... ¡y me duele! Después, por si acaso no he entendido bien, insisten e insisten con el tema hasta que estoy harta de oírlo. En esos momentos, posiblemente me encuentren diciéndoles algo así: "¡Ya he oído eso de tu boca muchas más veces de las que hubiera querido! ¡Me estás acusando de algo que ni siquiera es cierto! ¡Termina de una vez!"

¿Qué versículo en Ezequiel 18 cita a Dios respondiendo de igual forma?

_____

¿Qué evidencia de la misericordia de Dios vemos en el capítulo?

_____

¿Detecta usted un clamor proveniente del corazón de Dios en algún punto de este capítulo? De ser así, ¿qué pide Dios al pueblo que haga?

_____

Cuando intento aplicar conceptos del Antiguo Testamento a la vida de los creyentes del Nuevo Testamento, algunas veces descubro que una aplicación figurativa aparentemente es más adecuada que una aplicación literal. Por ejemplo, Moisés estuvo en presencia de Dios y bajó de la montaña con un rostro literalmente brillante (Éxodo 34). Aunque nuestros rostros no brillan literalmente después de haber pasado mucho tiempo con Dios, creo que de alguna manera estamos más radiantes. De la misma manera, cuando Dios habla de un padre o un hijo que "mueren" por sus propios pecados y no por los de los demás, en Ezequiel 18, el desafío es aplicar el principio en forma figurativa, como creyentes del Nuevo Testamento. Los que hemos confiado en Cristo no "morimos" por nuestros propios pecados. Gracias a Dios porque Cristo ha hecho eso por nosotros. En forma figurativa, podemos experimentar la muerte de nuestra autoestima, por nuestros pecados, o la muerte de una relación terrenal, pero nuestras muertes físicas son sólo una forma de pasar de esta vida a nuestra ciudadanía en los cielos.

La mayoría de nosotros probablemente haya descubierto algunas ruinas esta semana. En la lección de hoy y la de mañana, estudiaremos cómo comenzar a reedificar nuestras ruinas antiguas. Comenzamos a reedificar cuando hacemos cuatro cosas:

1. Accedemos a mirar atrás sinceramente. Muchos cristianos bien intencionados sacan de contexto la exhortación de Filipenses 3:13: "olvidando ciertamente lo que queda atrás" y lo aplican como un mandato para no volver a mirar el pasado jamás. Pablo estaba hablando sobre los trofeos de la vida que debía dejar atrás para seguir a Cristo. La Palabra de Dios expresa claramente cuán bueno y efectivo puede ser el pasado como maestro. El pasado será un buen maestro si simplemente nos acercamos a Él como buenos alumnos, desde la perspectiva de lo que podemos ganar y cómo Dios puede utilizarlo para su gloria.

*L*ea nuevamente Ezequiel 18:14, 31. En palabras muy sencillas, ¿cómo se rompe la cadena de comportamientos destructivos?

_____

Veo cuatro pasos muy importantes que el hijo dio para romper el ciclo que su padre quizá haya creado o perpetuado:
- vio los pecados que su padre cometió;
- tomó la firme decisión de no practicar esos mismos hábitos;
- se libró de sus propias ofensas y
- se hizo de un corazón nuevo y un espíritu nuevo.

Quizá usted piense: "¡Eso es fácil de decir!" Tiene razón. Nunca he visto un obrero de la construcción que no haya estado cubierto de sudor; pero si trabajaba con diligencia, el resultado era algo hermoso. No se puede reedificar de otra manea. Estudiaremos cada uno de estos temas durante el curso de nuestro viaje hacia la libertad, pero veamos el primero ahora. La palabra hebrea que se traduce como "viere" en Ezequiel 18:14 es *ra'ah*, que significa: "mirar, inspeccionar, aprender, cobrar entendimiento".

¿*R*ecuerda el segundo concepto del día 1 de esta semana? ¿En qué se diferencian estos sinónimos del concepto de deshonrar a un padre?

_____

Complete los espacios en blanco de Proverbios 30:11: "Hay generación que _____ a su padre y a su madre no _____".

Dios nos dijo que honráramos a nuestros padres y madres, en Éxodo 20:12, sólo siete versículos después de describir el pecado generacional, así que no podemos simular que este tema es la excepción a la regla. Cuando examinamos los "pecados" de nuestros padres que no deseamos imitar o transmitir a nuestros hijos, tenemos que tener mucho cuidado de no maldecir a nuestros progenitores. El concepto de maldecir en este contexto refleja disminuirlos y despreciarlos. Podemos ser honestos con nosotros mismos y con Dios, sin al mismo tiempo disminuir a nuestros padres. ¿Estaría dispuesto a pedirle a Dios que le ayude a ver cualquier pecado de sus padres a causa del alto riesgo de que los mismos se repitan en su vida o la de sus hijos? ¿Estaría dispuesto a mirar más profundamente de lo que hemos mirado hasta ahora, para aprender y cobrar entendimiento?

Sin deshonrar a nadie, ¿qué más le ha mostrado el Espíritu Santo sobre cadenas que usted debe romper?

_____

_____

2. Creemos la verdad en lugar de las mentiras del enemigo. Si romper las cadenas del pecado o la atadura generacional fuera imposible, Dios nunca nos consideraría responsables por repetir los pecados de nuestros padres. Pero podemos ser liberados de los efectos y las prácticas de los pecados de nuestro linaje. Permítame decir esto con suavidad y mucha compasión: usted no es la excepción y su situación tampoco. En todas las cosas podemos ser más que vencedores, pero, en realidad, sólo podemos serlo en aquel que nos amó (Romanos 8:37).

*O*bserve la casa del alfarero en Jeremías 18. Compare los versículos 1-5 con el versículo 12. Dios estaba muy dispuesto a rehacer y dar nueva forma, pero... ¿qué respondieron ellos?

_____

En las semanas 2 y 3 hablamos de fe vs incredulidad. Repetiremos esa misma verdad desde diferentes perspectivas a lo largo de todo nuestro viaje. Por favor deje a un lado toda incredulidad o esta le impedirá que la libertad sea una realidad en su vida.

*S*i esto no se aplica a usted ¿quisiera detenerse un momento y orar por alguien que haya perdido toda esperanza de romper una cadena negativa y esté diciendo: ¿"No servirá de nada"? Escriba su nombre o inicial en el margen y enciérrelo en un círculo después de haber orado por esa persona.

3. Discernimos la diferencia entre reedificar y conservar las ruinas antiguas. Quizá usted esté pensando: "Beth, créame, he mirado atrás muchas veces y cada vez que lo hago me siento más airado o deprimido". Lo entiendo. A mí me ha pasado lo mismo. Entonces aprendí la diferencia entre reedificar y conservar. Cuando estuve en la Acrópolis en Atenas comprendí la diferencia. Nuestra guía calculó cuánto dinero gastan por año en "conservar las ruinas". Dios nunca nos llamó a conservar nuestras ruinas antiguas. En lugar de inspeccionar las ruinas antiguas y luego trabajar con Dios para reedificar allí, muchas veces seguimos visitando las ruinas y conservándolas, sin superar nunca esa etapa. Sin Dios, el único Restaurador, es prácticamente lo único que podemos hacer.

*¿C*ree usted que ha estado conservando las ruinas, o trabajando para reedificar allí? Explique su respuesta brevemente.

_____

_____

4. Aceptamos el llamado de Dios a ser obreros en la reedificación.

*E*scriba el versículo para memorizar de esta semana, Isaías 61:4, en el margen.

Ahora compruebe el contexto releyendo Isaías 61:1-4. ¿A quién se refiere la tercera persona plural de los verbos en el versículo 4?
❏ A aquellos que han aprisionado a los hijos de Dios
❏ Al Padre, el Hijo y el Espíritu Santo
❏ A los cautivos que han sido liberados

Una vez más, podemos aplicar figurativamente algo que se aplicaba literalmente a Israel: así como Dios asignó a los israelitas la tarea de reedificar el muro alrededor de Jerusalén, Él le asigna a usted la tarea de reedificar sus ruinas antiguas.

¿ *C*ómo desea Dios que usted responda a lo que le ha mostrado hoy?

_____

_____

_____

_____

_____

*E*n el margen, escriba las razones por las que usted cree que Él requiere que usted coopere.

Creo que una razón por la que Dios requiere de nuestra cooperación es que desea profundamente que nos involucremos con Él. Nos creó con ese propósito. Reedificar las ruinas antiguas es imposible para nosotros sin Dios. No estamos calificados para la tarea; pero cuando nos acercamos a Él, Dios reconstruye nuestras vidas y caracteres. Recuerde el propósito principal de Dios para sanarnos de nuestras heridas es llevarnos a nuevas profundidades en nuestra relación con Él.

Aunque esta semana nos estamos concentrando en reedificar las ruinas antiguas, estoy orando para que cada semana le dé nuevas herramientas para esta importante tarea. Quizá usted aún se pregunte cómo pueden ser reedificadas sus ruinas antiguas. Después de todo, nosotros no podemos cambiar el pasado, ¿verdad? Amado, cuando comenzamos a cooperar con Dios en el proceso de reedificación, quizá no podamos cambiar el pasado, pero podemos cambiar un par de cosas más impresionantes:

- podemos cambiar la manera en que vemos el pasado;
- podemos elegir cómo vamos a construir sobre él.

Comprometámonos a dejar de conservar las ruinas y comenzar a reedificar sobre ellas. Nos han pasado el martillo para comenzar la tarea.

D Í A   5
El Anciano de días

El Tesoro de Hoy
"Yo anuncié, y salvé, e hice oír, y no hubo entre vosotros dios ajeno. Vosotros, pues, sois mis testigos, dice Jehová, que yo soy Dios. Aun antes que hubiera día, yo era"
(Isaías 43:12-13).

Satanás no puede hacer nada acerca de nuestra salvación una vez que hemos recibido a Cristo, por lo que su esperanza está en incapacitarnos, de manera que no seamos una amenaza para él. Así como el plan principal de Dios es la redención, el plan principal de Satanás es cegar a las personas para que no vean al Redentor. Una vez que somos redimidos, el plan principal de Dios es que seamos completos.

*S*egún la prioridad de Dios para nuestras vidas, ¿cuál sería la prioridad de Satanás para las vidas de las personas que ya son cristianas?

_____

Cuando Dios comenzó a hacerme sentir en mi corazón una tremenda carga por escribir este estudio, me dio dos afirmaciones sobre las cuales construirlo:

- Cristo vino a dar libertad a los cautivos.
- Satanás vino para llevar cautivos a los libres.

Nosotros somos "los libres". Nuestra libertad es un hecho; pero según Gálatas 5:1, podemos regresar a un yugo de esclavitud. Satanás no puede tomar autoridad sobre nosotros.

Si usted se siente abrumado necesita recibir una "inyección" espiritual. Ahora, escuche esto: ¡La serpiente antigua no tiene poder alguno frente al majestuoso Anciano de días! Toda la semana hemos estado hablando de reedificar las ruinas antiguas, que hemos comparado con las ataduras o los pecados generacionales. El día 3 estudiamos la serpiente antigua que se aprovecha de todo lo que Dios permite. Hoy concluiremos el énfasis de esta semana con Aquel que, según El Tesoro de Hoy, ha sido Dios desde antes que hubiera días. Comencemos nuestra lección desde una perspectiva elevada:

*L*ea Daniel 7:9-10 y escriba lo que el profeta describe en su visión de Dios y lo que lo rodea.

_____

_____

Siempre he pensado que "Anciano de días" era un nombre muy peculiar para Dios. Reflexione sobre ese nombre por un momento. ¿Qué le parece que refleja el mismo?

_____

El enemigo, la serpiente antigua, anda por aquí desde hace mucho tiempo y conoce las tendencias y los puntos débiles del hombre. ¡Pero el Anciano de días es mucho más impresionante! Cuando mi hija Amanda estaba en segundo grado, me dio una ilustración de una verdad sobre la centralidad de Dios. Me estaba contando que ese día había orado mientras esperaba en fila para recoger su almuerzo en la escuela. Yo le dije: "Oh, Amanda, ¿sabes cuánto significa para mamá que hagas que Dios sea parte de tu día?" Nunca olvidaré su respuesta: "Que tonta eres, mamá. Tú sabes que Dios hizo el día. Yo sólo estoy feliz de que Él me hizo parte de *su* día".

Me quedé boquiabierta. Ella había expresado el significado del maravilloso nombre de Dios: el "Anciano de días". Cada día, el sol sale porque Dios da su permiso. Él nunca ha dormido ni un segundo y nada queda oculto bajo su mirada. Dios ha sido Dios durante cada día de toda su existencia. Si usted está enfrentando algunas ruinas antiguas, sepa que Dios estaba allí cuando ellas cayeron. Él conoce todos los detalles. Él sabe exactamente cómo lo ha afectado esa situación y es un experto en reconstrucciones. Después de todo, Cristo fue carpintero. En la vida de un cristiano, o en su herencia, no ha caído nada que Dios no pueda reconstruir o utilizar. Examinemos algunos catalizadores básicos que nos llevan de la maldición a la bendición en el linaje de nuestra familia física.

*L*ea el Salmos 78:1-8, de donde tomaremos los catalizadores que estudiaremos hoy.

Dos hechos inmensamente importantes flotan en la superficie de estos ocho versículos:
• Cada generación tiene una nueva oportunidad de ejercer una influencia positiva. No importa qué atrocidad haya ocurrido en su árbol genealógico, Dios puede levantar una nueva generación y hacer girar las ruedas del ciclo en dirección a la simiente de Dios. Quizá su abuelo haya ido a la cárcel con cadena perpetua por asesinato; pero su nieto bien puede pasar toda su vida siendo un fiel evangelista por medio del cual miles de personas lleguen a conocer a Cristo. Entre una generación con fe y una sin fe existe cierta conexión. Veamos ahora el segundo hecho.
• Entre toda generación infiel y generación fiel hay una persona que está decidida a cambiar. Amigo, usted puede ser ese eslabón. También puedo serlo yo. Quizá nadie en su familia fue abiertamente pecaminoso, sino simplemente no se comprometió en los planes del reino de Dios. Quizá usted quiera ser el eslabón

que lleve a su linaje de una vida simplemente religiosa, sin propósito, a una vida de apasionada relación con Cristo. Quizá su oración por sus nietos sea que amen las misiones. Sea lo que sea, usted puede ser "ese" eslabón.

¿ *C*uál es su sueño o su deseo para sus nietos y bisnietos?

_____

_____

Si este sueño concuerda con lo que usted sabe de la voluntad de Dios, entonces usted tendrá el apoyo y la aprobación de Cristo para comenzar a actuar en relación a Él. Coopere con Dios y ore para que ese sueño se cumpla.

Usted puede estar absolutamente seguro de que la voluntad de Dios es que su generación dé paso a una simiente que agrade a Dios. Estoy orando agresivamente para que de mis hijos surja una simiente que agrade a Dios. Amo mucho a mis padres y abuelos y quiero transmitir a mis hijos las muchas cosas maravillosas que ellos me han dado. Nosotros asistimos siempre fielmente a la iglesia y recibimos muchas cosas positivas, pero a mis padres nunca les enseñaron cómo andar con Dios diariamente por medio de la oración y su Palabra. Ellos no tenían una relación íntima con Dios que les diera el poder de superar algunos obstáculos muy grandes. Yo espero dar a mis hijas y a sus hijos muchas de las cosas positivas que me fueron transmitidas, pero Keith y yo también esperamos darles algunos regalos nuevos.

Una de las prioridades más grandes para mi esposo es darles un buen ejemplo y una identidad segura en Cristo. Yo oro constantemente para que mis hijas y sus hijos amen a Dios apasionadamente y lo sirvan con fervor. Espero que hereden la carga por las misiones mundiales y el compromiso de amar y aceptar a todas las razas.

Por otra parte, no soy tan ingenua que no me dé cuenta de que también transmitiremos algunos "regalos" no deseados. Entonces oro para que ellos puedan discernir y revertir cualquier ciclo negativo que vean en Keith y en mí. Dios realmente bendice nuestras oraciones y nuestras esperanzas, pero para romper ciclos y causar cambios permanentes, también debemos estar dispuestos a cooperar deliberadamente con Él. Uno de los regalos más preciados que podemos transmitir a las generaciones siguientes es la autenticidad. No llegaremos a mucho si hablamos de las obras del Señor, dignas de alabanza, pero vivimos vidas totalmente inconsistentes con su Verdad.

¿En qué manera está usted permitiendo que la próxima generación vea autenticidad en su vida?

_____

_____

Estamos a punto de ver por qué vale tanto la pena este trabajo. Lea nuevamente Éxodo 20:5-6. Muchos se sienten tan inquietos por el versículo 5 que nunca llegan a comprender en profundidad el versículo 6. Escriba Éxodo 20:6 en el espacio a continuación:

_____

_____

¿Cuántas generaciones sufren por los pecados de sus padres? _____

_____

¿Cuántas generaciones se benefician por aquel que ama a Dios y es obediente a sus mandatos?

_____

_____

¡Creo que ahora todos entendemos el concepto! Tendemos a decir que Dios es duro porque permite que los pecados afecten a la tercera y cuarta generación de los que son infieles, pero veamos sus bendiciones sobre las futuras generaciones de los fieles. ¡No se puede comparar tres o cuatro generaciones con mil! Dios muestra claramente más gracia en sus bendiciones que dureza en sus castigos. ¿Comprende usted que su andar con Dios puede afectar a gran número de futuras generaciones?

¿*C*uántos descendientes suyos pueden ser bendecidos porque usted decidió ser un eslabón de un nuevo ciclo de fidelidad a Dios? _____. Increíble. Lea nuevamente con atención el versículo 6. Compárelo con Juan 3:16. ¿A quién ama Dios?
❑ A los fieles   ❑ a los que se arrepienten   ❑ al mundo   ❑ a los obedientes

¿A quién muestra Dios su amor? Elija cualquier opción que corresponda.
❑ A quienes lo aman   ❑ a los que lo buscan
❑ A los del mundo   ❑ a los que le obedecen

Él ama al mundo, pero muestra su amor a quienes lo aman y le obedecen. Dios ama generosamente a toda persona, pero se reserva el derecho de demostrar su misericordia y su amor a quienes lo aman y le obedecen.

¿*E*n qué vemos la relación entre Juan 14:21 y Éxodo 20:6?

_____

_____

En las próximas semanas, hablaremos en mayor profundidad sobre el tema de amar a Dios y obedecerle. Por ahora, saquemos a la luz una hermosa piedra preciosa engarzada en Éxodo 20:6. La palabra hebrea original que se traduce como "hago" en este versículo es *asah*. Adivine qué significa... Significa "construir, edificar". Sí, aquí en medio del contexto de la influencia generacional, Dios promete construir bendición en las vidas de quienes lo aman y le obedecen.

Oh, hermano, ¿ve usted que el "Anciano de días" está ansiosamente esperando poder edificar un fundamento sólido sobre el cual sus descendientes puedan vivir durante muchos años futuros, si lo desean? Él no nos pide que reedifiquemos las ruinas antiguas nosotros solos. Simplemente nos está pidiendo que seamos una de las herramientas que Él usa. Dios sabe exactamente qué falló, exactamente dónde están las grietas en los fundamentos. Él estaba allí, ¿recuerda? Era completamente Dios entonces y es completamente Dios ahora.

Tantas personas quieren ser parte de algo importante... algo significativo. Queremos hacer contribuciones útiles a la sociedad. Vemos a las personas que lo hacen y los envidiamos, pero... ¿nos damos cuenta de qué clase de contribución podríamos hacer a nuestra propia familia? No se me ocurre nadie a quien yo quiera bendecir más con mi vida que a mis hijas y sus hijos y sus nietos. Dentro de diez generaciones, quizá nuestros nombres hayan sido olvidados, pero un día, en el cielo, creo que ellos llegarán a conocer a ese eslabón que cambió la dirección de la cadena.

¿*C*ómo desea Dios que usted responda a lo que le ha mostrado hoy?

_____

_____

_____

_____

_____

Algunas veces estamos dispuestos a criticar lo que sucedió antes que nosotros, pero ¿estamos dispuestos a aceptar el desafío de influir positivamente en los que vendrán después de nosotros? El pequeño segmento de tiempo que Dios ofrece a cada generación es un depósito. Quienes vinieron antes que nosotros y no fueron fieles guardadores de ese depósito deberán responder por ello, pero nosotros todavía estamos aquí. Todavía tenemos la oportunidad de influir en forma positiva en las generaciones que nos seguirán.

*R*elea el final de la historia de Ezequías que encontramos en la semana 1: Isaías 39:5-8. ¿Qué clase de "eslabón" fue Ezequías?

_____

Creo que usted estará de acuerdo conmigo en que Ezequías arruinó las cosas. Dios le había dado un segmento extra de tiempo, pero él sólo fue fiel en el manejo de ese depósito durante un tiempo. Sus acciones hicieron que sus hijos fueran llevados cautivos. Muchos padres han hecho lo mismo, porque consideraban los pocos años en que ellos ocupaban un espacio en este planeta como los únicos años que importaban. El virus del egocentrismo es muy contagioso; pero cada generación tiene la opción de no contraerlo.

Estoy orando con todas mis fuerzas para que usted y yo no seamos como Ezequías. Oro para que no nos comprometamos sólo por un tiempo, para luego volver a descuidarnos y finalmente caer una vez más en la cautividad. Si usted hace su parte en su generación, Él hará la suya en mil generaciones. Realmente me parece buen negocio. No sé cuánto más tardará Cristo en regresar; pero según las señales bíblicas de los tiempos, no creo que ningún experto espere que Cristo tarde mil generaciones más. ¿Sabe usted qué significa eso? Si usted está dispuesto a ser el eslabón por medio del cual Dios obre para dar mayor profundidad de fidelidad y efectividad, su vida podría afectar a cada generación de sus descendientes hasta que Él venga. Es impresionante. La sangre ya fue derramada. ¿No vale la pena derramar algunas lágrimas y un poco de sudor?

Cómo hallar más ayuda

He llegado a darme cuenta de que Dios puede restaurar las ruinas antiguas en una vida. Él obra esa restauración a través de su Palabra. Pero no comprendí esta verdad en forma instantánea. Primero entendí algo sobre las ruinas en mi vida y en la de mi familia. Si usted es una de esas personas que han sido golpeadas y heridas por las experiencias de la vida, o si viene de un trasfondo familiar que transmite maldiciones en lugar de bendiciones, quizá convenga que haga cierto estudio y trabajo personal adicional. Hay tres grupos de apoyo cristocéntricos que pueden ayudarle particularmente a comprender su experiencia y su familia y trabajar en ellas.

Making Peace with Your Past (Solo se ha publicado en inglés) es un grupo para adultos que vivió una niñez con situaciones dolorosas, como alcoholismo o familias abusivas. El grupo ofrece un ambiente seguro y amoroso para procesar el bagaje emocional que deja semejante pasado.

Shelter from the Storm: Hope for Survivors of Sexual Abuse (Solo se ha publicado en inglés) es un grupo cristocéntrico que ayuda a sobrevivientes de abuso sexual a tratar las heridas producidas por el mismo. Muchos cristianos han recibido mucho ánimo al participar en un grupo de este tipo.

Breaking the Cycle of Hurtful Family Experiences (Solo se ha publicado en inglés) ofrece un estudio para comprender cómo los padres pueden romper el ciclo de transmitir una herencia tóxica a sus hijos. *Breaking the Cycle* estudia cómo los sistemas familiares pueden producir bendición o maldición. El estudio puede ayudar a los creyentes a aprender a responder en forma diferente, tanto a sus padres como a sus hijos.

Vendar a los quebrantados de corazón

Día 1
Directo al corazón

Día 2
Corazones rotos en la infancia

Día 3
Corazones vendados por la verdad

Día 4
Corazones rotos por la traición

Día 5
Corazones rotos por la pérdida

Muchas veces escuchamos que "Cristo Jesús vino al mundo para salvar a los pecadores" (1 Timoteo 1:15). ¿Sabía usted que Él vino a sanar a los quebrantados de corazón? Esta semana veremos el lado tierno de nuestro Mesías. Él vino a consolar a los que sufren.

Usted memorizará otra parte de nuestro pasaje clave de *¡Sea libre!* Esta semana, haga que Isaías 61:2 sea parte de cada día, y no olvide practicar los versículos anteriores para memorizar. Deseo que cuando termine este estudio, los pasajes de Isaías y los beneficios de la salvación sean parte permanente de su vida.

Preguntas Principales

Día 1: Según Isaías 61:1, ¿a quién vino a "vendar" Jesús, enviado por Dios?

Día 2: Según la afirmación de Jesús en Mateo 18:6, ¿cómo cree usted que una persona puede hacer que otra peque?

Día 3: Según Timoteo 2:26, ¿por qué intenta el diablo hacer caer en trampas a las personas?

Día 4: ¿Por qué cree usted que Jesús sólo consideró traidor a Judas, aunque todos los discípulos desertaron y huyeron?

Día 5: ¿Cómo podría la pérdida de la fe convertirse en una forma de cautividad?

Voy a desafiarlo a hacer un trabajo personal esta semana. Desearía poder estar allí con usted pero el Espíritu Santo nos unirá. Que sea una semana de crecimiento. Estaré orando por usted.

D Í A   1

Directo al corazón

¿Recuerda cuándo perdió su primer diente? ¿Cuándo montó por primera vez en bicicleta? ¿Cuándo sobrevivió su primer día en la secundaria? Aunque todas son grandes experiencias, es posible que no las recuerde. Pero si le preguntara por la primera experiencia que destrozó su corazón, seguramente recordará hasta los más mínimos detalles. Cuando pienso en un corazón roto, no pienso en estar un poco molesto por algo. La herida de un corazón roto está en una categoría muy especial. El rey Artajerjes discernió la diferencia en Nehemías 2:2. La expresión "quebranto de corazón" proviene de la palabra *ra'a*, que significa: "destruir algo rompiéndolo en pedazos".

¿Cuál fue la primera vez que algo o alguien rompió su corazón?

El Tesoro de Hoy
"Me ha enviado... a vendar a los quebrantados de corazón" (Isaías 61:1).

Al recordar algunas de las situaciones que me rompieron el corazón, puedo volver a sentir el dolor otra vez. No sólo es inevitable que se nos rompa el corazón de vez en cuando; es uno de los principales ritos emocionales del cambio a la madurez. Muchas personas se enfrentan a estas emociones mucho antes de lo que deberían.

Nuestras primeras reacciones en tiempos de terribles tragedias suelen ser: "¿Pero Señor, acaso no te importa?" Aunque nuestras mentes quizá nunca lo entiendan, nuestros ojos hinchados de llorar y nuestros corazones anhelantes pueden aceptar las palabras: "Él me ha enviado a vendar a los quebrantados de corazón".

La expresión "quebrantados de corazón" significa exactamente lo que dice: una de las razones principales por las que Dios envió a su Hijo a esta tierra fue para dar un suave bálsamo y alivio a aquellos cuyos corazones fueron rotos.

En los días 2 al 5 estudiaremos ejemplos del ministerio de Cristo a los quebrantados de corazón. Pero hoy veremos varios lugares del Antiguo Testamento en los que Dios ministró a los quebrantados de corazón. Las personas a veces hacen un contraste entre el Dios del Antiguo y el del Nuevo Testamento. En realidad, se trata del mismo Dios. La muerte de Cristo en la cruz y su resurrección de los muertos cumplió las demandas de la Ley y abrió los portales de la gracia ilimitada, pero Dios siempre ha amado y ha sido compasivo.

En los siguientes pasajes, escriba cuáles son las circunstancias y cómo Dios vendó a los quebrantados de corazón.

Pasaje	Circunstancias	Venda
Génesis 16:1-13		
Génesis 39:11-23		
Rut 1:3-18		
2 Samuel 12:15-25		

Creo que sólo Dios puede sanar verdadera y completamente los corazones destrozados. Para hacerlo utiliza diferentes métodos, pero según Isaías 61:1, una de sus mayores prioridades es vendar a los quebrantados de corazón.

Ahora que hemos tenido oportunidad de ver la coherencia del corazón amante y tierno de Dios hacia los que han sido emocionalmente heridos o devastados, veamos en profundidad esta parte del ministerio que Él asignó a su Hijo: "El Espíritu de Jehová el Señor está sobre mí, me ha enviado a vendar a los quebrantados de corazón". Mi oración es que a usted le bendigan tanto como a mí los significados originales que Dios me llevó a descubrir. No se apresure. Reciba las siguientes verdades lentamente. Medite sobre ellas y siéntase profundamente ministrado y amado.

*L*ea Isaías 61:1 una vez más.

Observe este verbo en el versículo 1: "Me ha enviado". La palabra hebrea que se traduce como "enviado" es *shalack*, que significa "lanzar (hacia adelante)" (Strong's).

*L*ea el Salmo 127:3-4. ¿Cómo describen a los "hijos" estos versículos?

_____

Lea Juan 3:16. Jesús es llamado _____.

Juan 3:17 nos dice que Dios dio a su Hijo para la salvación de las personas, al enviarlo al mundo. ¿Lo ve usted, amado? Dios tenía sólo una flecha en su aljaba. La flecha más perfecta que jamás haya existido. Esta flecha era una obra maestra. Amada y apreciada mucho más que todos los ejércitos celestiales. Nada podía compararse con ella. Era su única herencia. Su único Hijo. Pero al mirar a un mundo perdido, desesperado y necesitado, atrapado en las garras del enemigo, el corazón de Dios se conmovió profundamente. Aunque habían pecado miserablemente contra Él y pocos lo buscaban, Dios los había creado en amor y no podía amarlos menos.

El amor extendió sacrificialmente una mano y tomó la flecha solitaria de su aljaba. La aljaba quedaba vacía ahora. Su flecha preciada caería en manos de hombres llenos de odio. Sí, Dios amó tanto al mundo... pero también amaba a su Hijo unigénito con afecto divino. El dilema divino era debatirse entre dos amores. Y uno demandaría el sacrificio del otro. Sólo un arma podía vencer al enemigo del alma: la flecha de Dios. Él colocó la flecha, extendió el arco, lo afirmó y apuntó directo al corazón. "Y dio a luz a su hijo primogénito, y lo envolvió en pañales, y lo acostó en un pesebre" (Lucas 2:7).

No sé si usted siente lo mismo que yo en este momento, pero he tenido que detenerme para observar esa imagen, meditar en ella y responder a Dios.

*U*tilice el espacio que está a continuación si desea agradecerle por haber mirado hacia abajo desde el cielo, haber visto su necesidad entre muchos millones, apuntado su preciosa flecha directo a su corazón y enviado a Cristo sólo por usted.

_____

_____

La siguiente palabra hebrea que quisiera que examinemos es el adjetivo que hoy estamos utilizando constantemente para referirnos al corazón.

*I*saías 61:1: "Me ha enviado a vendar a los _____ de corazón".

Hoy hemos visto ejemplos de corazones rotos en la Biblia, pero ahora veamos qué es lo que Dios llama "un corazón quebrantado". La palabra hebrea que se traduce como "quebrantado" en Isaías 61:1 es *shabar*, que significa "explotar, romper en pedazos, arruinar, aplastar, estrellar; rasgar, arrancar a pedazos (como una bestia salvaje)..."

¿ *A*lguna vez estas palabras han descrito la situación de su corazón?
❏ Sí   ❏ No

¡La descripción sí se aplica al mío y me duele de sólo pensarlo! La definición original también dice: "Este verbo se aplica a una amplia gama de significados relacionados con la violencia". Esta última parte de la definición no significa que un corazón quebrantado es únicamente resultado de algo violento que le ocurra. Como usted y yo sabemos, un corazón quebrantado muchas veces puede ser resultado de palabras más que de acciones. La idea es que un corazón casi siempre es roto en un momento específico, como resultado de una acción en particular. Permítame explicarlo con un ejemplo:

David y Teresa tuvieron problemas en su matrimonio casi desde el principio. David temía que Teresa se hubiera casado con él buscando seguridad en lugar de hacerlo por amor, pero la amaba tanto que no enfrentó el problema. Tenía la esperanza de que ella aprendiera a amarlo, pero lamentablemente no fue así. Ella se fue volviendo cada vez más fría. Durante seis años, él luchó para salvar el matrimonio y llevó casi todo el peso de la relación sobre sus hombros. Un día, al llegar del trabajo, encontró que ella se había llevado su ropa y había dejado una nota sobre la mesa: "Lo siento, David. No puedo evitar sentir lo que siento. No te amo, nunca te amé. Lo intenté todo lo posible. Los dos estaremos mejor así".

*B*asándose en la definición de la palabra "quebrantado" en Isaías 61:1, ¿en qué momento cree usted que el corazón de David fue "destrozado"?

Si su respuesta es "cuando se dio cuenta que Teresa lo había dejado", según nuestro contexto de hoy, probablemente está en lo cierto. *Shabar* significa que en un sentid del corazón. El corazón puede permanecer roto durante años, aun por el resto de nuestras vidas; pero la ocasión en que se rompe es un momento específico en el tiempo.

¿Se siente identificado con esta definición? Piense en un tiempo en que su corazón estuvo quebrantado. ¿Recuerda un momento en particular en que, hablando figuradamente, usted sintió que se le rompía el corazón?
❏ Sí   ❏ No

¿Tenía idea de que le importaba tanto a Dios que Él apuntó directo al corazón de su Hijo?   ❏ Sí   ❏ No

No creo que nada duela tanto como un corazón roto. He experimentado momentos de quebranto, que incluso son demasiado dolorosos como para poder compartirlos. Uno que puedo compartir se produjo cuando mi vieja amiga y compañera de trabajo me dijo adiós. Dios quiso que nos dividiéramos para multiplicar nuestros ministerios. Un día, ella me llamó y me dijo, tan dulcemente como pudo: "Después de orar mucho, creo que Dios quiere que yo me vaya del ministerio en este tiempo". Traté con todas mis fuerzas de que el temblor de mis labios no me traicionara al escucharla. Nos sentamos y tratamos de arreglar los aspectos prácticos de su partida.

Finalmente, en medio de los arreglos de todos los detalles de su partida, ambas nos echamos a llorar. Recuerdos de tantas risas, tantos momentos buenos y significativos compartidos, tanta oración, una comunión tan profunda, invadieron nuestras mentes y se estrellaron como una oleada contra nuestros corazones. Aunque yo sabía que Dios tenía razón, en ese momento mi corazón se hizo pedazos. No dudo que a ella le sucedió lo mismo. Dios restauró nuestros corazones fielmente, por separado. Aun lloro por esto algunas veces. Supongo que el recuerdo de una o dos situaciones que dejaron su corazón destrozado también lo hacen llorar a usted.

*I*saías 61:1: "Me ha enviado a _____ a los quebrantados de corazón".

La palabra original que se traduce como "vendar" es *chabash*, que significa "vendar, envolver; vendar como una herida; cubrir; rodear". El Diccionario de Strong agrega una definición muy visual a la misma palabra: "comprimir... detener". ¿Cómo podemos caracterizar bíblicamente la diferencia entre un corazón dolorido y un corazón quebrantado? Dios define un corazón quebrantado, como un corazón que se desangra.

Naturalmente, Dios ministra a sus hijos con la misma disposición y en abundancia, sea la herida pequeña o insoportable; pero todos nosotros podríamos definir un corazón quebrantado como una de las experiencias más dolorosas de la vida. Simplemente quiero que usted vea que Dios también lo ve así. La idea de aplicar presión a un corazón que se desangra es muy similar a la de aplicar presión a una herida que presenta una hemorragia. ¡Qué maravillosa figura de Cristo! Un dolor aplastante ataca nuestro corazón y la mano compasiva, llena de cicatrices, de Cristo, aplica presión a la herida; y por un momento, parece que el dolor se intensifica... pero finalmente la hemorragia se detiene. Oh, amigo mío, ¿comienza a ver la acción íntima de Cristo cuando estamos destrozados? Y pensar que este es el mismo al que acusamos de no preocuparse por nosotros cuando ocurre aquello que nos destroza.

Terminemos nuestra lección con un último pensamiento sobre Cristo y las vendas que Él aplica a nuestros corazones quebrantados. Observe que la primera definición incluye los conceptos de cubrir, envolver y rodear. ¿Alguna vez ha notado que cuando nuestro corazón está roto, tendemos a sentirnos expuestos, con menos control sobre nuestras emociones? A mí me sucede y francamente, ¡odio sentir que pierdo el control de mis emociones frente a los demás! Pocas cosas nos hacen sentir más vulnerables que un corazón quebrantado. La forma en que la vida nos enseña a reaccionar frente a un corazón destrozado es envolverlo en gruesas capas de carne y tentarnos a prometernos que nunca permitiremos que nos hieran otra vez. Pero Dios no actúa así. Recuerde: las fortalezas que nosotros mismos construimos para proteger nuestro corazón no sólo evitan que salga amor; también impiden que entre amor. Nos arriesgamos a volvernos cautivos de nuestras propias fortalezas protectoras. Sólo Dios puede unir nuevamente los trozos de nuestro corazón, cerrar todas las heridas y vendarlas con una venda porosa que proteja de la infección... pero que al mismo tiempo deje al corazón en libertad de inhalar y exhalar amor.

¿Está usted atado por un corazón quebrantado que nunca ha permitido que Cristo vende y sane? Ahora mismo, usted puede terminar la lección de hoy con una venda en lugar de una atadura. Vamos. Exponga su corazón sólo una vez más... sólo ante Él. Después de todo, para eso lo envió su Padre.

D Í A   2
Corazones rotos en la infancia

Durante el resto de esta semana, nos concentraremos en corazones quebrantados a causa de tres catalizadores: abuso en la infancia, traición y pérdida. Creo que aprenderemos muchísimo sobre el ministerio de Cristo a los quebrantados de corazón con estos ejemplos. Pasaremos el día de hoy y el de mañana ocupándonos de los corazones rotos por el abuso o maltrato en la infancia.

Dios no nos mira con impaciencia, pensando cuán quisquillosos somos porque algunas cosas nos hieren tanto. Si tenemos una mente tan "celestial" que perdemos el contacto con las dificultades terrenales, en algún momento nos hemos pasado por alto una importante prioridad de Cristo. Dios permitió que nuestros pies pisaran el asfalto caliente de la tierra para que podamos crecer a través de nuestras heridas, no ignorarlas y negarnos a avanzar en el camino sintiéndolas.

Comience su lectura de hoy con Mateo 18:1-11. Escriba cada prueba que pueda encontrar para verificar la siguiente afirmación: "Cristo ama a los niños".

_____

_____

Basándonos en la afirmación de Cristo en el versículo 6, ¿cómo cree usted que una persona puede hacer que otra peque?

_____

En Mateo 18:5-9, creo que las palabras de Cristo se aplican en forma específica al abuso o el maltrato de niños porque, en mi opinión, cualquier cosa que haga directamente que un niño tenga una mayor tendencia hacia el pecado puede ser descrita como abuso o maltrato.

En el margen, escriba por qué usted cree que quien hace pecar a un niño, sería mejor que se le colgase una piedra de molino y se le hundiese en lo profundo del mar.

Marque una de las siguientes afirmaciones que refleje mejor lo que Cristo deseaba expresar en los versículos 8 y 9.
- ❑ Nuestros sistemas carcelarios deberían tener penas más estrictas para los delitos.
- ❑ Debemos tomar seriamente los pecados personales, especialmente aquellos que afectan fácilmente a los demás.
- ❑ Mutilar el cuerpo nos ayudará a dejar de pecar.

Nunca comparto los detalles del abuso del que fui víctima en mi niñez por dos motivos: primero, quiero glorificar al Sanador, no la herida; segundo, cuando la explicación se da en términos generales, más personas pueden identificarse con ella. Pero no elegí este tema para nuestro estudio a causa de mi propia experiencia. Las

El Tesoro de Hoy
"En aquel tiempo los discípulos vinieron a Jesús, diciendo: ¿Quién es el mayor en el reino de los cielos? Y llamando Jesús a un niño, lo puso en medio de ellos" (Mateo 18:1-2).

Dios permitió que nuestros pies pisaran el asfalto caliente de la tierra para que podamos crecer a través de nuestras heridas, no ignorarlas.

estadísticas, que nos muestran un número increíble de personas que sufren estas experiencias en su infancia, me decidieron a hacerlo. Si nos preguntaran si la experiencia nos rompió el corazón o no, después de golpearlo simplemente por el hecho de atreverse a preguntar, le responderíamos a gritos que sí.

Dios utilizó Mateo 18 para responderme algunas preguntas. Quisiera contarle cómo enfrento algunos "por qué" a los cuales no puedo encontrar respuesta: busco la mayor cantidad posible de respuestas en la Palabra de Dios, completo esos espacios en blanco y le confío los demás a Dios. Suena sencillo, pero no lo es. Es algo que practico por fe cada día de mi vida y mi corazón halla solaz y descanso al hacerlo.

*R*ecorra conmigo Mateo 18:1-9 y veamos si podemos llenar suficientes "espacios en blanco" con respecto al maltrato en la niñez como para poder confiarle el resto a Dios.

1. *Los pequeños son la niña de los ojos de Cristo.*

   Basándose en el relato de la misma escena en Lucas 9:46, ¿cuál fue el motivo por el que los discípulos preguntaron quién sería el mayor?

   _____

Muchas veces, los discípulos trataron de hacer que Jesús señalara a sus favoritos y ligiera cuál de ellos era el mayor. En lugar de señalar a uno de ellos, cuando le preguntaron, Jesús llamó "a un niño y lo puso en medio de ellos" (Mateo 18:2). Cristo estaba diciendo: "¿Quieren saber cuál es mi idea de la grandeza? Miren a este niño".

*¿P*or qué los discípulos podrían haberse sentido ofendidos por el ejemplo de Cristo (según lo que entendemos en Marcos 10:13-16)?

   _____

   Saboree la ternura de Cristo hacia los niños. Él simplemente podría haber pronunciado una bendición sobre ellos, pero en cambio, ¿cómo prefirió mostrar su amor por ellos, según Marcos 10:16?

   _____

No sólo Cristo amaba a los niños, sino que ellos lo amaban a Él. ¿Cuántos niños estarían dispuestos a dejar sus juegos para pararse frente a 13 hombres para ser usados como ejemplo? No muchos, a menos que amaran y confiaran en quien los llamaba.

Creo que Cristo era una de esas personas que atraía a todos los niños del vecindario. Creo que probablemente fuera a muy pocos lugares donde no se viera rodeado de muchos niños como el Flautista de Hamelin. En realidad, la atracción que sentían los niños por Cristo posiblemente haya sido la razón por la que los discípulos los reprendieron en Marcos 10:13.

Quizá yo esté equivocada, pero basándome en los "espacios en blanco" que podemos llenar, tengo la sensación de que los que quedan también se resuelven a favor de los niños. Me parece gracioso que Cristo haya tomado a un niño de verdad para mostrar cuál era su idea de la grandeza, cuando sus doce discípulos elegidos estaban actuando como criaturas.

2. *Los niños gozan de la compañia especial de Cristo.*

¿*Qué* cree usted que Cristo quiso decir en Mateo 18:5? _____

_____

Cristo estaba diciendo: "Lo que ustedes hacen por ellos, lo hacen por mí".
¿En qué otra forma Dios cuida de los pequeños, según Mateo 18:10?

_____

3. *Los abusos infligidos a los niños son como abusos infligidos a Cristo mismo.*
Basándonos en el contexto de Mateo 18:6 y 10, creo que podemos suponer que no sólo
Jesús está diciendo: "Lo que haces por un niño, lo haces por mí", sino también "Lo que
le hagas a un niño, me lo haces a mí". Obviamente Él toma el daño hecho a los niños
como algo muy personal.

Si usted sufrió abuso o maltrato en su infancia, ¿alguna vez pensó cómo
se sentía Cristo por lo que le sucedió?   ❏ Sí   ❏ No

¿Cómo podría beneficiarse el enemigo al tentarlo a creer algo equivocado
sobre la actitud de Jesús para con los niños que sufren abusos?

_____

Basándose en lo que ha leído hoy, ¿cuál es la verdad sobre la actitud de
Cristo hacia los niños y todo lo que les sucede?

_____

¿Cómo expresa Zacarías 2:8 la forma en que Dios defiende a los suyos?

_____

4. *Cristo jamás es el autor del abuso.* La Biblia nos enseña que algunos problemas son
específicamente ordenados por Dios con el propósito de refinarnos y hacernos crecer. El
abuso infantil no es uno de ellos. Cuando esté tratando de discernir si es Dios o Satanás
el autor de un problema, una de las mejores claves a tener en cuenta es si hay pecado
involucrado o no. Dios nunca nos tienta a pecar, ni emplea el pecado o la perversión como
medio para moldearnos a la imagen de Cristo. ¡Eso es imposible!

Permítame utilizar mi experiencia como ejemplo. Dos de los factores que más
influencia tuvieron en mi infancia fueron el abuso y una caída que me arruinó la
dentadura. Mis dientes se convirtieron en un motivo de inseguridad y vergüenza durante
años. Sé que Satanás fue el autor del abuso que sufrí de niña, por el horrendo pecado que
esto implicaba y porque la consecuencia fue vergüenza. Recuerde, la vergüenza es el "sello
de aprobación" de Satanás. Por otra parte, mi caída me hizo enfrentar muchos desafíos
difíciles, pero no hubo pecado en su origen. Como consecuencia de esa caída, Dios
permitió que yo experimentara lo que llamo el "síndrome del perdedor" y puso en mí una
profunda compasión por las personas que sufren burlas y son tratadas sin misericordia.
De alguna manera, Dios hizo que quedara registrada en mi corazón la verdad de que Él
pensaba que yo era hermosa. Sin duda, gané mucho de ese desastre en mi infancia.

*La vergüenza es el
"sello de aprobación"
de Satanás.*

*P*iense en su infancia. Identifique una experiencia que sería característica de:

Dios _____

Satanás _____

En la semana 7 estudiaremos la soberanía de Dios; pero en este momento quiero señalar algo que puede ser difícil, pero es necesario para nuestra liberación. Lo personalizaré aplicándolo a mi propia experiencia para hacerlo más claro: Dios permitió esas dos experiencias, fuera o no su autor. No, Dios no pudo haber sido autor del abuso que sufrí de niña, pero obviamente lo permitió. ¿Por qué? Quizá tenga otras razones que yo aún no conozco; pero hasta que esos espacios en blanco hayan sido llenados, sé esto:

1) Él sabía que yo tendría que buscarlo diligentemente para ser sanada; y que al sanar yo llegaría a conocer a mi Sanador.

2) Él sabía que su nombre sería glorificado por medio del milagro de la restauración y el ministerio subsecuente.

3) Él sabía que yo sería compasiva con las personas que han sido heridas en su niñez.

4) Él sabía que el delito del abuso infantil se haría público en esta generación y deseaba llamar a cristianos que pudieran hablar del tema basándose en su Palabra.

5) Él deseaba que yo enseñara cómo hacer que la libertad en Cristo sea una realidad en la vida con la pasión de una experiencia personal.

Amado, no conozco una manera mejor de decirlo. Hasta que pueda llenar todos los demás espacios en blanco, esto es suficiente para mí. El hecho de que Dios puede sacar bien de lo malo de la vida es uno de los conceptos más liberadores de toda la Palabra de Dios. Nunca seremos libres a menos que creamos que Dios puede hacer algo con cualquier cosa. Dios ha prometido sacar bien de cualquier cosa que encontremos, si lo amamos y le permitimos usarlo para su propósito (Romanos 8:28).

Lo aliento de todo corazón a rendirle totalmente su herida a Él, sin reservarse nada, e invitarlo a que haga milagros a partir de su sufrimiento. Después tendrá que ser paciente y llegar a conocerlo a través del proceso de sanidad. Verá los frutos; ¡yo se lo prometo! Pero más aún; lo promete Cristo.

¿Cómo desea Dios que usted responda a lo que le ha mostrado hoy?

_____

_____

_____

_____

_____

*2*uizá usted no haya sido víctima de abuso o sufrimientos en su niñez, pero prácticamente todos hemos sufrido alguna clase de herida en nuestra infancia. ¿Alguna vez ha rendido cada parte de esa herida a Dios?
❏ Sí   ❏ No

Si no lo ha hecho, ¿quisiera hacerlo ahora? Utilice una hoja de papel para escribir una breve oración, ofreciendo algo que lo hirió en su niñez a Aquel que ama tanto a los niños. Usted es su hijo, no importa cuál sea su edad.

El estudio de hoy no estará completo sin el día 3. Por favor, no deje de completar la próxima lección. Mateo 18 tiene más para enseñarnos acerca de Cristo y el abuso de niños. Hasta entonces, gracias por tener el valor necesario para estudiar un tema difícil conmigo. Es para la libertad que Cristo nos ha hecho libres. Usted y yo nunca seremos verdaderamente libres hasta que no aceptemos cuánto Cristo se preocupa por nosotros y odia los yugos que nos han mantenido cautivos.

DÍA 3

Corazones vendados por la verdad

El Tesoro de Hoy
"¡Ay del mundo por los tropiezos! porque es necesario que vengan tropiezos, pero ¡ay de aquel hombre por quien viene el tropiezo!" (Mateo 18:7).

Hoy continuamos nuestro estudio de cómo Dios ministra a aquellos cuyos corazones fueron rotos por el maltrato en su niñez. Por favor, lea nuevamente Mateo 18:1-11. Cristo sanó de diversas maneras cuando estuvo en la carne. Algunas veces con un toque. Otras por medio de la palabra. Mateo 18 es el ejemplo perfecto de Cristo ofreciendo sanidad por medio de la verdad. Encontré mucha sanidad en el estudio de este pasaje. Aprendí cuán importante era yo para Cristo cuando era una niña y acepté cuánto Él odiaba lo que me había sucedido. La Palabra es la venda más fuerte que Dios utiliza para vendar a los corazones quebrantados en la niñez. Creo que aquellos que han sido víctimas del abuso muchas veces no encuentran sanidad instantánea. Es más posible que su sanidad sea progresiva a medida que estudian y aplican la verdad. Para tener una vida que avanza en victoria es necesario tener una mente renovada y hábitos positivos.

$\mathcal{D}$ado que hoy es la continuación del estudio anterior, refresque su memoria sobre las primeras cuatro verdades del día 2 completando los espacios en blanco en el margen.

Continuemos con las restantes verdades sanadoras.

5. Cristo venga el abuso o el sufrimiento infligido a un niño. (Relea Mateo 18:6.)

Los niños son

_____

Los niños gozan de

_____

Los abusos infligidos a los niños son como

_____

Cristo jamás es

_____

Dios jamás ha hecho amenazas sin fundamento. Él odia que un niño sea víctima de abuso o maltrato. Hay por lo menos dos razones por las que creo que Cristo se refiere al abuso o maltrato de que es víctima un niño en Mateo 18:6-10:
- Habla específicamente de algo que una persona puede hacerle a otra. En este pasaje, esa "otra" persona es un niño.
- Habla de una acción que hace "tropezar" (pecar) a "alguno de estos pequeños".

Cada uno de los que hemos sido víctimas de abusos o maltratos en nuestra niñez podemos confirmar que la tendencia a cometer ciertos pecados aumenta drásticamente como consecuencia. Como parte de mi sanidad, tuve que tomar responsabilidad por mi propio pecado, fuera o no que las acciones de otras personas me impulsaran hacia él. Quizá usted sienta lo mismo que yo sentía en una época. No quiere hacerse responsable de sus pecados porque no cree que hayan sido su culpa.

Sí, mis pecados fueron culpa mía. Pero lo más importante para Dios fue mi disposición a confesar cuánto odiaba yo esos pecados y cuánto deseaba ser libre del poder que el abuso tenía sobre mis decisiones. La confesión me permitió poner los comportamientos pecaminosos sobre la mesa para discutirlos abiertamente con Dios. Él me perdonó instantáneamente y me limpió por completo. Después comenzó a enseñarme, día tras día, cómo cambiar mi manera de reaccionar.

No creo que confesar el pecado que es consecuencia del abuso en la niñez tenga mucho que ver con la culpa. Tiene más que ver con la libertad.

Quizá usted esté pensando: "Pero las complicaciones y las repercusiones del abuso que sufrí en la niñez son tan tremendas... ¡Es algo tan difícil de tratar!" Estoy de acuerdo. Y esa es una de las razones por las que sería mejor que a quien le hizo sufrir ese abuso "se le colgase al cuello una piedra de molino de asno y se le hundiese en lo profundo del mar". Sin dudas, el abuso o maltrato infligido en la niñez es un gigante contra el cual batallar. Creo que podemos decir que es uno de los gigantes más grandes, especialmente si el gigante era alguien que supuestamente debía protegernos. Pero con la misma certeza con la que Dios dio poder al joven David para vencer a Goliat, Él le dará poder si usted se lo permite. Sólo recuerde que las palabras de David en 1 Samuel 17:47: "Porque de Jehová es la batalla", también se aplican a la víctima que conoce al Señor.

*L*ea Lamentaciones 3:58-59. Parafrasee el pasaje en sus propias palabras y escríbalo en una hoja de papel.

Perdonar a la persona que me hizo daño no significó que un día yo me encogiera de hombros y murmurara: "Está bien, lo perdono" y continuara como si esas cosas no hubieran sucedido. Sí sucedieron. Y tuvieron consecuencias terribles en mi vida. Cuanto más me aferraba a ella, más la atadura me estrangulaba quitándome la vida. Dios vio todo lo que sucedió y puede representarme y defender mi causa mucho mejor. El perdón significó entregar mi causa a Cristo y decidir ser libre de la carga de amargura y culpa.

Muchas personas me han preguntado: "Cuando nadie la ve, ¿usted está bien, o simplemente está dando una buena imagen ante los demás?" No, no estoy tratando de dar una imagen. Algunas veces, esos recuerdos me provocan dolor, pero ya no tienen poder sobre mí. Soy libre de su control y, sí, he perdonado.

¿Sabe cuál es una de las razones principales por las que perdoné a quien me hizo daño? Finalmente llegué a un punto en que sentí más pena por él que por mí misma. Puedo decirle que si yo tuviera que estar en la escena de Mateo 18:6, preferiría ser la víctima amada y protegida, en lugar del victimario. Como decía mi sobrino cuando era pequeño: "Eze tipo zí que eztá en problemaz".

6. Lamentablemente podemos suponer que los niños seguirán sufriendo abusos en el actual sistema del mundo. En Mateo 18:7 encontramos varias claves importantes para comprender el hecho del abuso infantil.

Primero complete el siguiente espacio en blanco: "_____ que vengan tropiezos, pero ¡ay de aquel hombre por quien viene el tropiezo!"

La palabra griega que se traduce como "es necesario" es *anagke*, que significa "una fuerza que obliga, como oposición a la voluntad… que como resultado de la depravación y maldad de los hombres, es moralmente inevitable que se produzcan los pecados".

Explique con sus palabras, ¿por qué es posible que los niños continúen siendo víctimas de maltratos y abusos en nuestro mundo?

_____

Es imposible sobreestimar otra razón para que los niños sufran abusos. ¿Qué otras fuerzas están obrando, según Efesios 6:12?

_____

Si usted no cree en la existencia y febril actividad del malvado príncipe de este mundo (Juan 12:31) y sus malignos hechos, nunca comprenderá el origen y la continuación del problema del abuso y el maltrato de los niños. Hasta que llegue el reinado de Cristo, podemos y debemos intentar alcanzar a las víctimas y apoyar toda ley que reprima el mal y "exponga las obras de las tinieblas", pero nunca podremos detenerlas por completo. Mientras Satanás sea el príncipe de este mundo, tiene mucho para ganar. La próxima palabra puede ayudarle a entender por qué el enemigo se beneficia en forma tan detestable de las clases de heridas de las que estamos hablando.

Mateo 18:7 dice: "¡Ay del mundo por los tropiezos! porque es necesario que vengan tropiezos, pero ¡ay de aquel hombre por quien viene el tropiezo!" Vea cuán cargada de significado está esta palabra, "tropiezos", *skandalon*: "El disparador de una trampa en la cual se coloca una carnada que, al ser tocada por el animal, salta y hace que se cierre, atrapándolo... *skandalon* también hace referencia a la persona que es atrapada de esta manera. *Skandalon* implica un engaño que hace actuar de una manera que arruina a la persona". No es necesario tener un doctorado en teología para reconocer la obra del enemigo en el abuso. El "conductor" de este juego de culpas no siente ninguna.

*L*ea 2 Timoteo 2:26. Según este pasaje, ¿por qué intenta el diablo atrapar a las personas? Elija una opción.
❏ Para tentarlas a alejarse de Dios ❏ para hacer que odien sus propias vidas
❏ Para apartarlas de Cristo ❏ para que hagan su voluntad

Satanás nos ha engañado a todos para que pecáramos, pero mirando hacia atrás, ¿alguna vez experimentó usted un tiempo en que crea que Satanás estuviera tratando de "arruinarlo"? ❏ Sí ❏ No   En caso afirmativo, explíquelo en términos generales y discretos.

_____

El hecho de que usted está participando en un estudio bíblico profundo me dice que él no tuvo éxito. ¿Por qué?

_____

_____

Según su opinión, ¿cómo puede el abuso sufrido en la niñez atrapar a alguien en un comportamiento engañoso que podría arruinar a la persona en cuestión?

_____

_____

Sabemos por las investigaciones realizadas que gran cantidad de mujeres y hombres que se entregan a comportamientos escandalosos como la prostitución, la promiscuidad y la homosexualidad, fueron víctimas de abuso sexual en su infancia. No estoy dando excusas. Satanás siempre está buscando el escándalo. Él se deleita en los escándalos, particularmente cuando los mismos involucran a creyentes en Cristo, porque quiere arruinar nuestro testimonio.

Satanás quiere evitar que las personas reciban a Cristo como su Salvador. Naturalmente, el abuso o el maltrato sufridos por un niño son fuerzas efectivas de disuasión, dado que muchas víctimas sienten que "no pueden creer en un Dios que haya permitido que tales cosas sucedan". ¡Si sólo supieran cuán ansioso está el Padre de sanarlos y vengarlos! El enemigo puede tratar de mantenerlos cegados, pero si ellos

Al final, el acusador es el principal abusador.

responden al llamado del Espíritu Santo, el velo es quitado y Cristo es suyo (2 Corintios 4). Dado que el enemigo no puede quitarle la salvación a nadie que desee creer, trata de asegurarse de que estén demasiado impedidos emocionalmente como para convertirse en testigos efectivos. La esperanza del enemigo es que los cristianos seamos tan poco efectivos que no tengamos testimonio, o que arruinemos el testimonio que tenemos.

¿Acaso lo que gana el enemigo no es una razón más para negarnos a permitirle avanzar un milímetro más de terreno sobre algo en nuestro pasado? Es tiempo de dirigir nuestra indignación hacia el autor del abuso: Satanás mismo. Quisiera decir algo que creo con todo mi corazón. Al final, el acusador es el principal abusador.

¿**Q**uién es el "acusador" según Apocalipsis 12:10? _____

¿Por qué podría el acusador ser el principal abusador? _____

Lo que a usted le haya sucedido o lo que usted haya hecho, no lo define. Lo que a usted lo define es quién es usted en Cristo.

Yo fui abusada más veces de las que quisiera contar, pero después de eso fui acusada cada día de mi vida hasta que dije: ¡Basta! y permití que Dios me diera sanidad y perdón. Lo que a usted le haya sucedido o lo que usted haya hecho, no lo define. Lo que lo define es quién es en Cristo. Usted es un hijo amado de Dios. Él ha visto todo el mal que se le ha hecho y Él defenderá su causa. Y en cuanto a la persona que le hizo daño... *"Ese sí que está en problemas".*

Hemos hablado de un tema difícil, pero hasta que las verdades de nuestro pasado converjan con la Verdad de la Palabra de Dios, nunca seremos sanos. Cuando Cristo dijo: "Conoceréis la verdad y la verdad os hará libres", se refería a su Verdad, la Palabra de Dios. Si soy creyente en Jesucristo, no puedo conocer la verdad sobre mí mismo hasta que conozca la verdad de la Palabra de Dios. Por favor, prométame algo. No permita que Satanás gane un milímetro de esta lección. Lo menos que el "enemigo" desea es que usted sea libre. Recuerde: Cristo vino para dar libertad a los cautivos y Satanás vino para hacer cautivos a los libres. Niéguese a permitirle que arranque las semillas que Dios ha sembrado hoy. Permita que estas verdades se arraiguen en su corazón, riéguelas y cultívelas con fe.

Al concluir la lección de hoy, quizá esté pensando: "Pero aún no tengo todas las respuestas". Yo tampoco. Pero Dios ha llenado suficientes "espacios en blanco" como para invitarnos a confiarle el resto de ellos.

Complete cada uno de los siguientes espacios en blanco con su nombre.

*¿**C**ómo desea Dios que usted responda a lo que le ha mostrado hoy?*

_____

_____

_____

_____

_____

Hijo mío, _____ yo te amé desde antes que nacieras. Te entretejí en el vientre de tu madre y supe cuáles serían tus primeras y tus últimas palabras. Supe cada dificultad que tú, _____, deberías enfrentar. Sufrí cada una de ellas contigo, aun aquellas que tú no sufriste conmigo. Yo tenía un plan para tu vida antes que tú nacieras. Ese plan no ha cambiado, _____, no importa lo que haya sucedido o lo que hayas hecho. ¿Sabes? yo ya sabía todo lo concerniente a ti antes de formarte. Nunca permitiría que ningún dolor que yo no pueda usar para la eternidad llegue a tu vida, _____. ¿Me dejarás hacerlo? Tu verdad está incompleta a menos que la veas con el trasfondo de mi Verdad. Tu historia, _____, estará por siempre a medio terminar... a menos que me permitas hacer mi parte con tu herida. Déjame perfeccionar lo que a ti concierne.

Con amor,

Tu fiel Padre.

D Í A   4
Corazones rotos por la traición

Elegir otro medio que no sea la obra del Gran Médico para sanar la rotura de corazón es una invitación a la cautividad. Podríamos resumir esta unidad en un lema: "¿Venda o atadura?" Hemos hablado de los corazones rotos en la niñez. El Salmo 107:20 nos da una perfecta sinopsis de la principal receta de Dios para superar el abuso en la niñez: "Envió su palabra, y los sanó". Después del proceso de sanidad del abuso que sufrí en la niñez, mi testimonio bíblico fue el Salmo 119:92.

*E*scriba en el margen su propia paráfrasis de Salmo 119:92.

Mi oración es que usted y yo siempre podamos deleitarnos en Cristo en medio de las aflicciones. Hoy nos concentraremos en otro doloroso catalizador de un corazón quebrantado. Dejemos que el salmista nos presente el tema antes de concentrarnos en el ministerio de Cristo en relación con el mismo.

*L*ea Salmo 55:1-11. ¿Cómo describiría usted lo que pasaba por la mente de David en este momento de su vida?

_____

Sin ir más adelante en el Salmo 55, escriba tres o cuatro circunstancias que podrían causar esta forma de pensar.

_____

Dos emociones principales abrumaban a David: temor y angustia. El temor es una emoción muy turbadora, y seremos sabios si lo confesamos a Dios urgentemente, como lo hizo David. Pero en este ejemplo, el temor no es problema para David. El problema es la angustia. Su corazón, obviamente, había sido estrujado por una experiencia peor que el temor a sus enemigos.

*L*ea el resto del salmo. Según el versículo 12, David sentía que la situación era prácticamente insoportable. La razón de esta angustia del corazón y el motivo por el que no podía "soportarla" más, quizá le sorprendan. ¿Cuál era?

❏ la amenaza sobre su vida   ❏ la traición de un amigo íntimo
❏ la pérdida del respeto de   ❏ otra_____
   su hijo

Describa la clase de relación que David había tenido con este amigo.

_____

¿Cómo describe David a su amigo íntimo después, en el versículo 20?

_____

El Tesoro de Hoy
"Porque no me afrentó un enemigo, lo cual habría soportado; ni se alzó contra mí el que me aborrecía, porque me hubiera ocultado de él" (Salmos 55:12).

Sólo una persona que ha tenido acceso íntimo a nuestro corazón puede traicionarnos hasta el punto que David menciona. Esa clase de traición que hace un daño tan profundo y llena de angustia el corazón, es la que puede destrozarlo. Si alguna vez usted se encontró con esa clase de traición, es posible que sólo recordarlo le atraviese el corazón nuevamente, sin importar cuánto tiempo atrás sucedió. Así como vimos en el caso de David, la traición de alguien cercano a nosotros puede ser tan estremecedora y desestabilizadora que momentáneamente nos sentimos paralizados.

Los dos ejemplos que vemos hoy se refieren a la traición en un contexto de amistad, pero el punto en que todos podemos sentirnos identificados y aplicarlo a nuestras vidas no es la clase de relación, sino la profundidad de la misma. Si a usted alguna vez lo ha traicionado un hermano, un padre o madre, un esposo, un hijo o un buen amigo, probablemente haya experimentado la clase de angustia de la que estamos hablando.

¿ *A*lguna vez lo traicionó alguien muy cercano a usted?   ❏ Sí   ❏ No

Por favor, no se esconda emocionalmente ante esta pregunta. No voy a pedirle que explique quién es la persona, ni la situación exacta. Pero sí le pediré que trabajemos con el Espíritu Santo, permitiendo que Él penetre en nuestro corazón con relación al tema de la traición, para asegurarnos de que hemos recibido la sanidad necesaria. Si no la hemos recibido, quizá la lección de hoy nos ayude.

Recuerde la definición de un corazón quebrantado que leímos en el día 1. La idea original sugiere un momento en que el corazón se rompe violentamente.

*E*n su situación, ¿puede recordar el momento en que la traición rompió su corazón? Si lo recuerda, complete los espacios en blanco con adjetivos que describan cómo se sintió cuando se produjo la ruptura de su corazón.

_____ _____ _____

Sea que haya cedido a la tentación o no, es probable que se haya sentido tentado a reaccionar en forma destructiva en los días, semanas o incluso meses, después de ese hecho. ¿Qué sintió deseos de hacer?

_____

Según Hebreos 4:14-16, ¿basados en qué y con qué seguridad podemos acercarnos al trono de gracia cuando hemos sido traicionados?

_____

Veo al menos cuatro razones por las que Cristo es la opción perfecta a quien volverme cuando soy traicionado:

1. *Él es compasivo.* No siempre podemos contar con la empatía de los demás cuando nos vemos súbitamente destrozados. En realidad, ninguna otra persona puede hacerse responsable de los quebrantos de nuestro corazón. Cristo sí. Lo más que pueden hacer los demás es, realmente, sentarse con nosotros y ver cómo sangra nuestro corazón. Las personas sólo pueden soportar esa clase de intimidad por un tiempo limitado.

2. *Él sabe que soy débil.* A diferencia de las personas, Cristo nunca se siente intimidado por la profundidad de nuestra necesidad ni por la demostración de nuestras debilidades. Me hace tan feliz saber que no tengo que contener el llanto y "ser un buen ejemplo para los demás" cuando estoy con Él a solas, sufriendo.

3. Él fue tentado en todas las formas en que yo fui tentado. Lea nuevamente su respuesta a la pregunta anterior. ¿Qué cosas sintió deseos de hacer, las haya hecho o no? Si mi lectura de Hebreos 4:15 es correcta, Cristo se sintió tentado a reaccionar exactamente tal como usted. Me consuela mucho saber que Cristo no se queda con la boca abierta, escandalizado, cuando yo siento deseos de poder actuar de determinada forma.

4. Él enfrentó la tentación y no pecó. No importa cómo haya reaccionado yo ante la traición o alguna otra clase de quebranto del corazón en el pasado; me hace feliz saber que hay una forma de tener victoria. Cristo ya lo hizo. Si lo sigo en mi situación yo también puedo hacerlo. Si me equivoco o reacciono en forma equivocada poco después de ser herido, aún puedo elegir seguirlo durante el resto del camino; y aun así, en su misericordia Él honrará y bendecirá mi decisión. Amado, cuando esté en una crisis recuerde que nunca es tarde para comenzar a seguir la guía de Cristo.

Hemos establecido el hecho de que Jesús ha andado en los zapatos de quienes se hunden en las arenas de la traición. Ahora veamos los puntos específicos. Usted probablemente conozca esta historia, pero no permita que esto le impida mirarla para poder aplicarla en una forma nueva.

> **Lea Mateo 26:14-56 con atención. Ahora compare los versículos 21 y 31. Complete los siguientes espacios en blanco:**
> **Cristo dijo que uno lo _____ y todos se _____ de Él. Esta pregunta lo hará pensar un poco. ¿Por qué cree usted que Cristo sólo consideró a Judas como traidor, si todos los discípulos lo abandonaron y huyeron? (v. 56).**

Yo tampoco conozco la respuesta correcta a esa pregunta, pero en el escenario de la acción encontramos una pista. Es claro que las acciones de Judas fueron planeadas deliberadamente, mientras que los demás discípulos reaccionaron a causa del temor. Judas mostró premeditación. Generalmente creo que la traición es algo que el traidor sabe que va a devastar a la otra persona, pero no le importa lo suficiente como para actuar de otra manera. ¿No es esa, en gran medida, la razón por la que nos sentimos tan traicionados algunas veces? Es porque la persona sabía que sus acciones iban a dejarnos destrozados, pero lo hizo, de todos modos.

> $\mathcal{S}$**i alguna vez usted se sintió traicionado, ¿fue parte de su dolor saber que la otra persona sabría cuánto daño le haría su acción?** ☐ Sí ☐ No

La motivación de un verdadero traidor es, más que nada, el egoísmo.

Sabe, Judas fue un traidor en todo el sentido de la palabra. La motivación de un verdadero traidor es, más que nada, el egoísmo. Para decirlo sencillamente, su ganancia vale más que nuestra pérdida. Judas sabía lo que su traición le costaría a Cristo, pero su premeditación demuestra que decidió que valía la pena. En Mateo 9:4 encontramos una segunda razón por la que Cristo podría haber considerado que las acciones de Judas eran una traición y las de sus discípulos, una "caída".

> ¿ $\mathcal{Q}$**ué podía hacer Jesús?**

> **¿Por qué cree usted que los discípulos cayeron?**

> ☐ **Por miedo** ☐ **por maldad** ☐ **por indiferencia** ☐ **por descuido**

Cristo podía ver la maldad que había en el corazón de Judas; pero no creo que viera maldad en los corazones de los discípulos. En cambio, creo que allí vio miedo. Es una gran diferencia. Creo que toda traición es motivada por el egoísmo, pero no siempre por la maldad. No creo que cada persona que tiene una aventura extramatrimonial tenga la intención expresa de destruir al esposo o esposa que traiciona. En realidad, el traidor puede, más tarde, lamentar sinceramente el dolor que su egoísmo causó. Además, no todos los supuestos "traidores" se consideran a sí mismos como tales. Algunas veces, la traición es una cuestión de percepción. Pero en el caso de Cristo, la traición de Judas fue la peor de todas las formas de traición.

Aunque Cristo sabía que Judas lo traicionaría, creo que aun así se sintió devastado por su acción. Él vino a la tierra y se encarnó en forma humana no sólo para morir por nosotros, sino para vivir las cosas que nosotros vivimos. La traición que nos destroza el corazón es una de las experiencias más destructoras que podemos enfrentar. Para saber mejor cómo vendar un corazón roto por la traición, Él decidió experimentarlo. Eso es lo que dice Hebreos 4:14-16. Cristo ministra a los que han sido traicionados por medio de su ejemplo.

*T*erminaremos esta lección intentando poner en práctica la exhortación que nos da Filipenses 2:5. ¿Cuál es?

Veamos si podemos determinar cuál fue la actitud de Cristo para enfrentar la traición "pero sin pecado".

*L*ea Mateo 26:53-56 una vez más. Obviamente, Cristo tenía el poder de hacer que la tierra se tragara a sus oponentes, pero no lo hizo. ¿Por qué?

Jesús confió en la soberanía de su Padre. Para atravesar los tiempos difíciles que parecen desafiar todo intento de explicación, nos ayuda mucho decidir confiar en la soberanía de Dios. Confiar en la soberanía de Dios significa confiar en que si Él ha permitido que algo difícil y espantoso suceda a uno de sus hijos, es porque piensa usarlo con gran poder *si ese hijo se lo permite*. Dios no hizo que Judas fuera un ladrón y traidor, pero usó a ese discípulo fraudulento para completar una obra muy importante en la vida de Cristo.

La Biblia nos dice claramente que Satanás usó a Judas, pero Dios finalmente se hizo cargo de la situación para completar su buena obra. Si su cónyuge le ha traicionado con una infidelidad, mi corazón sufre por usted. Sé que puede ser difícil para usted leer esto; pero creo que Dios puede usar esa traición para completar una obra muy importante en su vida también. ¿Cómo? Sólo usted puede saberlo. He visto surgir algo bueno de los destrozos causados por la infidelidad más de una vez. Nunca deja de sorprenderme todo lo *malo* que Dios puede usar para *bien*.

Permítame compartirle algo de mi propia experiencia. No me resulta fácil confiar. Apareció una persona a la que yo sentí que podía confiarle lo más profundo de mi corazón. Bajé totalmente mi guardia emocional con esa persona y podría haber jurado que nuestra relación era de Dios y que duraría toda la vida. Pero me equivoqué. Y el dolor que sentí al comprenderlo es imposible de imaginar. Fuera correcta mi percepción, o no yo me sentí traicionada. Pero al mismo tiempo me di cuenta de que yo también había traicionado a alguien. Dios me dio convicción de que la única persona a quien yo debería haber confiado tan personalmente mi situación era mi esposo. Dios terminó utilizando esa situación en forma tan efectiva como ninguna otra en mi vida. Muchas veces Dios no nos dice por qué permite que suframos heridas, pero en su gracia me dio unos pasajes bíblicos que me permitieron comprender por qué yo había experimentado lo que para mí era una traición muy dolorosa.

*L*ea Filipenses 3:10 y Colosenses 1:24.

¿*C*ómo desea Dios que usted responda a lo que le ha mostrado hoy?

Yo oro continuamente para ser semejante a Cristo; pero cuando Él, entonces, me permite "participar" de algunos de sus "padecimientos", tiendo a quejarme y continuar adelante. Cristo experimentó la traición. Si deseamos participar de sus padecimientos, también experimentaremos la traición. Esta es la pregunta que nos lleva al resumen final. Muy pocos son los que no sufrirán jamás una traición, de una manera u otra; pero ¿elegiremos tener comunión con Cristo, en medio de la traición? ¿Decidiremos confiar en la soberanía de nuestro Padre celestial que la permitió? La traición puede doler y doler. O doler y ayudar. La decisión es nuestra.

D Í A   5
Corazones rotos por la pérdida

Dios puso en mi vida un período de pérdidas que cubrió los dos años más difíciles de mi edad adulta, hasta ahora. Este tiempo de dolor comenzó con la pérdida insoportable de nuestro hijo Michael (mi hijo biológico); una pérdida tan difícil que aún estoy en el proceso de recuperarme de ella. Inmediatamente después de la partida de Michael llegó la noticia de que el cáncer de mi madre había entrado en los huesos y era incurable. Durante los meses siguientes observamos sin poder hacer nada mientras nuestra pequeña "Reina de todo", como la llamábamos, sufría terriblemente.

Dios hizo que se mudara una de mis dos mejores amigas, dejando un tremendo vacío de risas y tonterías en mi vida. La enfermedad de mi madre continuaba robándomela más y más, hasta que Dios, en su dulce misericordia, la llamó a estar con Él. Una semana después, mi otra mejor amiga se mudó a Mississippi. La semana siguiente, acompañé a mi hija a su nueva vivienda en la universidad y despedí con un beso una de las etapas más amadas de mi vida. Nunca antes había relatado todos estos hechos juntos, en orden cronológico. Casi tengo ganas de ponerme a llorar, pero estoy hablando a personas cuyo sufrimiento excede por lejos cualquier cosa que yo haya imaginado.

Mi buena amiga Shirley dice que no se pueden comparar las pérdidas. Cualquier cosa que rompa el corazón es una razón legítima para buscar la sanidad que sólo Cristo puede darnos.

El Tesoro de Hoy
"Le dijo Jesús: Yo soy la resurrección y la vida; el que cree en mí, aunque esté muerto, vivirá" (Juan 11:25).

¿*A*lguna vez vivió usted un período en su vida en el que parecía que debía enfrentar una pérdida tras otra? De ser así, ¿cuándo fue y qué o a quién perdió?

Estoy aprendiendo tantas cosas de Dios en esta etapa de "dejar ir" a las personas. Sé que el tiempo de Dios coincidió muy a propósito con la escritura de este estudio. Muchas emociones me han abrumado durante los últimos dos años; pero si me preguntaran cuál es el común denominador, no dudaría en decir que es el duelo. En realidad, creo que me sorprendió un poco los sentimientos de duelo relacionados con las partidas de mis dos mejores amigas. El duelo me parecía algo fuera de lugar en relación con las otras pérdidas, pero al mismo tiempo, me era extrañamente imposible evitarlo.

¿Cuál es su experiencia? ¿Alguna vez ha experimentado sentimientos de duelo que lo sorprendieron o le parecieron casi inapropiados, por un cambio de trabajo, de hogar, de salud, o de relaciones?   ❏ Sí ❏ No De ser así, explíquelo en el margen.

Dios finalmente me abrió los ojos para que pudiera ver que no era inapropiado que hiciera duelo por esas pérdidas. Cada una de esas experiencias era, en cierto modo, una muerte. Con la pérdida de Michael murió el sueño de ser madre de tres hijos, madre de un hijo varón; y, en general, la muerte de una relación que prácticamente me había consumido durante siete años. Con la partida de mis dos mejores amigas, experimenté la muerte de la camaradería instantánea, de esperar su compañía en muchas actividades femeninas, de relaciones que había conocido durante muchos años y del simple goce de estar juntas. Las amistades profundas con sus largas historias no son fáciles de reemplazar. La muerte de mi madre fue la muerte de la persona que más me alentaba, la abuela materna de mis hijos y su mejor amiga, la muerte de una relación diaria, de alguien que sin dudas me amaba con todo su corazón. Básicamente, su muerte fue la muerte de una relación imposible de reemplazar. Dos semanas después, cuando me alejé de la Universidad A&M de Texas dejando atrás a mi primogénita, supe que estaba enfrentando la muerte de una familia tal como yo la había conocido. Sabía que muchos momentos maravillosos estaban por venir y confiaba en que Amanda y yo siempre tendríamos una relación muy estrecha, pero sabía que mi rol debía cambiar. Está sólo a una hora y media de distancia, ¡pero eso es mucho más lejos que los pocos escalones que me separaron de ella todos estos años!

La vida implica cambios. Los cambios implican pérdidas. Las pérdidas implican muertes de una clase o de otra. Antes de terminar la lección de hoy, creo que descubriremos una nueva forma de aplicar personalmente las palabras del apóstol Pablo en 2 Corintios 4:11: "Porque nosotros que vivimos, siempre estamos entregados a muerte por causa de Jesús, para que también la vida de Jesús se manifieste en nuestra carne mortal".

Cada vez que somos entregados a una muerte de cualquier tipo, enfrentamos el desafío de permitir que esa pérdida traiga ganancia por causa de Jesús. Lo logramos permitiendo que su vida se manifieste en nuestra carne mortal. Espero probar esta hipótesis por medio de una nueva mirada a una vieja y conocida historia.

ℒea Juan 11:1-44. **Escriba todas las evidencias que encuentre de que existía una relación estrecha entre Cristo, Lázaro, Marta y María.**

_____

_____

¿Qué razones citó o dejó implícitas Cristo para esperar hasta que Lázaro hubiera muerto antes de regresar a Betania?

Versículo 4:_____

Versículo 11:_____

Versículo 15:_____

Versículo 40:_____

¿Qué otras razones puede usted deducir con cierta seguridad, basándose en los versículos 19 y 45?

_____

Imagine que Cristo hubiera llegado tan pronto como Marta y María le enviaron el aviso y hubiera sanado inmediatamente a Lázaro de esa terrible enfermedad. ¿Cómo cree usted que hubiera sido el resultado, comparado con la resurrección de Lázaro de los muertos por obra de Jesús?

Quisiera ofrecerle tres frescos alientos de vida para esos momentos en que experimentamos la muerte de algo o alguien que amamos.

1. *Cristo nunca permite que los corazones de sus hijos sean destrozados sin tener excelentes razones y propósitos eternos para ello.* Seguramente, una razón por la que Dios registró con tal detalle la historia de Lázaro es para que podamos ver un precedente que nos ayude en nuestras propias pérdidas. Cristo amaba tiernamente a María y a Marta, pero deliberadamente permitió que sufrieran una pérdida. Nuestro Padre nunca permitiría que nuestro corazón se rompa por una razón trivial. Quizá nunca veamos las razones, como María y Marta, pero ¿podemos caminar por fe y creer que Cristo desea lo mejor para nosotros? Sabe, la pérdida más debilitante para un cristiano no es la pérdida de un ser amado, sino la pérdida de su fe.

La pérdida más debilitante para un cristiano es la pérdida de su fe.

¿*C*ómo cree usted que la pérdida de fe puede convertirse en una forma de cautiverio?

_____

_____

¿Ha convertido el enemigo alguna de sus pérdidas en cautividad? De ser así, ¿cómo?

_____

_____

2. *Cristo nunca permite que ninguna enfermedad termine en muerte para el cristiano.* La muerte parece algo tan definitivo. Aunque creamos que la muerte no es el final, nuestros corazones muchas veces se quedan atrapados en esa sensación. Todos los

creyentes en Cristo resucitarán de los muertos. Lo que hizo único el caso de Lázaro fue que él regresó a la vida mortal. No crea que soy morbosa... ¡pero no estoy segura de que Lázaro haya hecho el mejor negocio posible! ¡Cuando yo muera, preferiría no levantarme para tener que morir de nuevo! Pero de una manera u otra, la muerte nunca es el final de la vida de nadie en Cristo. Tampoco tiene que ser el final de la vida para el ser amado que queda en este mundo; pero muchas veces, lo es. Mi propósito principal en esta lección es convencer a cualquier persona que siente que casi no puede continuar viviendo, de que Cristo desea levantarla de los muertos vivos.

¿ *C*on qué nombre se reveló Cristo a María en Juan 11:25?

_____

3. *Cualquier clase de "muerte" es una invitación a la vida de resurrección para el creyente.* Gracias a Dios que la pérdida de algo o alguien muy querido nunca ha significado el final de la vida abundante, productiva o aun gozosa, para ningún cristiano. El gozo y la productividad parecen quedar en suspenso por un tiempo, mientras se procesa el duelo, pero quienes permiten que sus corazones rotos sean vendados por Cristo volverán a experimentarlos. Nuestro Salvador es el Dios de la vida de resurrección, no importa qué clase de muerte se haya producido en la vida de cualquier creyente.

Nada es más natural que el duelo después de una pérdida devastadora, pero los que estamos en Cristo podemos volver a experimentar una vida satisfactoria. Cuando nuestros corazones han sido destrozados por la pérdida, tenemos la oportunidad de abrir las puertas a un poder sobrenatural en nuestras vidas. No es posible de otra manera. Ese poder es el poder de vivir de nuevo en esta tierra, cuando muchas veces preferiríamos morir. Es un poder que manifiesta la vida de Cristo en nosotros como ningún otro, porque va en contra de todas las probabilidades. Dios es la única explicación para nuestra supervivencia y nuestro renacer emocional. Quizá el milagro más profundo de todos es vivir mientras experimentamos algo que podría matarnos. Y no sólo vivir, sino vivir una vida abundante y productiva; ser levantados de los muertos vivos a una nueva vida. Una vida que realmente no tiene a algo o alguien amado, pero llena de la presencia de la resurrección y la vida.

¿ *C*ómo desea Dios que usted responda a lo que le ha mostrado hoy?

_____

_____

_____

_____

_____

No, mi vida nunca volverá a ser la misma. Ya no tengo un hijo. Mi mamá está en el cielo. Mis dos mejores amigas están lejos. Mi primogénita está estudiando en la universidad. Pero sabe, la vida del cristiano no tiene nada que ver con continuar siempre con lo mismo. Siempre tiene más que ver con el cambio. Por eso debemos aprender a sobrevivir y florecer nuevamente cuando el cambio implica una pérdida que nos rompe el corazón. Estamos siendo transformados a la imagen de Cristo. Cuando nuestros corazones sufren una hemorragia a causa del duelo y la pérdida, no olvidemos que Cristo los venda y pone un torniquete con una mano que lleva las cicatrices de los clavos que la atravesaron. La vida nunca será igual, pero Cristo me invita a levantarme a una nueva vida; una vida más compasiva, más sabia, más productiva. Y, sí, también una vida mejor. ¿Suena imposible? Sin Cristo, lo es.

Al cerrar nuestra lección de hoy, casi puedo escuchar a Cristo pronunciando un nombre. ¿Es el suyo? ¿Acaso está usted entre los muertos vivos? La piedra ya rodó. La vida de la resurrección le espera. ¿Continuará sentado en una tumba oscura, o saldrá a la luz de la vida de resurrección? ¡Lázaro, ven fuera!

SEMANA 6

Gloria en lugar de ceniza

Día 1

Ceniza en lugar de gloria

Día 2

Ser una novia

Día 3

Ser hermosa

Día 4

Ser fructífera

Día 5

Vivir felices para siempre

¿Recuerda usted los sueños de su niñez? Esta semana examinaremos algunos de ellos. Nuestro versículo para memorizar completa el pasaje clave, Isaías 61:1-4. Esta semana trabaje en el versículo 3. Parece un poco largo, pero no permita que lo asuste. Cópielo en una tarjeta. Apréndalo de a una frase a la vez. Repítalo con frecuencia. Hágalo suyo.

En Isaías 61:3 usted encontrará un tesoro. Sólo mire lo que Dios tiene para usted: "gloria en lugar de ceniza", "óleo de gozo", y "manto de alegría". Cuando el Padre lo mira a usted, ve un "plantío de Jehová, para gloria suya". ¿Qué podría sobrepasar esto?

Preguntas Principales

Día 1: ¿En qué formas simbolizó y expresó Tamar su dolor?

Día 2: ¿Qué ha hecho la esposa de Cristo, según Apocalipsis 19:4-8?

Día 3: Según Efesios 5:32, ¿qué es mucho más profundo que la unión de un hombre y una mujer en matrimonio?

Día 4: ¿Cómo puede una mujer estéril tener más "hijos" que una mujer casada que ha dado a luz físicamente?

Día 5: ¿Qué resultado garantiza Cristo si sus seguidores ponen en práctica lo que Él les demostró?

Esta semana quizá descubra que usted ha desistido de algunos sueños, pero Dios no. Él desea cumplir sus sueños en maneras que lo harán quedar boquiabierto. Él lo ama... y mucho.

Ceniza en lugar de gloria

El Tesoro de Hoy

"Entonces Tamar tomó ceniza y la esparció sobre su cabeza, y rasgó la ropa de colores de que estaba vestida, y puesta su mano sobre su cabeza, se fue gritando" (*2 Samuel 13:19*).

Me sorprende y me llena de humildad la cantidad de hombres que han hecho uno o más de los estudios bíblicos que he escrito. Muchos comentaron que nuestros estudios bíblicos eran aplicables por igual a hombres y a mujeres. ¿No es glorioso nuestro Dios? Pero me temo que esta semana no será tan indistinto el tratamiento del tema para los hombres, así que me disculpo por anticipado con los hermanos que han venido siguiendo el estudio. No interprete esto como que tiene "una semana de vacaciones". Creo que también los hombres pueden beneficiarse con lo que vamos a estudiar. Ellos tienen que conocer las luchas de las mujeres, de la misma manera que las mujeres necesitan conocer las luchas de los varones.

Estudiaremos el deseo de Dios de restaurar la virtud y la dignidad de la mujer. Mi intención no es, de ningún modo, culpar a los hombres por la desvalorización de la mujer. Quiero echar luz sobre el plan de Satanás para desmoralizar a las mujeres y robarles la dignidad que Dios les ha dado. Muchas mujeres están atadas a un malvado plan que el maligno ha armado en nuestra sociedad. Mi deseo es reconocer ese plan y hacer énfasis en el deseo de liberación de Dios durante esta semana.

El versículo para memorizar de esta semana es Isaías 61:3. Escríbalo.

Observe la frase: "se les dé gloria en lugar de ceniza". Nuestro énfasis estará en el deseo de Dios de coronarnos de gloria. Pero antes de poder entender este deseo de su corazón, será mejor que estudiemos qué es lo que esa "gloria" reemplazará.

En cada uno de los siguientes pasajes, descubra por qué algunas veces las personas se cubrían de ceniza:

Ester 3:8-9, 4:1 _____

Job 42:1-6 _____

Daniel 9:1-3 _____

Las cenizas simbolizaban un lamento, como por un duelo; pero las causas podían ser muy diferentes. En Ester, Mardoqueo sufría por el plan con que querían destruir a los judíos. Job sufría por la limitada visión que tenía de Dios. En Daniel, el profeta de Dios sufría a causa de la visión de los setenta años de desolación que esperaban a Israel.

Nosotros nos lamentamos por diferentes razones. Algunos por nuestros pecados. Otras veces, por la destrucción de personas y lugares que jamás hemos conocido. Algunas veces nos lamentamos por el futuro. En el mundo hebreo de la antigüedad, la costumbre de vestir cilicio y esparcir cenizas como símbolo de un profundo dolor era muy común. El cilicio era una tela muy irritante e incómoda que se usaba para recordar al individuo que era llamado a sufrir.

Las cenizas eran un recordatorio de la mortalidad del hombre, especialmente en vista del Dios omnipotente y eterno. Echar ceniza sobre la cabeza era el símbolo de cuán desesperadamente el hombre necesita la misericordia de Dios. Los que se cubrían con cenizas estaban diciendo, simbólicamente, que sin Dios, no serían nada más que eso.

¿ *Q*ué prácticas se realizan en nuestra cultura para simbolizar un dolor profundo, como el de un duelo?

En el mundo occidental hay pocas costumbres que puedan compararse con éstas y no estoy segura de que eso nos sirva de mucho. Aun la costumbre de vestir de negro durante un período de duelo se está dejando de lado. En ese sentido, quizá sean más sanas las costumbres antiguas.

En la antigüedad, las personas realizaban demostraciones de dolor cuando se arrepentían de sus pecados. No se me ocurre ningún ejemplo actual de esto en la iglesia. En realidad, todos estamos mucho más cómodos cuando podemos guardarnos nuestro arrepentimiento para nosotros mismos. Quizá la razón por la que veo en forma tan favorable algunas de estas antiguas prácticas es que yo misma soy muy demostrativa.

¿ *C*uál es su experiencia? ¿En qué formas tangibles expresa su dolor por el pecado, la pérdida o su preocupación por los demás?

Estoy haciendo especial énfasis en este punto, porque nuestra sociedad tiende peligrosamente a limitar las emociones. Reprimir las emociones sólo sirve para esconderlas en lugares donde se vuelven explosivas. La Palabra de Dios reconoce continuamente nuestra parte emocional.

Hoy estudiaremos una estremecedora expresión de dolor en la Biblia. Los hombres se vestían de cilicio y se cubrían de ceniza para mostrar su sufrimiento. Pero la Biblia describe sólo una ocasión en que una mujer se cubrió de ceniza.

*L*ea 2 Samuel 13:1-22. ¿Qué emociones le despierta esta tragedia?

_____

¿En qué formas simbolizó y expresó Tamar su dolor?

_____

¿Qué opina usted sobre el consejo que Absalón dio a Tamar?

_____

Lea el versículo 18. ¿Qué significado tenía esa túnica de colores ricamente adornada?

_____

Aunque Absalón, el hermano de Tamar, la amaba sinceramente, no pudo restaurar su dignidad. ¿Cómo dice la Biblia que Tamar vivió en casa de Absalón?

Tamar continuaba siendo hija de un rey, pero vivía como una mujer desolada. Las acciones de Amnón no podían cambiar el linaje de Tamar. Era hija del rey David. Pero aparentemente vivió el resto de su vida creyendo que jamás recobraría su dignidad.

La calidad de las vidas que vivimos generalmente parte de *qué* y *quiénes* creemos que somos. El padre de Tamar, el rey, fue altamente responsable por la sensación continua de desolación que sufría su hija. Estaba furioso, pero no hizo nada tangible ni positivo para canalizar esas lógicas emociones. Usted puede estar seguro de que Dios también se pone furioso cuando alguien abusa de una mujer o la maltrata. La diferencia es que podemos confiar en que Él hará algo al respecto; a su tiempo y a su manera. Imagine cómo continuó la vida de Tamar. Si suponemos que su dignidad jamás fue restaurada, ¿cómo cree usted que haya sido esta mujer cuando llegó a los 40 años?

Le pido que piense cuán similares a Tamar somos en esta generación. Quienes hemos recibido a Cristo somos, literalmente, hijas del Rey. En realidad, creo con todo mi corazón que toda mujer que ha sido renovada en Cristo por medio de la fe y el arrepentimiento es, espiritualmente, una hija virgen del Rey. La imagen y la intención bíblica de la femineidad es honor y pureza. Sea que usted haya sido o no maltratada personal e individualmente, querida hermana, usted está viviendo en un tiempo en que las mujeres son maltratadas.

¿ *P*uede recordar algunas evidencias que sugieran cómo se rebaja el nivel moral de la mujer en nuestra sociedad?

Satanás fomenta progresivamente esta tarea. Estudiemos unos pocos ejemplos:

- Desde la ventana de mi oficina veo muchos carteles y pósters que sugieren que las mujeres fueron hechas para el placer sensual y prácticamente nada más. Aparentemente sugieren que las mujeres disfrutan al ser asociadas únicamente con los placeres de la carne. Cada vez más productos que no tienen nada que ver con las mujeres se promocionan por medio de la atracción sexual. ¡Mi esposo se ve inundado de avisos sugerentes hasta en las revistas de pesca! (Y como es un pescador de los más puritanos, considera que este método de ventas es poco menos que un sacrilegio.)
- Las jovencitas literalmente se matan de hambre para ser delgadas como las modelos, para poder encajar en lo que el mundo define como "atractivo". Nunca olvidaré esa vez que llevé a mis dos felices y bien equilibradas hijas al centro de compras, para comprar los vestidos –talla 6- para su fiesta de graduación. Tres horas más tarde, traje a casa dos niñas desconsoladas con su autoestima destrozada, llorando al verse tan "gordas". Yo no podía creerlo. Me metí en una de las tiendas y me fijé qué talle era el vestido que tenía puesto el maniquí de la vidriera. ¿Sabe qué talla era? ¡Talla 2!
- Un alarmante número de adolescentes se están haciendo implantes en los senos y liposucción... ¡con la aprobación de sus padres!
- Muchas mujeres influyentes enseñan a odiar a los hombres. La mentalidad de que todos los hombres son malos o perversos no es correcta, ni sana. El odio, el disgusto o el temor a los hombres son síntomas de una mala salud emocional.
- Las mujeres adultas cada vez se convencen más de que deben dejar de lado la femineidad en aras del profesionalismo. Actuar cada vez menos como mujeres no es la forma más efectiva de contrarrestar la desvalorización de la mujer.
- Las amas de casa algunas veces sienten que son miradas con condescendencia, como si no hubieran tenido éxito en la vida o no tuvieran motivación.
- La creciente aceptación del lesbianismo como forma de combatir la desvalorización de la mujer es una voz que se está haciendo escuchar con fuerza. ¡Qué engaño! ¿Qué puede rebajar más el nivel moral de una mujer que hacerse homosexual? La respuesta no está en apartarse de los hombres. La respuesta está en acercarse a Dios.

*L*ea Efesios 6:12. ¿Contra qué es nuestra lucha?

_____

Mi querida hermana, quizá usted piense que este trabajo del diablo en contra de la mujer no la afecta a usted personalmente, pero le pido que examine esta pregunta en nombre de su sexo: Si no nos convence la mentalidad que la sociedad nos vende con relación a las mujeres, entonces, ¿por qué estamos trabajando tanto y gastando tanto dinero para ser deseables? ¿Por qué nos sentimos tan feas y tan culpables si no lo hacemos? Creo que internamente nos afecta, ya sea que mostremos o no la lucha.

Quienes hemos sido maltratadas físicamente conocemos la desolación que experimentó Tamar. A muchas de nosotras, el enemigo nos convenció de que ya no éramos aptas para tener honra y dignidad. En mi caso, cuando supe lo que era ser virgen, me estremecí al darme cuenta de que yo no lo era. Nunca tuve la oportunidad de elegir. Pero lo que le pido a usted que reconozca, es que también ha sido herida y afectada por las experiencias terribles que han vivido otras mujeres, tenga o no conciencia de ello.

Hace muchos años, apareció un artículo en el periódico local, que ponía al descubierto una red secreta de explotación de niñas pequeñas en ciertas zonas del Oriente. Muchos estadounidenses participaban de este horrible crimen. Me sentí devastada por mi género. Y toda otra mujer que lo leyó sintió lo mismo, aun aquellas que nunca habían sido violadas. ¿Por qué? Porque todas hemos sido niñitas inocentes en algún momento u otro y el terror que esas niñas viven es algo inimaginable. Todas nos sentimos violadas con crímenes como ésos. Naturalmente, muchos hombres que leyeron el artículo se pusieron furiosos también.

Satanás desea tenernos cautivas en una fortaleza de explotación sexual, distorsión y desolación. Puesto que él sabe cuánta influencia puede tener una mujer, obra a través de la sociedad para convencernos de que somos mucho menos de lo que somos.

*E*studie Isaías 6:1-4. **¿Cómo podría llamar al "Señor sentado sobre un trono alto y sublime", según lo que usted conoce de las Escrituras?**

❑ **Rey de reyes**   ❑ **Creador del Universo**
❑ **Jehová de los ejércitos**   ❑ **Soberano amo de toda la tierra**
❑ **El Santo**   ❑ **su Padre Celestial personal**

Oh, hermana, espero que se sienta tan libre de llamar a Dios "Padre Celestial", como todos los demás nombres. El estudio de esta semana es muy importante. Si Satanás la ha convencido de que se vea como algo menos que una hija escogida del Rey de reyes, tiene algo en común con Tamar. Si cree que podría sucederle algo que pudiera robarle su herencia real, tiene algo en común con Tamar. Si cree que merece ser tratada sin respeto, maltratada, tiene algo en común con Tamar. Lo que quizá tenga en común con Tamar es una fortaleza. Mi oración es que el Espíritu Santo tenga libertad para arreglar las túnicas de colores de las hijas de la realeza. Y que también restaure la dignidad perdida, nos enseñe nuestra verdadera identidad y nos libere para que podamos vivir en pureza.

*C*oncluya la lección de hoy leyendo en voz alta el Salmos 45:13-15.

Ese, mi querida hermana en Cristo, es su destino.

¿*C*ómo desea Dios que usted responda a lo que le ha mostrado hoy?

_____

_____

_____

_____

_____

Ser una novia

"En gran manera me gozaré en Jehová, mi alma se alegrará en mi Dios; porque me vistió con vestiduras de salvación, me rodeó de manto de justicia, como a novio me atavió, y como a novia adornada con sus joyas" (Isaías 61:10).

Estamos estudiando el tierno ministerio de Cristo dado a Él en Isaías 61:3: "se les dé gloria en lugar de ceniza". La mayoría de las veces, la persona sufriente esparcía cenizas sobre su cabeza, como Tamar hizo después del crimen que Amnón cometió contra ella. Venga conmigo y echemos una imaginaria mirada atrás.

Imagine a Tamar: destrozada por la pena, sollozando, con las cenizas sobre su cabeza. Su cuerpo es un bulto arrojado sobre el suelo frío. El hollín cubre su hermoso rostro y ensucia los brillantes colores de su túnica rasgada. Su apariencia externa es reflejo de la oscuridad cavernosa de su alma. No es nada más que una tumba.

Lentamente, la puerta de su cuarto se abre con un crujido. Un rayo de luz algo nublada se abre paso a través de la abertura. La figura de un hombre se recorta contra esa luz. No es Absalón. No; ella reconocería a Absalón en cualquier momento. Su corazón da un salto, presa de un terror enfermizo; entonces la figura da un paso hacia adentro y Su rostro se hace visible. Tamar nunca lo ha visto, pero al mismo tiempo Él le parece tan familiar... No le produce miedo. Pero ella debería sentir miedo. Ningún hombre debería entrar a su recámara. Debería correr, pero no puede moverse.

Repentinamente toma conciencia, avergonzada, de su aspecto. Su corazón se siente miserable. Sin duda es obvio que ha sido violada. La joven se desprecia a sí misma.

"Tamar", dice suavemente el hombre, con voz cálida y familiar.

El corazón de ella solloza: "¡Tamar está muerta!". Una esclava de la vergüenza ha tomado su lugar.

Él se aproxima y toma la cabeza de la joven en sus manos. Nadie ha hecho esto antes. La abrumadora intimidad hace enrojecer el rostro de Tamar, pero no porque se sienta avergonzada; sólo vulnerable. Con sus dedos, Él acaricia las mejillas de la joven y enjuga las lágrimas de su rostro. Después retira las manos y las pone sobre su cabeza. Y la garganta de Tamar se destroza en nuevos sollozos al ver la suciedad en esas manos. Esa suciedad es suya. Él retira las manos y ella siente algo en su cabeza. Quizá, en su misericordia, Él ha cubierto su miseria.

El hombre le extiende sus manos, aún cubiertas de hollín y ella las toma. Repentinamente se encuentra de pie. Temblando. Él la ayuda a acercarse al espejo de bronce que cuelga de la pared. Ella vuelve la cabeza. Él le levanta la barbilla. Ella mira de reojo, sólo un segundo, el espejo. Su corazón parece paralizarse. Ahora ella fija su mirada en el reflejo. Su rostro es blanco como la nieve. Sus mejillas, sonrosadas y bellas. Sus ojos, claros y brillantes. En su cabeza hay una corona y un velo parte de las piedras engarzadas, hasta los hombros. Su túnica rasgada ha desaparecido. Un manto de puro lino blanco adorna su cuello y da bello marco a su figura. La hija del Rey, pura, inmaculada. Gloria, en lugar de ceniza.

No, no creo en los cuentos de hadas. Pero sí creo en Dios. Él envió a su Hijo con ese propósito. Sea cual sea la causa de nuestro dolor, Cristo puede ser quien levante nuestra cabeza. Él puede darnos gloria en lugar de cenizas. Este relato no es la historia de Tamar, pero podría haberlo sido. ¿Le parece tonto? Oh, hermana, ¿se ha dejado atrapar por la dureza y el cinismo de este mundo? Al tratar de dejar atrás los sueños de la niñez, quizá haya dejado de lado uno o dos que debían hacerse realidad.

Dios desea restaurar la dignidad, la virtud y el honor a las mujeres en un mundo que continuamente las desvaloriza. No es necesario ser violada físicamente para permitir que nos convenzan los conceptos negativos del mundo. Si la dignidad de Cristo no es una realidad en su vida diaria, usted no está viviendo a la altura de sus derechos y su destino.

Creo que prácticamente todas las niñas tienen al menos cuatro sueños: 1) ser una novia en el día de su casamiento; 2) ser hermosa; 3) tener hijos y 4) vivir felices para siempre. Satanás desea destrozar nuestros sueños. Dios quiere superarlos. Creo que el Señor nos da sueños para que anhelemos la realidad de Dios.

Examinaremos los cuatro sueños comunes a todas las niñas. Comenzaremos con el primero: ser una novia en el día de su casamiento. Casi puedo escuchar los reclamos de algunas solteras satisfechas. ¿Le molestaría admitir que cuando era niña soñaba con el día de su casamiento? Dios instituyó el matrimonio para que pudiéramos comprender una relación más profunda (Efesios 5:25-33). Sólo dos individuos pueden formar un matrimonio. Nuestra unión celestial con Cristo es común a todos los creyentes, pero la intimidad de nuestra relación se expresa entre Cristo y cada creyente en particular. Seamos hombres o mujeres, somos la esposa de Cristo.

Pero me agrada la palabra "novia" en este contexto. La Palabra de Dios aquí no nos llama "esposa de Cristo", sino "novia". Estudiemos el contexto de Isaías 61.

Dios quiere superar nuestros sueños.

𝒫ractique el versículo para memorizar: escriba Isaías 61:3 en el margen.

Esa "gloria" a la que se refiere el pasaje, en su significado original, es un arreglo para la cabeza que se llevaba como una corona o un velo de novia. La palabra original deriva del término hebreo *pa'ar*, que significa "destellar, explicarse, hermosear" (Strong's). La clase de corona que una mujer llevaba explicaba quién era ella. En Isaías, esa "corona de gloria" simboliza un adorno muy elaborado que identifica a una mujer como novia, al mismo tiempo que como reina. En la antigüedad, la única forma en que una mujer podía ser reina, era casándose con un rey. Isaías 61 nos muestra a Dios soplando las cenizas del duelo y reemplazándolas por una corona. Pero no una corona cualquiera; una corona que identifica a la mujer como novia del Rey. ¡En este caso, somos la novia del Príncipe de Paz del libro de Isaías!

ℒea Isaías 61:10, saboreando cada palabra. Si usted ha recibido a Cristo como su Salvador, describa cuál es su apariencia simbólica.

_____

Así la ve Cristo. Yo creo que el enemigo también la ve así, sólo que no quiere que usted lo sepa. Su trabajo es engañarnos para que creamos que somos mucho menos de lo que somos. ¿Por qué? Porque sabe que actuaremos como quienes creemos que somos. No importa lo que nos haya pasado, lo que hayamos hecho o dónde hayamos estado; ¡usted y yo somos novias! Es hora de que nos veamos como somos. El simple hecho de recordar quién soy en Cristo me hace regocijarme en gran manera en el Señor.

ℰn el margen, escriba una oración expresando a Dios lo que está sintiendo acerca de lo que ha leído hasta este momento. Si no siente nada... ¡dígaselo! La falta de reacción puede estar indicando un endurecimiento. Cuando antes lo reconozca, más pronto será libre.

Piense una vez más en las implicaciones del término "novia". ¿Qué cosas implica la palabra "novia", que no implica la palabra "esposa"?

_____

Naturalmente, esta pregunta no tiene una sola respuesta correcta. Para mí, la palabra "novia" indica muchas cosas que "esposa" no implica. "Novia" implica frescura, novedad. Un hermoso vestido almidonado. La fragancia del perfume. Labios coloreados. Ojos chispeantes. Generalmente pienso en una novia joven. Quizá inocente. Creo que todas estas cosas caracterizarán nuestra relación con Cristo y la final consumación del matrimonio. La Biblia implica que nuestra relación con Cristo, aunque dure una eternidad, permanecerá fresca y nueva. Sí, creo que de alguna manera, siempre seremos novias, algo así como mi suegra. Los padres de Keith están casados desde hace 45 años, pero mi suegro siempre habla de su esposa como su "novia". A él le encanta llevarle regalos. Siempre se abrazan, se besan y tienen salidas románticas.

*V*eamos dos referencias al pueblo de Dios como "novia". Lea Jeremías 2:2. ¿Qué está dispuesta a hacer una joven recién casada?

_____

Una de las características de una novia amante es que está dispuesta a seguir a su novio a lugares que algunas veces pueden parecer desiertos. Nuestro Novio algunas veces nos lleva a lugares difíciles, pero siempre podemos confiar en que nuestra estadía allí tiene un sentido y que Él nunca nos abandonará. Recuerde; Cristo no puede llevarnos a un lugar donde Él mismo no desee ir.

Este año yo seguí a mi Novio a un lugar de soledad. Todas las pérdidas del año pasado me han llevado a un lugar nuevo y desconocido. Me he acercado a Cristo más que nunca antes, lo cual, milagrosamente, me hace estar más cerca de mi esposo terrenal. Sí, siento que Cristo me ha guiado a un desierto en esta etapa de mi vida; pero al buscarlo he experimentado el cumplimiento de Isaías 41:18.

*L*ea Isaías 41:18. ¿Qué puede hacer Dios en un desierto?

No podemos apreciar verdaderamente una fuente hasta que no descubrimos una en un desierto. Y no creo que yo vaya a estar siempre en este lugar. Pero estoy aprendiendo a disfrutarlo mientras puedo.

¿*C*uál es su experiencia? Describa un lugar donde ha seguido a su Novio. ¿Qué tenía Él preparado para usted allí?

_____

_____

Generalmente, la razón por la que nuestros esposos terrenales nos llevan a otros lugares es para buscar una mejor calidad de vida. Creo que Cristo hace lo mismo. Todos los cambios que Él inicia son para ofrecerle una mejor calidad de vida.

Ahora lea Apocalipsis 19:4-8. Estos versículos hablan de la reunión masiva de todos los creyentes con Cristo, en las bodas del Cordero. Aunque este banquete de bodas es un evento futuro, el versículo 7 implica una responsabilidad muy importante de la novia; algo que no puede esperar hasta el último minuto.

¿*Q*ué ha hecho la flamante esposa de Cristo, según Apocalipsis 19:4-8?

_____

Observe que la acción está escrita en tiempo pasado. Ella se ha preparado. No podemos prepararnos en el momento en que vemos a Cristo, de la misma manera que una mujer no puede estar lista para encontrarse con su novio en el altar con tres minutos de anticipación. Si pertenecemos a Cristo, lo veremos, aunque no nos hayamos preparado adecuadamente para la boda; pero yo quiero estar lista. ¿Usted no? ¡No quiero que me atrapen con los rizadores espirituales todavía puestos en el cabello!

¿Qué cree usted que quiere decir la Palabra con la expresión "su esposa se ha preparado"?

Cuando yo me estaba preparando para mi boda, muchas veces pensé en ser una esposa. No cualquier esposa; la esposa de Keith. No olvide, no sólo nos casamos. ¡Nos casamos *con un hombre*! Un casamiento no es sólo una hermosa ceremonia. Se trata de una relación a largo plazo. Yo no podía pensar en casarme, sin pensar en Keith.

Algunas veces pensaba en cuán diferentes somos. A él le gusta tanto estar al aire libre. Francamente, mi cabello se comporta mejor cuando está bajo el aire acondicionado. También pensaba en algunas cosas similares. A ambos nos gustaba tener el control. Los dos queríamos tener la razón. Hmmm... Eso era todo lo que teníamos en común. Pero él era lo más dulce que yo hubiera visto jamás y cuando sonreía, mi corazón se derretía. Después de todo, a los dos nos gustaba tomar un café caliente. Y, con la esperanza de que él también pensara que yo también era dulce, me preparé lo mejor posible para ser hermosa y preparar el mejor café. Puede reírse, si quiere, pero 20 años después, ¡aún funciona! Aún lo despido por las mañanas con una taza de café caliente y aún me pongo un poco de rubor cuando él vuelve a casa por las noches.

Totalmente en serio, lo mismo se aplica para nuestra preparación para ser novias eternas. La hermosa ceremonia no será todo. Seremos la esposa de Cristo. La Palabra de Dios no implica que nos preparemos para la boda, sino para el esposo. Así que no podemos prepararnos sin pensar todo sobre Él: meditar en las cosas similares que tenemos (que esperamos se multipliquen), pensar en nuestras diferencias y cómo podríamos ajustarnos... simplemente pensar en lo maravilloso que Él es.

Ayer le pedí que terminara leyendo Salmos 45:13-15. Deliberadamente evité pedirle que leyera los versículos 1-12, para que pudiera terminar leyéndolos hoy. Recuerde, una parte muy importante de nuestra preparación es estudiar y conocer a nuestro Esposo.

Lea Salmos 45:1-15. De estos 15 versículos, escriba las características o cualidades de su Esposo que le provocan cada una de estos sentimientos:

Su amor por Él _____

Su respeto por Él _____

Su admiración por Él_____

Su gozo en Él _____

Contemple a su Esposo. Para Él es que se está preparando. ¡No olvide nada!

¿Cómo desea Dios que usted responda a lo que le ha mostrado hoy?

_____

_____

_____

_____

_____

DÍA 3
Ser hermosa

El Tesoro de Hoy
"He aquí que tú eres hermosa, amiga mía; he aquí que tú eres hermosa"
(Cantares 4:1)

Los beneficios de nuestra relación de pacto son de naturaleza interna y espiritual, pero quienes son libres para creer a Dios, glorificarlo, hallar satisfacción en Él, experimentar su paz y disfrutar de su presencia, muestran una notable diferencia en sus vidas.

Quiero compartirle algo sobre las personas que viven en libertad, que espero le sea de aliento. La mayoría de ellas han experimentado un grave endurecimiento o un gran obstáculo que debieron luchar para superar. ¿Cómo lo sé? Porque toda persona que he conocido que parece verdaderamente liberada para amar, disfrutar y obedecer a Dios como estilo de vida, ha estado en el campo de batalla. Generalmente aprecian y aplican la victoria con mayor facilidad porque han experimentado en forma directa la miseria de la derrota. Rara vez encuentro a una persona que haya llegado a confiar plenamente en Dios sin haber confrontado dolorosamente el hecho de que no puede confiar en sí misma. La libertad nunca se obtiene fácilmente.

El enemigo es un experto lanzador, que tiene mucha práctica en arrojar dardos de fuego. Cuando las mujeres son su blanco, muchas veces el centro del mismo son los sueños o las expectativas de la niñez. Crecimos creyendo en la Cenicienta, pero algunas de nosotras nos sentimos como si nuestro palacio se hubiera convertido en una simple habitación, nuestro príncipe en un sapo y la madrastra malvada fuera nuestra suegra. Nuestra hada madrina aparentemente perdió nuestra dirección.

Espero demostrarle esta semana que algunos de esos sueños que usted tuvo en su infancia estaban destinados a cumplirse en Cristo, en formas mucho más profundas que lo que parece a simple vista. En realidad, quisiera sugerir que Dios algunas veces nos permite que seamos decepcionados en la vida para que aprendamos a poner nuestra esperanza más plenamente en Él.

$\mathcal{E}$n el margen, escriba los cuatro sueños de la infancia que recordamos ayer. Marque cada uno de los que usted recuerda haber tenido.

1. _____

_____

2. _____

_____

3. _____

_____

4. _____

_____

Aun mis amigas que preferían el béisbol a las muñecas soñaban con el día de su boda, con ser hermosas, con vivir vidas fructíferas y ser felices para siempre. Muchas veces las que dicen que nunca desearon esas cosas son quienes cayeron víctimas de una influencia negativa en una edad temprana, que distorsionó sus sueños.

Hoy examinaremos el segundo sueño. Casi todas las niñitas sueñan con ser hermosas. Todas las niñas desean ser hermosas. Las heridas que se producen cuando nadie cree que somos hermosas se prolongan hasta bien entrada la adultez.

Observar a mis hijas pasar por la etapa de la escuela secundaria me hizo recordar las inseguridades que yo sentía en esa época. Para que estuviera segura de verme bien, todo tenía que ser perfecto. Nada de humedad, el cabello en orden, mucho maquillaje, ropa hermosa y preferiblemente nueva. ¿Y si alguien tenía puesto lo mismo que yo? ¡Oh, qué espanto! Yo me esforzaba tanto por tener buena apariencia...

¡Cuánto agradezco la libertad que Dios me ha dado, cada vez más, en Cristo! Estoy en la mediana edad (una amiga mía dice: "el tiempo es un gran sanador pero no un experto en belleza"), pero estoy más feliz y más satisfecha que nunca. Es mucho más posible que ahora salga a la calle sin maquillaje o que use pantalones cortos que revelen mis piernas de cuarenta y pico. ¿Cuál es el secreto? Estoy aprendiendo a verme a mí misma hermosa para Cristo. No intente seducirme con frases como: "¡Pero usted es delgada y su cabello se adapta a cualquier peinado; es natural que se sienta hermosa!"

Escúcheme. Yo tenía unos pies horribles y los dientes más desiguales del mundo libre. Mis piernas parecían palos de escoba con piel encima. Quizá ahora me vea diferente, ¡pero sé quién está adentro! Sin Cristo, toda mujer tiene profundas inseguridades.

*P*iense en un período de su vida en el que haya sentido que no era atractiva. ¿Cuándo fue? En el margen, escriba los factores que influyeron para que usted tuviera esa sensación en ese momento de su vida.

Tratamos de actuar como si no nos importara y como si sentirnos poco atractivas no nos lastimara, pero no es cierto.

*L*ea Cantares 2 y 4. Escriba las expresiones de afecto (no descripciones) que el Amado da a su Amada Esposa (por ejemplo, "amiga mía").

_____

Escriba en un papel toda frase que utilice la palabra "hermosa" en ambos capítulos, mencionando la cita bíblica correspondiente.

Si yo realmente creyera que ningún hombre se atrevería a cruzar las aguas de esta semana, me atrevería a reírme un poco con usted, hermana, sobre algunas cosas que dicen estos capítulos. Pero conozco bien la naturaleza humana. Si yo estuviera haciendo un estudio bíblico con Keith y un capítulo dijera: "Sólo para mujeres", ¡comenzaría exactamente por allí! Por lo tanto, limitaré mi comentario de las descripciones poéticas del antiguo Oriente. Baste decir por ahora que si Keith alguna vez me mirara románticamente a los ojos y me dijera: "Tus dientes son como una manada de ovejas trasquiladas" yo correría a buscar el hilo dental.

Nos hemos perdido una de las comparaciones más visuales que hizo Salomón. Está en 1:9. ¿Con qué comparó a su amada?

❏ Un cisne   ❏ una gacela   ❏ una yegua   ❏ un unicornio

Debemos comprender que en esa época, a los hombres les gustaban los "fierros" tanto como ahora. A Keith le encanta el auto modelo 1969 que le regaló a Melissa para su cumpleaños. El otro día yo me quejaba diciendo que estoy vieja y él me respondió: "El auto de Melissa también es viejo, ¡pero tú te ves tan bien como él!" Yo no sabía si golpearlo o abrazarlo. Los hombres de sociedad de la época de Salomón viajaban en carros tirados por hermosos caballos. ¡Salomón le estaba diciendo a su amada que ella se veía tan bien como la mejor yegua del Faraón!

El Cantar de los Cantares es un libro maravilloso, ¿verdad? Me hace reír, sonrojarme y desear un verdadero romance. Dios creó el amor entre un hombre y una mujer. La expresión plena de ese amor en la intimidad sexual fue idea suya; su regalo para el primer hombre y la primera mujer y es ofrecido libremente con toda bendición a cada pareja que Él une en matrimonio. Pero... espere un momento. El matrimonio terrenal representa mucho más.

*L*ea Efesios 5:32. ¿Qué es más profundo que la unión de un hombre y una mujer en matrimonio? _____

Dios muchas veces enseña lo desconocido por medio de lo que se conoce. Creo que el Cantar de los Cantares fue escrito para ayudarnos a identificarnos con nuestra unión con Cristo. Compartiremos con Él una intimidad que sólo podemos comenzar a comprender comparándola con la mayor intimidad posible en esta tierra. Un verdadero romance nos espera. Las mujeres, sean casadas o solteras, pueden celebrar que algunos sueños sí se harán realidad. Uno de ellos se demuestra perfectamente en este libro. Cristo está locamente enamorado de usted. La ve como su amada, su novia, su esposa. Observe nuevamente algunos versículos bellamente expresivos que muestran lo que Cristo siente por usted:

"Yo soy la rosa de Sarón y el lirio de los valles" **(2:1)**. Observe que estas son palabras de la mujer. Compárelas con la respuesta del amado en 2:2. Esa mujer no estaba siendo vanidosa. Simplemente, se veía a sí misma como su amado la veía. Su espejo era el rostro de su compañero.

¿ *E*n qué se basa actualmente para definir cómo se ve?

Si comenzara a permitir que Cristo sea su espejo, ¿cree que dejaría de cuidar de sí misma?   ❑ Sí   ❑ No   Explique brevemente su respuesta.

_____

"Su bandera sobre mí fue amor" **(2:4)**. La palabra "bandera" proviene de la palabra hebrea *dagal*, que significa "ondear, es decir, levantar una bandera; en forma figurada, ser visible" (Strong's). ¿Alguna vez ha estado muy segura de que alguien la amaba, pero anhelaba que se lo demostraran más? El Cantar de los Cantares anticipa la clase de relación en la que el amor de Cristo por cada uno de nosotros será totalmente obvio. Él hará alarde de su amor por nosotros. La imagen visual de la bandera puede asemejarse a Jesús, moviendo su mano sobre usted, indicando a todos los que lo vean que usted es aquella a quien Él ama. ¡Aleluya!

*N*ombre una persona que está segura que la ama. _____

¿Qué cosas le demuestran que la ama? _____

En esta tierra, Él se hizo como uno de nosotros, pero ¿cómo nos dice 1 Juan 3:2 que seremos nosotros cuando lo veamos?

❑ Como ángeles   ❑ como criaturas espirituales
❑ Como seres humanos glorificados   ❑ como Cristo

Lea Cantar de los Cantares 5:10-16. A los ojos de su amada, que será usted, ¿cómo se verá Cristo? Descríbalo según lo que vea en estos versículos.

_____

_____

Isaías 53:2 describe la apariencia de Cristo durante su primera venida con estas palabras "sin atractivo para que le deseemos". Qué maravilloso es que Cristo sea la plenitud del esplendor y la belleza cuando lo veamos.

*C*ompare Éxodo 33:18-23 con Cantares 2:14. ¿Qué tienen en común

estos dos pasajes? _____

Ahora haga un contraste entre ambos: _____

_____

¡Qué gloriosas imágenes de Cristo escondiendo a los suyos en la hendidura de la peña! Ahora piense en Él, viniendo a buscar a la novia que ha protegido con su mano. Él anhela ver su rostro y escuchar su voz.

El rostro de la novia siempre estaba velado en el mundo oriental de la antigüedad. Muchas veces, el novio nunca había visto el rostro de su novia al descubierto. Sólo conocía su belleza por lo que otros le habían dicho. Levantar el velo de su rostro era una de las acciones más íntimas de la noche de bodas. ¿No es romántico? Cantares implica que Cristo anhela ver el hermoso rostro de su novia, su amada. Y no quedará decepcionado. Usted será una bella novia. La intimidad que compartiremos con Cristo está más allá de toda comprensión humana. No sabemos qué forma tendrá. Simplemente sabemos que experimentaremos la unidad completa con Él en total santidad y pureza. Quizás un entretejido de dos espíritus. Hasta entonces, regodéese en la seguridad de que Cristo la ve hermosa y deseable en una forma pura y santa que no logramos comprender.

Uno de los mayores milagros de tener una relación plena y maravillosa con Cristo ahora, en lugar de esperar hasta el cielo, es el estrés que Cristo puede quitarle a otras relaciones. Amar a Cristo no hace que yo ame menos a Keith. Por el contrario, a través de Cristo, lo amo más. Cristo nos ayuda a vernos mutuamente más como Él nos ve. Cristo se lleva la carga de las relaciones imperfectas y nos recuerda que el compañerismo ideal nos espera. Hasta entonces, los desafíos nos ayudan a crecer y prepararnos para la eternidad. Además, ser hermosa para Cristo no me hace desear ser menos atractiva para mi esposo. Todo lo contrario; soy más libre de tener la mejor apariencia, sin sentir el peso de "tener que verme mejor".

Uno de mis pasajes bíblicos favoritos sobre este tema es Eclesiastés 8:1. Complete los espacios en blanco:

"La sabiduría del hombre _____ su rostro y la _____ de su semblante se mudará".

¡Qué maravillosa relación le espera! El Rey está fascinado con su belleza.

Usted que es una mujer soltera... no será siempre soltera. Si está en Cristo, la relación más profunda la espera. Si Dios la llama a una vida de soltería, ¡siéntase especial! ¡Guárdese enteramente para Él! El Rey está fascinado con su belleza.

Usted que es una mujer casada, con las frustraciones comunes de ese estado... dé a su esposo lugar para ser humano. Perdónelo por no ser Dios. Perdónelo por no decir siempre lo que usted necesita escuchar. El Rey está fascinado con su belleza.

Hasta que llegue la relación más profunda, permita que su reflejo en el espejo sea el rostro de Cristo. Para Él, la mujer más hermosa del mundo es la novia que siempre está preparándose para su Esposo. Su retrato de bodas está siendo pintado cada día. Cuando esté completo, será una obra maestra que quitará el aliento.

¿*C*ómo desea Dios que usted responda a lo que le ha mostrado hoy?

_____

_____

_____

_____

_____

Ser fructífera

El Tesoro de Hoy

"Regocíjate, oh estéril, la que no daba a luz; levanta canción y da voces de júbilo, la que nunca estuvo de parto; porque más son los hijos de la desamparada que los de la casada, ha dicho Jehová" (Isaías 54:1).

Comenzamos nuestro tratamiento del tema de la "gloria en lugar de ceniza" observando a la única mujer de la que se dice expresamente en la Biblia que cubrió su cabeza con cenizas en señal de dolor. Tamar puso cenizas sobre su cabeza y rasgó su túnica porque su vergüenza le decía que ya nunca podría casarse, nunca podría ser hermosa, nunca podría ser fructífera y nunca podría vivir feliz para siempre. Ella creyó su vergüenza. Hasta donde sabemos, Tamar nunca volvió a ocupar la posición que le correspondía por derecho, como hija de un rey. Lamentablemente, su padre, el rey David, también aceptó su vergonzoso destino y permitió que la historia terminara con una tragedia. Nuestro Padre el Rey ni siquiera reconoce la existencia del "destino". Mientras el mundo continúa con sus prejuicios sobre todo lo que sea débil o maltratado, la actitud de Dios es bien clara.

*L*ea Hechos 10:15. ¿Qué dijo Dios a Pedro para corregir su pensamiento

prejuicioso?_____

Amada, por favor, acepte este hecho: Nada de lo que una persona le haga puede hacerla impura. Lo único que nos mancha es nuestro propio pecado y estamos a sólo una oración de arrepentimiento de distancia de la pureza, en cualquier momento. Nadie tiene el derecho de llamar o hacer impuro nada "que Dios limpió".

El enemigo no se limita a sembrar vergüenza por medio de abusos obvios, sino que también obra en formas muy sutiles. Nuestras dos lecciones anteriores son ejemplos de ello. Muchas mujeres solteras no tienen ningún problema con su estado hasta que alguien les pregunta, suspicazmente, por qué no se han casado. Hace poco, una amiga me dijo que su hija, una estudiante universitaria de 21 años de edad ya está sintiendo que algo anda mal en su vida porque la gente le pregunta constantemente si nadie le interesa "románticamente" ¡a su edad! El sueño de la infancia del que hablaremos hoy es otro que Satanás también falsea para sembrar vergüenza.

¿Cuál es el tercer sueño que tienen la mayoría de las niñas?

Sin duda, algunas de las mujeres más infelices que he conocido han sido aquellas que deseaban hijos y no podían tenerlos. Recuerde, Satanás juega con la vergüenza y puede sembrarla prácticamente en cualquier tipo de suelo. La infertilidad es buen terreno para sembrar vergüenza. Mis amigas que han sufrido este golpe muchas veces se preguntaban: "¿Por qué yo?" "¿Por qué mi esposo?" "¿Qué hice para merecer esto?" "¿Es éste mi castigo por tener relaciones sexuales antes de casarme?" "¿Es éste el castigo por haberme hecho un aborto?" "¿Es que habría sido una madre tan terrible?" "¿Por qué tienen hijos las madres que abusan de ellos? ¡Yo jamás abusaría de mi hijo!" Las preguntas se multiplican.

He sido testigo de matrimonios destruidos por la incapacidad de tener hijos. También he visto algunas mujeres sufrir vergüenza por no desear realmente tener hijos. Las personas generalmente se preguntan qué anda mal en la vida de una mujer que no desea tener hijos. Quisiera marcar cuatro conceptos basados en la línea de pensamiento que hemos venido llevando:

1. *No tener hijos no implica pecado.*

   ¿ *Q*ué prueba bíblica de ello encontramos en Lucas 1:5-7?

   _____

   _____

Generalmente podemos confiar en un corazón que está enteramente rendido a Dios. Creo que si el corazón de una mujer pertenece totalmente a Dios y ella no desea casarse ni anhela tener hijos, probablemente haya sido llamada a la soltería o a no tener hijos para poder cumplir otros propósitos de Dios.

   ¿ *C*ómo podríamos traducir Salmos 37:4 para confirmar esta afirmación?

   _____

   _____

Los corazones que no están rendidos a Dios generalmente no son confiables. Hasta que rindamos nuestras esperanzas y sueños a Cristo, realmente tenemos muy pocos medios para saber qué nos satisfaría realmente. Todos hemos conocido mujeres que dicen que serían felices "si": si estuvieran casadas, si tuvieran hijos, si tuvieran una casa grande o si tuvieran el trabajo perfecto. La mayoría de las mujeres que invierten en un contentamiento circunstancial se encuentran en bancarrota emocional tarde o temprano. Las mujeres infelices no se vuelven felices porque se casen. Las mujeres infelices no se vuelven felices por tener hijos. Las mujeres infelices generalmente necesitan un cambio de corazón más que un cambio de circunstancias. Lo sé por experiencia.

Las mujeres infelices generalmente necesitan un cambio de corazón más que un cambio de circunstancias.

   ¿Alguna vez ha recibido algo que deseaba desesperadamente, pero continuó sintiendo un anhelo insatisfecho que no podía identificar? ❑ Sí ❑ No **De ser así, explíquelo.**

   _____

   _____

Dios creó cada vida para que sea fructífera y se multiplique; pero recuerde: ¡los sueños dados por Dios son el ambiente del cual Dios puede hacer surgir una realidad aún mayor! La mayoría de las niñitas sueñan con tener hijos, pero este sueño dado por Dios representa algo más que una descendencia física.

   *M*editemos en esto por un momento. **¿Por qué la mayoría de las mujeres desea tener hijos? Escriba todas las razones que se le ocurran.**

   _____

   _____

Creo que nuestros sueños infantiles de tener bebés representan algo más que lo obvio. Representan un deseo de tener vidas fructíferas, de dedicarnos a algo importante. Algo que tenga efecto. Algo que crezca. Si no fuera así, ¿no sería cruel Dios, al permitir a una mujer soñar con tener hijos, pero no permitirle cumplir ese sueño? No creo que Dios permita que un corazón rendido a Él anhele constantemente cosas que finalmente Él no vaya a otorgar de una manera u otra. Muchas veces nos desilusionamos con Dios porque pensamos en pequeño. El resto del día de hoy estará dedicado a brindar una base bíblica a esta forma de pensamiento.

*L*ea Isaías 54:1-5. ¿Cómo es posible que una mujer estéril tenga más "hijos" que una mujer casada que ha dado a luz físicamente?

_____

Quisiera darle algunos ejemplos. Mi querida amiga Johnnie Haines tiene dos hermosos hijos que son motivo de gozo y orgullo para ella. Johnnie siempre deseó tener una hija mujer, además de los varones, pero nunca la tuvo. Un día me dijo: "Mis hijos están ya crecidos y los amo mucho. Pero algunas veces me pregunto por qué Dios nunca me dio la hija que yo tanto anhelaba". Pero sabe usted... ¡sí se la dio! Durante diez años, mi amiga fue líder del ministerio femenil en una gran iglesia en Houston. ¡Allí fue madre de muchas mujeres! Las mujeres que estuvieron bajo su dirección son ahora creyentes maduras que sirven a Dios en forma efectiva en sus hogares, sus lugares de trabajo y sus iglesias.

Tengo otra amiga, la Dra. Rhonda Kelly, autora de *Life Lessons from Women in the Bible* (Lecciones de vida de las mujeres de la Biblia). Dios nunca le dio hijos físicos a los Kelley, pero les ha dado más hijos espirituales que muchos padres que yo conozco. Su esposo es presidente del seminario y ella enseña y es tutora de los alumnos, tanto en el ámbito profesional como en el personal. Sólo el cielo sabe cuántos hijos Chuck y Rhonda tienen en realidad. Su pérdida fue ganancia para Dios. En este momento, creo que ambos pueden dar testimonio de que Dios, en realidad, no les restringió la posibilidad de tener hijos. Por el contrario, ¡lo que hizo fue quitar todas las restricciones y hacerlos extender las estacas de su tienda! El potencial de tener hijos espirituales en las vidas de quienes son físicamente estériles es virtualmente ilimitado. Si Él restringe su capacidad de tener hijos físicos, es porque desea hacerla libre de todas las limitaciones para que pueda tener hijos espirituales.

Dios la creó para que lleve mucho fruto.

Dios muchas veces aplicó las verdades físicas del Antiguo Testamento como verdades espirituales en el Nuevo Testamento. La descendencia es un ejemplo perfecto. Compare y contraste los siguientes pasajes:

Génesis 9:1 y Mateo 28:18-19 _____

_____

Éxodo 1:6-13 y Hechos 8:1-8 _____

_____

En el Antiguo Testamento, Dios prometía grandes números de descendientes físicos. En el Nuevo Testamento, Dios no habla con frecuencia de hijos físicos. Es claro que su énfasis está puesto en la descendencia espiritual. "Por tanto, id, y haced discípulos a todas las naciones" (Mateo 28:18-19) es nuestro equivalente del "Fructificad y multiplicaos; llenad la tierra" de Génesis 1:28.

Los creyentes del Nuevo Testamento no pueden interpretar bíblicamente la esterilidad como una especie de maldición. En realidad, quienes estén dispuestos a tener los ojos bien abiertos podrán ver la oportunidad que se les abre al no tener hijos físicos. Como hemos visto hoy, aun el Libro de Isaías dice que las que son estériles pueden tener más hijos que las que pueden concebir y dar a luz. En realidad, la esterilidad en cualquier momento de la vida es una gran oportunidad para tener hijos espirituales. Si vivimos lo suficiente, todos seremos estériles. ¿Debemos suponer que nuestra capacidad de fructificar se ha terminado? ¿Existiremos a base de recuerdos y grandes dosis de fibra hasta la muerte? ¿Por qué, entonces, a todas las mujeres les llega la esterilidad cerca de los 50 años? ¿Se supone que tendremos que quedarnos sentadas los siguientes 20 ó 30 años, haciendo sonar nuestros nudillos llenos de artritis? ¡Dios es demasiado práctico como para eso!

¿ Qué pueden hacer las mujeres mayores, según Tito 2:3-5, 11-15?

_____

_____

Cuando las mujeres mayores derraman sus vidas en las de las mujeres jóvenes y sus hijos, están dando a luz una descendencia espiritual. Las mujeres mayores son una necesidad en el cuerpo de Cristo. No veo la menor indicación de que los adultos mayores tengan que retirarse del servicio a Dios o de testificar a los perdidos. Todo lo contrario; tienen oportunidades que exceden en gran medida las de las mujeres y los hombres más jóvenes. Dios nos llama a fructificar y multiplicarnos hasta que nos llame a su hogar.

Si usted tiene entre 20 y 40 años, en el margen escriba los nombres de algunas personas que Dios usó para "criarla" espiritualmente. Si tiene más de 40, escriba los nombres de algunas personas en las cuales ha invertido su vida como madre o mentora espiritual.

Cuando yo era una niñita, ser mamá era lo que más deseaba en el mundo. Ahora mis hijas casi están crecidas. Hace poco, mi hija mayor y yo estábamos en un momento de preciosa comunión, cuando ella hizo una pausa y me preguntó: "Mamá, cuando Melissa y yo crezcamos y quizá nos mudemos lejos de ti y de papá, ¿estarán ustedes bien?"

Se me hizo un nudo en la garganta, pero aun así respondí, confiada: "Sí, querida. La mayoría de la gente sólo necesita sentirse útil. Mientras yo tenga a Jesús, siempre me sentiré útil... aunque algunas veces me sienta sola".

He tratado lo más posible de evitar que mis hijas crecieran, pero todos mis esfuerzos fracasaron. Algunas veces pienso: "¿Qué puedo hacer? ¡Yo nací para ser mamá!" Entonces recuerdo que Dios me llamó principalmente al ministerio femenil y que siempre tendré la oportunidad de ser "mamá" de algunas hijas espirituales, si estoy dispuesta a dar de mí para ellas.

¿Cuál es su experiencia? ¿Está descubriendo algunas oportunidades para criar hijos espirituales?
❏ Sí ❏ No De ser así, explíquelo.

_____

_____

En este momento de mi vida, ejercito mi "maternidad" más que nada por medio de la enseñanza y la escritura. Pero tengo una o dos hijas espirituales en las que Dios me ha llamado a invertir mi vida. ¡El gozo de estas hijas es indescriptible! Una tiene un sentido del humor algo seco que encuentro delicioso. Es una maestra bíblica de 27 años de edad que casi nunca pierde la oportunidad de bromear afectuosamente acerca de mi edad. Una vez la presenté como mi hija espiritual y poco después ella dijo: "Dado que tú llevaste al Señor a la persona que a su vez, me llevó a mí al Señor, ¿no serías mi abuela espiritual?" Después de decirle que su respuesta era muy "ingeniosa", nos reímos un buen rato y desde entonces, cada tarjeta o regalo que le envío termina con las palabras: "Con cariño, tu abuelita".

¡Qué bendición es el cuerpo de Cristo! Si Dios la ha elegido para que tenga hijos físicos, prepárese. Ellos crecerán. Es hora de que agrande su tienda e invierta en hijos espirituales. Si Dios elige que nunca tenga hijos físicos, la está llamando a tener una familia mucho más grande.

Dios puso el sueño de tener una vida fructífera en el corazón de cada niñita, con todo propósito. Oh, me encanta la forma paradójica en que obra nuestro glorioso Padre Celestial. Sólo Él puede dar ganancia en la pérdida. ¡Sólo Él puede hacernos más fructíferas en la esterilidad!

Un pensamiento para terminar. Hace poco le pregunté por qué la mayoría de las mujeres desea tener hijos. Cuando examiné esa pregunta, encontré algunas respuestas propias. Sin duda, una de las razones por las que yo quería tener hijos era que mi descendencia fuera la imagen de su padre. ¡Yo quería copias de Keith en pequeño! No quería que fueran como yo. Siempre he pensado que Keith es mucho más hermoso que yo. Bueno, lo mismo se aplica a nuestra descendencia espiritual. Una vez que nos enamoramos de Cristo, su belleza nos atrapa de tal forma, que queremos hijos que sean como Él. Eso es la maternidad espiritual, en resumen: criar hijos e hijas espirituales que sean iguales a su Padre. ¿Qué puede ser más importante que eso?

¿Cómo desea Dios que usted responda a lo que le ha mostrado hoy?

_____

_____

_____

_____

_____

D Í A   5

Vivir felices para siempre

El Tesoro de Hoy
"Entra en el gozo de tu señor" (Mateo 25:21).

Toda niñita tiene sueños; y si confía en Cristo con todo su corazón, nada puede impedirle a Dios que supere la niñez para convertirlos en una realidad divina. El suicidio del esposo de Kay Arthur no pudo evitar que Dios le diera más de lo que ella había soñado. La parálisis repentina que atacó a Joni no impidió que Dios le diera más de lo que había soñado. La espantosa experiencia en un campo de concentración nazi que vivió Corrie no impidió que Dios le diera más de lo que ella había soñado.

Dios va más allá de nuestros sueños cuando nosotros extendemos la mano más allá de nuestros planes y proyectos para tomarnos de la mano de Cristo y andar por el camino que Él eligió para nosotros. Dios se ve obligado a mantenernos insatisfechos hasta que nos volvemos a Él y a sus planes buscando total satisfacción.

A esta altura de nuestro estudio, ¿podría decir que ha experimentado en cierta medida 1 Corintios 2:9 en su vida? ¿Qué ha hecho Dios en su vida que haya excedido todo lo que usted haya visto, oído o imaginado?

_____

_____

Si nuestra experiencia en el pavimento caliente de la tierra puede ser extraordinaria a veces, ¡imagine lo que será el cielo! Es que lo mejor de la vida en esta tierra, para los creyentes, es sólo una oscura sombra de una realidad mucho mayor que está por venir. Estos grandes momentos que ocasionalmente vivimos con Cristo cuando dos voluntades convergen en una, son vislumbres de gloria. Hoy nos concentraremos en el cuarto sueño de casi todas las niñas; el material del que están hechos los cuentos de hadas; vivir felices para siempre.

Eso de "...y vivieron felices para siempre" no empezó con Cenicienta. Comenzó con Dios. Aun más: las hadas no existen, pero los ángeles son otra realidad. No hay "calles mágicas de ladrillos amarillos", sino calles de oro. No hay cabañas en medio del bosque, sino mansiones de gloria. No se trata de coronas en nuestras cabezas; sino de coronas a los pies del Señor. Quizá usted piense que estoy imaginando cosas, pero en realidad, ni yo ni usted podríamos imaginarlo ni en nuestros más alocados sueños. Cuando Dios cumple 1 Corintios 2:9 en la vida de una persona rendida a Él, en esta tierra, es sólo una oscura sombra de una realidad mucho mayor.

*C*omencemos nuestra búsqueda del tesoro con el texto que nos sirve de tema para todo el estudio, Isaías 61. Lea nuevamente los versículos 1-3 y complete los espacios en blanco:

"El Espíritu del Señor está sobre mí... Me ha enviado... a consolar a todos los enlutados; a ordenar que a los afligidos de Sión se les dé gloria en lugar de ceniza, óleo de gozo en lugar de _____, manto de _____ en lugar del _____".

El ministerio de Cristo fue cambiar el luto de quienes estuvieran dispuestos, por gozo y alegría en lugar de aflicción. Me gustan esos "en lugar de"; ¿a usted no? El versículo no quiere decir que nunca sufriremos ni estaremos angustiados. Pero Cristo nos ministrará gozosamente su alegría una vez más. Nos dará un corazón alegre que lo alabe, si se lo permitimos; y un día, todo el luto y la aflicción quedarán atrás. Medite en la palabra "alegría" por un momento.

¿*R*ecuerda usted algún tiempo en que estaba convencida de que nunca volvería a experimentar alegría, pero lo hizo, gracias a Cristo? ❑ Sí ❑ No   De ser así, explique en el margen cómo Él comenzó a ministrarle alegría.

¡Sin duda, si alguien de este mundo debe experimentar alegría, deben ser los cristianos! Pero ¿qué si extendemos un poco más este concepto? Quisiera sugerir que Dios también disfruta al vernos, algunas veces... felices, si se me permite esa palabra. Créalo o no, "feliz" es una palabra bíblica, pero será bueno que la distingamos de dos palabras muy estrechamente relacionadas con ella en la Biblia. Investiguemos un poco.

*L*ea Juan 13:3-17. ¿Cómo prometió Cristo a sus seguidores que serían, si ponían en práctica lo que Él les había demostrado (v. 17)? _____

Según la versión de la Biblia que esté utilizando, puede haber encontrado la palabra "felices". O, en la Reina Valera 1960, la palabra es "bienaventurados" (bendecidos), que refleja más exactamente el sentido de la palabra griega *makarios*. Esta palabra indica a alguien que posee el favor de Dios; el estado de estar marcados por la plenitud de Dios.

He descubierto la diferencia entre ser bendecida y feliz a través de la experiencia, tanto como en las Escrituras. Algunas veces en que he sentido más profundamente la plenitud y el favor de Dios yo estaba totalmente quebrantada. Realmente, la felicidad y la bendición no siempre coinciden. Pero cuando lo hacen, son una pareja maravillosa.

¿Cuál es su experiencia? ¿Recuerda algún momento en que haya sentido la plenitud y el favor de Dios, pero no pudiera decir que era un tiempo feliz? Explíquelo.

_____

_____

La bendición y la felicidad son palabras maravillosas, pero no son intercambiables, de ninguna manera. Veamos otra palabra de significado muy similar.

*L*ea Juan 15:1-11. **¿Qué resultado prometió Cristo a sus discípulos si ellos le obedecían y permanecían en su amor (v. 11)?** _____

La mayoría de las traducciones más importantes utilizan la palabra "gozo". La palabra griega *chara* implica regocijarse y experimentar un gozo profundo.

*L*ea Santiago 1:2-4. **¿Cuál es la diferencia aparente entre felicidad y**

gozo? _____

¿Está comenzando a ver las diferencias entre bendecido, feliz y gozoso? Podemos ser bendecidos por Dios y estar llenos de su favor en algunos de los momentos más difíciles de nuestras vidas. Podemos recordar momentos en que no estábamos necesariamente felices de obedecer, pero sabíamos que Dios nos estaba mostrando su favor. De la misma manera, podemos gozarnos en tiempos de tribulación, ya sea porque podemos ver el progreso que Dios está haciendo en nosotros o porque creemos por fe que ese progreso se producirá. Una de las cosas que más me agrada de la palabra *chara* es que es hermana de la palabra *charis*, que significa "gracia". El gozo bíblico puede provenir de una plena conciencia de la gracia de Dios.

Bendición, gozo, felicidad. Tres maravillosos términos bíblicos. La diferencia obvia es que la bendición y el gozo no son circunstanciales, mientras que la felicidad sí lo es. Quisiera que comprenda que esta diferencia no desmerece la felicidad, sino que la hace más difícil de hallar. En realidad, estoy aquí para decir que la palabra "felicidad" está teniendo muy mala publicidad últimamente, así que ¡tengamos el gozo y la bendición de aclarar las cosas!

Me temo que muchos quizá nos hayamos vuelto tan legalistas, en algunos círculos cristianos, que hemos dejado de usar la palabra "feliz" en nuestro vocabulario "religioso", aun cuando sea apropiado usarla. Algunas veces nuestra actitud sugiere que hasta podemos separar a los niños de los maduros en la fe usando palabras más respetables, como "gozo" y "bendición", en lugar de "felicidad". Permítame decirle esto de una vez por todas: ¡Algunas veces, Dios me hace simplemente FELIZ! Ya está. Lo dije. Puede decirme que soy una inmadura, pero antes mire mi sonrisa.

Dios me hace sentir feliz muchas veces. Por ejemplo, cuando veo a Melissa inclinar su cabeza para orar antes de lanzar un tiro a la canasta y después veo esa pelota entrando directamente en la red como si hubiera nacido para eso. No siempre sucede; ¡pero cuando sucede, me siento feliz en Jesús! Sí, sé que hay personas que mueren de hambre en el otro extremo del mundo. Me preocupan mucho las personas que sufren y oro por los demás países todos los días; pero también disfruto de un momento feliz en Cristo cuando se produce. La felicidad es mala cuando se convierte en nuestra meta, pero no es mala cuando Dios nos la regala por un momento. Ábrala. Disfrútela. Y recuérdela, cuando las cosas se pongan difíciles. ¡Vamos, admítalo! Yo me imagino que Cristo también la ha hecho simplemente feliz a usted, algunas veces.

*C*omparta un momento feliz que haya vivido recientemente.

———————————————————————————————————

¿Qué hacer, entonces, cuando nos sentimos felices? Lea Santiago 5:13 y elija la respuesta correcta.
❑ No se lo diga a nadie que sea muy espiritual.
❑ No lo demuestre o la gente comenzará a sospechar.
❑ Haga que se le pase rápidamente. Puede pensar en algo morboso.
❑ ¡Cante alabanzas!

Esta semana hemos estado hablando de sueños infantiles que Dios desea primero sembrar en nosotras y luego superarlos. Hemos hablado de nuestros sueños de ser novias, de ser hermosas y de ser fructíferas. Pero, ¿cuán realista es el sueño de vivir felices para siempre? Véalo por usted misma.

¿*A* qué nos invita Mateo 25:21? _____

———————————————————————————————————

Ahí lo tiene. Cristo es feliz y desea que usted comparta esa felicidad; que viva feliz para siempre. Hasta entonces, Él nos rocía repentinamente de felicidad de vez en cuando, para que podamos mojarnos la punta de los pies en aquello en que nadaremos durante toda la eternidad. Al terminar nuestra sexta semana de estudio, quisiera que medite en todo lo que hemos estudiado. Eche un vistazo nuevamente a los días 1 al 4 y pida al Espíritu Santo que la ayude a reconocer y expresar un momento significativo que haya vivido con Dios en el estudio de esta semana.

Quisiera concluir con un momento que experimenté personalmente con Dios con relación a este tema. Primero, quiero decirle que siempre he sido una soñadora; no sé por qué. Algunos momentos en mi infancia fueron más bien pesadillas que sueños, pero de alguna manera, Dios mantuvo intactas mis esperanzas. Una de las cosas que más me agradan de Dios es que Él no frunce el ceño al ver nuestros sueños. Simplemente, anhela superarlos. Yo soñaba con un romance y aún soy una romántica, pero no una romántica sin remedio. Mi esperanza está fundada nada menos que en Jesús, mi eterno Novio, el Amante de mi alma y de la suya.

*L*os pasajes más queridos que el estudio de esta semana grabó en mi corazón están en Cantar de los Cantares 2:10-11. Lea estos dos versículos y permítame compartirle algunos pensamientos que Dios me dio al visualizar esta porción bíblica. Agradezco mucho que se haya permitido ser

vulnerable durante esta semana, como el estudio lo demandaba. ¡Continúe permitiendo que la verdad la haga libre!

Era su cumpleaños número 90. Ella no había pensado que viviría tanto tiempo. Simplemente, continuaba levantándose cada día. El espacioso hogar de su hijo menor estaba repleto de familiares. Ella se mostró tan sorprendida por la fiesta como puede mostrarse una mujer de 90 años. Sonrió para sí misma. Obviamente pensaban que su creciente falta de conversación era evidencia de una creciente falta de razonamiento. ¿Por qué tendría que sorprenderse? Hacía cinco años que le hacían una fiesta "sorpresa" para cada cumpleaños. Pensó que tal vez ellos creían que ella lo olvidaría. Lo que realmente significaba la fiesta era que estaban sorprendidos de que ella todavía viviera. Pero aun así, los amaba. A cada uno de ellos. La mesa estaba llena de paquetes y bolsas con moños. ¿Qué iba a hacer ella con tantos regalos? ¿Cuántos pares de medias necesita una mujer? Pero ese pastel se veía delicioso. Los bisnietos habían insistido en poner las 90 velitas en el pastel de cumpleaños.

Su bisnieto más pequeño la tomó de la mano. "¡Vamos, abuela! Es hora de apagar las velitas". Ella sonrió y pidió a Dios que le ayudara a conservar los dientes en su lugar. Repentinamente, pareció que el tiempo se había congelado. Miró a su alrededor en el cuarto y estudió los rostros. La vida había sido buena; dolorosa, a veces, pero Dios siempre había sido fiel. Hacía 23 años que era viuda. Sus últimos años habían sido agradables. Su familia se aseguraba de que así fuera. Pero ella cada vez podía participar menos. Se encontraba, más que nada, observando la vida.

La insistencia del pequeño de sólo cinco años de edad se hizo más audible: "¡Vamos, abuela!" Antes que ella lograra retener la respiración, los más pequeños soplaron las velitas. Sólo los parientes más cercanos podrían comer del pastel después que lo "rociaran" de esa manera. Más tarde, se sentó ante su viejo neceser, mientras su nuera le quitaba delicadamente las pinzas del cabello fino y blanco. Se miró en el espejo amarillento. ¿Cuándo se había puesto tan vieja? ¿Dónde se habían ido todos esos años? Su nuera cepillaba los mechones de cabello con suavidad, charlando sin cesar sobre la tarde que habían pasado. Mientras la ayudaban a ponerse el camisón y a acostarse, la anciana se sintió muy, muy cansada. Le dolía el cuerpo de sólo acostarse.

El suave colchón pareció tragarse su figura. Ella hizo descansar su ligero peso y miró las estrellas a través de la ventana. Escuchó el sonido familiar del tren de las 22.00 que cruzaba el puente y casi se estremeció al recordar su bautismo, en esas frías aguas de allá abajo. Sonrió y pronunció una oración de buenas noches al Salvador que había amado desde su niñez. No dijo mucho. "Gracias, Jesús. Gracias". Casi antes de que pudiera cerrar los ojos, un sueño profundo la abrazó. Repentinamente, su sopor se quebró al escuchar la voz más hermosa que jamás hubiera oído, de boca de un hombre de pie junto a ella. "Levántate, mi amiga, hermosa mía, y ven conmigo. ¡Mira! Ya se ha mudado el invierno y las lluvias pasaron. El tiempo de la canción ha venido..."

Gloria en lugar de ceniza.

El alfarero y el barro

Día 1
Todo al revés

Día 2
Vasijas rotas

Día 3
El derecho de Dios a gobernar

Día 4
El gobierno de Dios es justo

Día 5
El gobierno de Dios, día a día

Advertencia: No creo que esta sea su semana favorita. Pero le garantizo que será una de las más importantes de nuestra aventura. Vamos a estudiar algo tan crucial para la libertad que me siento tentada a utilizar un superlativo y decir que es la clave.

Esta semana le animo a que memorice Isaías 46:9. La semana pasada usted memorizó un versículo muy extenso. Este es breve. Puedo condensarlo en menos palabras aún: Él es Dios. Continúe avanzando, mi amigo. Estamos a punto de sumergirnos en lo que necesitamos para ser libres.

Preguntas Principales
Día 1: ¿Cómo se engañaron a sí mismos los hijos de Dios, al rebelarse (Isaías 30:8-21)?
Día 2: ¿Qué sucede si continuamos rebelándonos, rechazando la Palabra de Dios, confiando en la opresión y dependiendo del engaño?
Día 3: ¿Cuál es la voluntad de Dios, según Juan 6:39-40?
Día 4: Dado que el Señor es muy compasivo, ¿qué puede hacer Él con las soledades, los desiertos y las tierras estériles de las vidas de sus hijos (Isaías 51:3)?
Día 5: ¿Por qué caminar con Dios sería mucho más sabio y nos permitiría realizarnos mucho más que pedirle a Dios que camine con nosotros?

¿He despertado su interés? ¿Se pregunta qué es eso que necesitamos tanto, pero deseamos tan poco? Venga, descubrámoslo juntos.

Todo al revés

"Vuestra perversidad ciertamente será reputada como el barro del alfarero. ¿Acaso la obra dirá de su hacedor: No me hizo? ¿Dirá la vasija de aquel que la ha formado: No entendió?"
(Isaías 29:16).

Hoy comenzamos una semana vital en nuestro estudio. Todo lo que hemos aprendido hasta ahora depende de cómo respondamos al tema de esta semana. Creo que ambos deseamos ser libres para conocer a Dios y creerle, glorificarlo, hallar satisfacción en Él, experimentar su paz y disfrutar de su presencia. ¿Cómo se convierte la libertad en Cristo en una realidad de vida? En una palabra: ¡obediencia! Obediencia a la Palabra de Dios.

Describa la relación entre la Palabra de Dios y la libertad (Santiago 1:22-25).

Leer y responder correctamente a la Palabra de Dios es nuestro boleto para subirnos al tren de la libertad. La Palabra de Dios es la Ley perfecta que da libertad. He tratado otros temas primero porque algunas veces estamos demasiado atados como para imaginar vivir una vida de obediencia. Muchas veces, cuando presento esta parte fundamental del viaje a la libertad, veo expresiones de abatimiento que muestran cuál es nuestro deseo natural. Queremos que Dios de alguna manera agite una varita sobre nosotros y quite todos los obstáculos sin que tengamos que hacer ningún esfuerzo.

Si Dios simplemente agitara una varita mágica sobre nosotros y rompiera todo yugo sin nuestra cooperación, pronto nos pondríamos bajo otro yugo. Dios desea cambiarnos de adentro para afuera: renovando nuestras mentes, matando nuestras tendencias autodestructivas y enseñándonos a formar nuevos hábitos. Sólo quienes aprenden a caminar de nuevo, esta vez junto con el Libertador obtienen estos resultados.

El libro de Isaías habla del doble tema de la cautividad y la libertad más que cualquier otro libro del Antiguo Testamento. Dios no dejó a su pueblo preguntándose por qué habían caído en la cautividad. La locura que los llevó a esa situación resuena en gran parte de los primeros 40 capítulos de Isaías.

*E*n Isaías 29:16, Dios compara el problema de su pueblo con una vasija de barro que se ha arruinado en la rueda del alfarero. ¿Qué es lo que Dios está tratando de hacerles entender?

No es coincidencia que Isaías también tenga más que decir sobre la autoridad, el gobierno y el carácter único de Dios, que prácticamente cualquier otro libro de la Biblia. Por favor, permita que Dios grabe esta verdad en su corazón: la libertad y la autoridad siempre van de la mano. Durante el ministerio del profeta Isaías, el pueblo de Dios estaba a punto de caer en la cautividad, porque tenían un serio problema de autoridad. Básicamente, Dios estaba diciendo: "Ustedes entendieron todo al revés. Digamos las cosas como son: Yo, Dios. Tú, humano. Yo, Creador. Tú, criatura. Yo, Alfarero. Tú, barro. Tú obedeces... no por mi bien, sino por el tuyo".

Según todas las apariencias, mi adorable hija menor vino al mundo a tomar el mando. Ya cuando tenía sólo dos años, prefería entrar a un lugar delante de los demás, para que pareciera que había llegado sola. Nació con un gran sentido de autoridad y parecía asumir que ella, Keith y yo estábamos los tres en el mismo nivel. Gastamos mucha energía haciéndole notar nuestra autoridad sobre ella, los castigos por su rebelión y cuánto más seguro era obedecer. En este tiempo, estamos levantando una maravillosa cosecha. Melissa es una adolescente extraordinaria. Pero si yo hubiera recibido una moneda por cada vez que dije: "¡Yo, madre; tú, hija!", ella heredaría una fortuna. En el libro de Isaías, Dios subraya perfectamente los mismos tres principios:

- Él tiene derecho a gobernar.
- La rebelión tiene un precio muy alto.
- Él bendice y da seguridad al que obedece.

$\mathcal{L}$ea Isaías 30:8-21. Escriba un resumen de este pasaje en una sola frase.

_____

Bastante directo, ¿no cree? Piense en su propia naturaleza humana, mientras yo pienso en la mía. Sin el Espíritu Santo controlando su vida, ¿le suena familiar alguno de esos versículos? A mí también.

¿$\mathcal{C}$ómo se engañaron a sí mismos los hijos de Dios, al rebelarse (Isaías 30:8-21)?

_____

_____

La palabra "rebelde" significa lo que posiblemente usted ya sabe. Palabras como "desafiante" y "desobediente" son buenos sinónimos. La definición hebrea también utiliza como sinónimo el término "refractario". Yo busqué el significado de "refractario" en el diccionario y lo que encontré me hizo sonreír: decía: "testarudo". Es decir, obstinado. Eso me pega de cerca: obstinado, que se resiste a la autoridad.

¿Recuerda alguna situación en la que actuó en forma obstinada con relación a Dios? ❏ Sí ❏ No   De ser así, descríbala brevemente.

_____

_____

Enfrentémoslo; si Dios no interviene en nuestras vidas, todos tendemos a ser muy testarudos. Nos agrada ser nuestros propios jefes. Uno de los principales objetivos de esta semana es probar que gobernarnos a nosotros mismos nos lleva a la esclavitud. El vívido retrato del rebelde en Isaías 30:8-21 nos ayuda a reconocer la rebelión cuando se agita en nosotros. Cada una de las siguientes frases caracteriza a la rebelión. ¡Varias de estas características son señales de desastre inminente! Un hijo de Dios rebelde: 1) no actúa como un hijo de Dios; 2) no está dispuesto a escuchar la instrucción de Dios; 3) prefiere oír ilusiones agradables en lugar de la verdad; 4) confía en la opresión.

Gobernarnos a nosotros mismos nos lleva a la esclavitud.

1. *Un hijo de Dios rebelde no actúa como un hijo de Dios (Isaías 30:9).*

Lea nuevamente el versículo 9. La Biblia dice que las personas rebeldes son "hijos _____".

La palabra original que se traduce como "falsos" es *kechash*. Significa "que no actúan como hijos... que dan una falsa impresión de quiénes son". Si usted está en una relación de pacto con Dios, pero no actúa como un hijo suyo, ¡está viviendo una mentira!

Piense en las últimas dos semanas. Intente recordar alguna ocasión en la que dio la impresión de ser quién es, mostrando que pertenece a Dios:

_____

Solo para reflexionar trate de recordar alguna ocasión en que haya dado una impresión falsa, actuando como si no perteneciera a Dios:

_____

El mundo predica la filosofía de "ser coherentes con uno mismo". Los cristianos sólo pueden ser coherentes consigo mismos cuando demuestran que pertenecen a Dios.

2. *Un hijo de Dios rebelde, no está dispuesto a escuchar la instrucción de Dios (Isaías 30:9).* La palabra hebrea que se traduce como "escuchar" es *shama*, que significa "prestar atención absoluta a lo que se está oyendo". ¿Le pasa a usted lo mismo que a mí? ¿Le resulta difícil prestar absoluta atención a alguien? Pero Isaías 30:9 no está hablando de una persona que ocasionalmente no presta atención al oír. Las personas rebeldes no desean escuchar. Eso es rebelión. Lo trágico es que Dios nunca nos diría nada que pudiera hacernos caer derrotados. En lo que a nosotros concierne, Él sólo tiene una cosa en mente: que vivamos como los vencedores que somos.

Las personas rebeldes no desean escuchar.

*L*ea Éxodo 23:20-22 y Salmos 81:10-14. ¿Cuál es la relación entre escuchar a Dios y vencer al enemigo en la guerra?

_____

_____

3. *Un hijo de Dios rebelde prefiere oír ilusiones agradables en lugar de la verdad (Isaías 30:10-11).* Uno de los privilegios más grandes que tenemos en este país es la libertad de hablar. El número de predicadores, oradores y maestros, sólo en Houston, que caen dentro de la categoría de "cristianos" es incontable. Pero con tantas opciones también viene el riesgo de elegir a los maestros basándonos en lo que deseamos oír. Queremos mensajes que nos hagan sentir bien. Cuando vivimos en rebeldía, lo último que deseamos es enfrentarnos con el Santo de Israel. Observe lo que el pueblo pide a Dios en el versículo 10: "decidnos cosas halagüeñas".

*U*na de las siguientes palabras refleja el significado del hebreo que se traduce como "halagüeñas". Elija la que usted crea correcta.

❑ halagadoras   ❑ amorosas   ❑ sencillas
❑ amables   ❑ personales   ❑ parciales

¿A quién no le agrada que lo halaguen? ¡Si disfrutar de los halagos es como ponernos una soga al cuello, buscar los halagos es directamente colgarnos! Satanás podría haber escrito un libro titulado: "Los halagos pueden hacerlo llegar muy lejos". Dios no escribió su Palabra para halagar. Pablo escribió que la Biblia es "útil para enseñar, para redargüir, para corregir, para instruir en justicia, a fin de que el hombre de Dios sea perfecto, enteramente preparado para toda buena obra" (2 Timoteo 3:16-17).

¿ *Qué le encarga Pablo a Timoteo en 2 Timoteo 4:1-2?*

_____

Ahora lea 2 Timoteo 4:3-4. Compare cuidadosamente estos dos pasajes con Isaías 30:10-11. Escriba en una hoja todos los paralelos entre estos pasajes:

Si preferimos marcadamente algunos maestros y predicadores por sobre otros, será sabio que nos preguntemos por qué. Si nos basamos en cualquier otra cosa que no sea una enseñanza bíblica equilibrada, quizá estemos rebelándonos, aunque ocupemos un banco de la iglesia todos los domingos. Asegurémonos de no estar buscando gente que nos "palmee la espalda" y nos esconda la verdad.

Quizá estemos rebelándonos, aunque ocupemos un banco de la iglesia todos los domingos.

4. *Un hijo de Dios rebelde confía en la opresión (v. 12).* Esto seguramente lo sorprendió. No sólo los hijos de Dios podemos ser oprimidos, sino que podemos llegar a confiar en la opresión. La expresión "habéis confiado", en el versículo 12, es *batach*, en hebreo, que significa "apegarse, confiar, confiarse, sentirse seguro". La palabra hebrea que se traduce como "opresión" (*osheq*) indica una forma de opresión por medio del fraude o la extorsión; algo que "se consigue con engaño" (Strong's).

Las personas que se alejan de la verdad, sin advertirlo, se apegan a mentiras que defraudan. Dios nos creó para que estemos apegados a Él; por lo tanto, nos hizo con una necesidad muy real de vincularnos. Satanás sabe que no puede engañarnos para que nos desvinculemos de Dios y de su Palabra y seamos independientes. En realidad, no existe un ser humano completamente independiente. Fuimos creados para vincularnos y depender, de manera que podamos ir hacia Dios y en Él encontrar seguridad. Para engañarnos, Satanás nos ofrece alternativas a las cuales podemos apegarnos, que simulan satisfacer nuestras necesidades interiores. Cualquier cosa a la que nos apeguemos, que no sea Dios, es un fraude. Comprenda que "apegarse" en este contexto no se refiere a una relación sana con personas o cosas. La palabra clave es "confiar". Apegarnos a un vínculo equivocado es llegar a depender de algo que no es Dios.

¿ *Se le ocurre algún vínculo enfermizo que haya tenido en su vida y que finalmente haya demostrado ser un fraude? Explíquelo.*

_____

_____

Yo crecí encerrada en una fortaleza de temor. Anhelaba encontrar un lugar seguro donde esconderme. Deseaba desesperadamente que alguien se hiciera cargo de mí. Por mi propia experiencia dolorosa, permítame alertarle sobre un cóctel emocional explosivo: una relación entre alguien que tiene una necesidad enfermiza de que se hagan cargo de él y otra persona que tiene una necesidad enfermiza de hacerse cargo de alguien. Esta relación terminó llevándose las libertades dadas por Dios y finalmente probó que era un fraude.

Cualquier lugar donde tengamos que escondernos no es seguro. ¡En Cristo, tenemos la libertad de estar expuestos y a salvo al mismo tiempo! ¡Si pudiéramos comprender que la autoridad de Dios no nos aprisiona, sino que nos hace libres!

Cualquier lugar donde tengamos que escondernos no es seguro.

141

D Í A 2
Vasijas rotas

Tómese unos momentos para leer nuevamente el pasaje en que nos concentramos para estas dos sesiones: Isaías 30:8-21. Como aprendimos con Santiago 1:22-25, no debemos mirarnos en el espejo de la Biblia y luego alejarnos olvidando lo que vimos. ¡Necesitamos que la Palabra de Dios se convierta en la ley de la libertad en nuestras vidas!

Basándose en la lección anterior, ¿cómo puede la Palabra de Dios ser nuestra gloriosa liberación? Elija una opción.

❑ **Cuando la obedecemos**   ❑ **cuando la reclamamos**
❑ **cuando la estudiamos**

Si estudiamos y reclamamos la Palabra de Dios, pero no la obedecemos, no experimentaremos la libertad que puede darnos el Espíritu Santo. Debemos vivir un estilo de vida obediente (no perfecto) para mantener nuestra libertad en Cristo.

*R*eflexione **sobre lo que vimos ayer. Hicimos una compilación de las características de la rebelión. Complete las siguientes frases para recordarlas.**

1. **Un hijo de Dios rebelde no** _____

2. **Un hijo de Dios rebelde no está dispuesto a** _____

3. **Un hijo de Dios rebelde prefiere** _____

4. **Un hijo de Dios rebelde confía** _____

Marque con un asterisco la característica de los rebeldes que más lo ha hecho pensar. En el margen, escriba por qué.

La cuarta característica es la que más hondo caló en mi corazón. ¿Quién de nosotros quiere estar apegado o sentirse seguro con un fraude? De seguro, yo no. Pero ¿cuántas veces hemos dependido de algo o alguien que no podía realmente ocuparse de nosotros? Mi oración es que Dios exponga todos los vínculos fraudulentos en nuestras vidas y nos lleve a la luz de relaciones sanas tanto con las cosas como con las personas.

5. *Un hijo de Dios rebelde se apoya en el engaño (Isaías 30:12).* La palabra hebrea que se utiliza en esta frase es *sha'an*, que significa "apoyarse, inclinarse sobre". Si usted ha visto alguna vez a alguien caminando con un bastón, tiene la imagen perfecta de esta palabra.

*L*ea **Isaías 30:12 y observe las frases: "habéis confiado en la opresión y en el engaño" y "os habéis apoyado en ellos". Existe una clara interdependencia entre ellas.**

Cuando nos apegamos o buscamos seguridad en un salvador fraudulento, debemos apoyarnos en mentiras para mantener ese hábito. Esta es una imagen de la trágica experiencia real de muchas personas:

Una joven cristiana tiene un padre duro y abusivo. Crece temiendo a los hombres y sintiendo desagrado por ellos. Satanás pone cerca de ella una mujer mayor que parece dulce y se preocupa por ella. La relación se convierte en física, por lo que la joven supone que seguramente ella es homosexual. En su corazón sabe que lo que hace es incorrecto, pero se siente indefensa sin su nueva consoladora. Pronto comienza a relacionarse con otras mujeres que practican la homosexualidad, porque ellas apoyan su nuevo hábito con mentiras. Evita leer la Biblia y elige libros que apoyan la homosexualidad. Deja de lado todas las relaciones excepto aquellas que apoyan ese vínculo fraudulento.

Da miedo, ¿verdad? Usé un ejemplo muy obvio para dejar en claro el concepto, pero Satanás utiliza incontables vínculos enfermizos a personas o cosas. Es interesante que el mundo perdido suela describir a los cristianos como personas necesitadas emocionalmente que utilizan la fe y la religión como una muleta. ¡Cuán equivocados están! En Juan 5:8, Jesús se encontró con un hombre paralítico. Pero no le dio una muleta ni un bastón. ¡Lo sanó, para que pudiera andar sobre sus dos pies! La muleta más grande de todas es la iniquidad del engaño.

$\mathcal{D}$escriba cómo estos versículos se aplican a confiar en el engaño:

Jeremías 8:5-6 _____

Proverbios 15:4 _____

6. Un hijo de Dios rebelde huye de las respuestas reales (Isaías 30:15-17). ¿Alguna vez vivió un período en que sabía cuál era la solución, pero huyó de la misma? Quizá, como yo, ese recuerdo sea una de las cosas que más lamenta de su vida. Posiblemente le sorprenda saber que todos hemos huido de la verdadera respuesta en un momento.

¿$\mathcal{P}$or qué cree usted que algunas veces nos resistimos a lo que es mejor para nosotros?

_____

_____

En Isaías 30:15, la palabra "salvos" no se utiliza en un sentido estricto de salvación eterna. Más bien se refiere a ser salvados o librados de cualquier calamidad o ataque.

$\mathcal{C}$omplete la siguiente ecuación según Isaías 30:15:

_____ + _____ = seréis salvos.

Para tener vida eterna es necesario que nos arrepintamos de nuestros pecados y dependamos de la obra de Cristo. Pero nuestra necesidad de liberación no termina cuando nos hacemos cristianos. Hemos sido salvados para la eternidad, pero necesitamos ayuda para evitar los obstáculos y los tropiezos en nuestro camino terrenal. ¡"En arrepentimiento y en reposo seréis salvos"!

La palabra "retorno" es una traducción más exacta del hebreo original. *Shuwbah*, en realidad, significa "retornar" (Strong's). La palabra "arrepentimiento" que se utiliza en otros lugares de la Biblia generalmente significa "volverse del pecado", pero muchas veces nos saltamos el paso siguiente. El paso siguiente es lo que nos ayuda a evitar caer

Hemos sido salvados para la eternidad, pero necesitamos mucha ayuda para evitar los obstáculos y los tropiezos en nuestros caminos terrenales.

otra vez en el mismo pecado después de habernos arrepentido sinceramente. Hechos 3:19 refleja este doble paso tan importante. El apóstol escribió: "arrepentíos y convertíos, para que sean borrados vuestros pecados; para que vengan de la presencia del Señor tiempos de refrigerio". ¡Si nos volvemos de nuestros pecados, pero no nos convertimos, es decir, comenzamos a caminar hacia Dios, nos faltará el poder para vencer la tentación la próxima vez que surja! La palabra "retorno", verdadera traducción del original hebreo de Isaías 30:15, abarca los dos conceptos que se presentan en Hechos 3:19: arrepentimiento y conversión a Dios.

*A*hora veamos la segunda variable de la ecuación: "En arrepentimiento y en _____ seréis salvos".

Usted probablemente ya imagina lo que la palabra "reposo" significa. La palabra hebrea es *nachath*. El diccionario de Strong da una definición que me hace sonreír. Dice que la palabra significa "posarse". Me imagino a mi abuela, en nuestra cocina en Arkansas, con un matamoscas en la mano y una seria expresión en su rostro. "¿Qué estás haciendo, abuelita?", le preguntaba yo. "Estoy esperando que esa sucia mosca se pose en algún lado para poder aplastarla".

Un segundo después, yo escuchaba el golpe y la voz de mi abuela diciendo: "¡Ahí tienes, pequeña molestia!" En cierto modo, muchas veces creemos que somos como esa mosca. Pensamos que si reposamos por un segundo, Dios nos aplastará. No es cierto. ¡Nosotros no somos moscas y mi abuelita no era Dios! Nuestro Dios desea que descansemos en Él y nos afirmemos sobre quién es Él.

Isaías 30:15 nos dice que al retornar a Dios y confiar en sus promesas y su poder, encontraremos salvación. Me encanta el significado de la palabra hebrea que se traduce como "salvos". *Yasha* significa "ser abierto, libre, amplio... Es lo opuesto de *tsarar*, encerrar". *Yasha* nos da la imagen de un lugar espacioso donde podemos movernos.

He experimentado personalmente la libertad espaciosa de la obediencia a Cristo. Y también he conocido la sensación de estar atrapado en la rebelión. Todos sabemos que Dios desea que retornemos y descansemos.

En Isaías 30:15 encontramos otra ecuación. Complete los espacios en blanco. "en _____ y _____ = vuestro poder".

Quiero que sepa lo que "poder" significa en este versículo. La palabra hebrea es *gebuwrah*, que implica victoria (Strong's). Yo deseo ser una vencedora; ¿y usted? Consideremos dos elementos implicados en la victoria: quietud y confianza. La palabra que se traduce como "quietud" es *shaqat*, que significa "vivir quietamente, sin ser molestado... calmar". Observe la frase con que concluye Isaías 30:15: "Pero no quisisteis". ¿Puede identificarse con esta afirmación? ¡Lamentablemente, yo sí!

¿Ha experimentado alguna vez la derrota por haberse negado a calmarse en presencia de Dios y confiar en Él? ❑ Sí ❑ No Comparta un ejemplo.

_____

La palabra hebrea que se traduce como "confianza" en este versículo aparece sólo una vez en el Antiguo Testamento. La palabra *bitchah* significa "no hay nada más que se pueda hacer". Una vez que hemos obedecido a Dios, no queda nada más que podamos hacer. Entonces podemos esperar que Él traiga la victoria, sabiendo que las consecuencias de nuestra obediencia son asunto suyo y no nuestro.

*L*ea Efesios 6:13. ¿Qué frase de ese pasaje se aplica a la obediencia que precede a estar confiadamente delante de Dios en tiempos de guerra?

_____

Nuestra naturaleza humana nos impulsa a correr cuando estamos en problemas, pero hemos aprendido dos preceptos muy importantes de Isaías 30:15.
- Huir de la salvación de Dios es rebelión.
- Huir del poder de Dios es huir de la victoria.

*P*ronto terminaremos esta sesión. Por favor, escriba las seis características de los rebeldes en una hoja de papel o cuaderno de trabajo. Un hijo de Dios rebelde...

Ahora es necesario que echemos una mirada introspectiva. ¡Yo también lo haré!

*C*oloque un asterisco junto a cada una de las características mencionadas que haya encontrado en su vida en su anterior caminar con Dios. Ahora dibuje un rostro triste junto a cada característica con la que esté luchando en este tiempo.

En el margen, escriba una breve oración, confesando cualquier tendencia a la rebelión o áreas de rebelión según las seis características que hemos estudiado.

Dios desea responderle. Su respuesta ya está escrita en Isaías 30:18. Él anhela "tener piedad de vosotros y por eso se levantará para tener compasión de vosotros". Podemos imaginarnos a Dios mostrándonos misericordia y perdón cuando nos metemos accidentalmente en problemas, pero es difícil imaginarnos cómo puede tenernos compasión cuando nos rebelamos abiertamente.

¡Oh, qué poco favor nos hacemos cuando tratamos de humanizar a Dios imaginándonos que es como el mejor ser humano, en lugar de ser totalmente Dios! La compasión de Dios exige que Él quiera acercarse a nosotros aun cuando somos rebeldes, pero su justicia exige que nos castigue dolorosamente si no nos aferramos a su mano extendida y retornamos a Él de todo corazón.

*P*ara terminar la lección de hoy, lea Isaías 30:12-14. ¿Qué sucede si continuamos en rebeldía, rechazando la Palabra de Dios, confiando en la opresión y apoyándonos en el engaño? Explique el resultado en sus propias palabras.

¿*C*ómo desea Dios que usted responda a lo que le ha mostrado hoy?

_____

_____

_____

_____

_____

Las paredes figuradas de protección que rodean nuestras vidas se quebrarán como vasijas rotas en pedazos. Los que somos cristianos no perderemos nuestra salvación, pero nos arriesgaremos a perder mucha protección. El resumen de las lecciones 1 y 2 de esta semana es: el barro que insiste en actuar como el Alfarero inevitablemente quedará hecho pedazos. ¡Gracias a Dios que Él ama también a las vasijas rotas! No esperemos hasta estar hechos pedazos para retornar y confiar.

El derecho de Dios a gobernar

El Tesoro de Hoy

"Yo soy Dios, y no hay otro Dios, y nada hay semejante a mí" (Isaías 46:9).

Estamos concentrándonos en la obediencia; la clave vital que enciende la libertad en Cristo y la hace realidad en la vida. La libertad en Cristo fue nuestra en el momento en que lo recibimos como Salvador; pero si nuestro regalo interno no se libera por medio de la obediencia, quizá nunca lo experimentemos. Veamos cómo funciona este concepto.

¿**Qué** se nos dice sobre la libertad en 2 Corintios 3:17?

_____

1. *El Señor es el único poseedor de la verdadera libertad.* Él es espíritu; por lo tanto, la libertad sólo puede ser transmitida por medio del Espíritu.

Ahora compare Juan 1:12, Romanos 8:15 y 1 Corintios 2:12. Escriba el denominador común que los une:

_____

¿Cómo explicó Cristo este concepto a sus discípulos, en Juan 14:15-18?

_____

Espero que haya observado el verbo "recibir" en sus diferentes formas, en los primeros tres versículos y que haya visto la clara enseñanza sobre recibir de Dios, en Juan 14:15-18. ¡Cuando recibimos a Cristo como nuestro Salvador, lo recibimos literalmente! Su Espíritu viene a morar realmente en nuestro interior. Romanos 8:9 nos habla de la necesidad de recibirlo: "Si alguno no tiene el Espíritu de Cristo, no es de Él".

2. *El segundo paso hacia la libertad es recibir a Cristo como Salvador, recibiendo así su Espíritu liberador.* Recibimos la libertad en Cristo, pero debemos comprender que la libertad nunca sale de los límites de su Espíritu. Por lo tanto, nuestra liberación se expresa como realidad sólo en las áreas de nuestras vidas donde el Espíritu de Dios es liberado. Somos libres si y sólo si, Él está en control.

Reflexione en 2 Corintios 3:17. Complete los espacios en blanco. Porque el _____ es el Espíritu; y donde está el Espíritu del _____ allí hay libertad.

La libertad y el señorío son inseparables para el creyente. Al leer que la libertad se encuentra en cualquier lugar donde esté el Espíritu Santo, debemos tomarlo literalmente.

¿**Cuál** de las siguientes palabras cree usted que refleja el significado de *kurios*, la palabra griega original que se traduce como "Señor"?

❏ poseedor   ❏ dueño   ❏ amo

❏ autoridad absoluta   ❏ supremo   ❏ soberano

3. *El tercer paso hacia la libertad es rendirnos a la autoridad de Dios.* Efesios 5:18 nos dice que debemos ser llenos del Espíritu. Somos llenos del Espíritu en la medida que nos rendimos a su señorío. Aunque el Espíritu del Señor siempre está en nosotros, Él inunda sólo las áreas de nuestras vidas en las que tiene autoridad. La libertad fluye en las áreas que el Espíritu del Señor inunda. Esto nos plantea una pregunta.

La libertad fluye en las áreas que el Espíritu del Señor inunda.

¿Ha notado que puede experimentar libertad en una parte de su vida al tiempo que está cautivo en otra? ❑ Sí ❑ No De ser así, dé un ejemplo.

_____

Basándonos en el tercer paso hacia la libertad, ¿cómo es posible que haya sido libre en un área mientras estaba cautivo en otra?

_____

Si indica que algunas veces permitimos que Dios tenga total autoridad en un área de nuestras vidas, mientras que en otras se la negamos, es bíblicamente correcta.

¿*Cómo*, entonces, podemos ser liberados totalmente? Elija una respuesta correcta.
❑ Estudiando la Palabra de Dios con mayor frecuencia.
❑ Sometiendo toda parte de nuestras vidas a la autoridad de Dios.
❑ Pasando más tiempo con Dios en oración.
❑ Reprendiendo al enemigo diariamente.

La primera, tercera y cuarta respuestas están contenidas en la segunda, como descubriremos. La respuesta a la libertad es no negar ninguna parte de nuestra vida a la autoridad de Dios. Una vez más quiero repetir que las vidas obedientes no son vidas perfectas. Creo que el apóstol Pablo refleja el concepto de la vida de obediencia.

¿*Cómo* podemos aplicar Filipenses 3:12 a la vida de obediencia?

_____

La obediencia no significa no pecar, sino confesar y arrepentirnos cuando pecamos. Obediencia no es llegar a un perpetuo estado de piedad, sino esforzarnos por seguir a Dios. Obediencia no es vivir miserablemente limitados por un conjunto de reglas, sino invitar al Espíritu de Dios a que fluya libremente a través de nosotros, para que el poder para obtener la victoria no venga de nosotros, sino de Dios. Obediencia es aprender a amar y atesorar la Palabra de Dios y verla como un lugar seguro para nosotros.

¿*Cómo* llamó Cristo a su Padre en Isaías 61:1? _____

_____

Examine la siguiente pregunta y las opciones que planteamos, pero no marque aún su respuesta. ¿Cuál fue el propósito más importante de Cristo en su vida terrenal?
❑ recibir el castigo por los pecados   ❑ dar libertad a los cautivos
❑ vendar a los quebrantados de corazón   ❑ salvar a los perdidos
❑ hacer la voluntad de su Padre   ❑ mostrar el amor de Dios

Sabemos que Cristo vino por todos esos motivos, Él continuamente proclamó cuál era el propósito final de su vida. Lea cada uno de estos pasajes y escriba cuál era la actitud de Cristo hacia los deseos de su Padre.

Mateo 26:42 _____

Juan 4:34 _____

Juan 6:38 _____

¿Cuál es la voluntad de Dios, según Juan 6:39-40? _____

Ahora vuelva a las opciones anteriores. ¿Cuál fue el propósito más importante de Cristo en su vida terrenal?

Cristo, el Hijo unigénito del Padre, respeta a Dios como único y soberano Señor. Él vino a hacer la voluntad de su Padre. La voluntad de su Padre es que toda persona conozca a Dios íntimamente y tenga comunión con Él. La responsabilidad de Cristo en esta tierra era obedecer hasta la muerte para que la meta de Dios se cumpliera.

Aun el Padre y el Hijo tuvieron una relación Alfarero-Barro. Cristo obedeció al Alfarero. Como vasija humana, Jesús tuvo que confiar en la voluntad de su Padre. Aunque debió experimentar rechazo, sufrimientos y vergüenza, entre otras cosas, Cristo aceptó el ministerio que Dios le había dado aun en los momentos difíciles, porque confiaba en el corazón de su Padre y derramó su vida para cumplir la meta de su Padre.

Creo que la obediencia sin cuestionamientos de Cristo al Padre no sólo surgía de su amor por Él, sino de otras dos motivaciones más. Él estaba comprometido con el derecho de Dios a gobernar y estaba convencido de que el gobierno de Dios es justo. Estudiemos el derecho de Dios a gobernar.

Él estaba comprometido con el derecho de Dios a gobernar, y estaba convencido de que el gobierno de Dios es justo.

Ya hemos dejado establecido que uno de los mensajes más claros del libro de Isaías es que la obediencia es nuestro pasaje a la libertad y la rebelión, nuestro pasaje a la esclavitud. No es coincidencia que el libro de Isaías tenga también mucho que decir sobre el derecho de Dios a gobernar y la justicia de su gobierno. En los capítulos 40, 45 y 46, Isaías presenta la supremacía de Dios sobre la creación, los ídolos y la humanidad. Estos capítulos también contienen proclamaciones del carácter único de Dios.

A continuación, escriba frases y citas bíblicas sobre cuatro categorías, tomadas de Isaías 40:12-28; 45:5-25 y 46:1-13. Le he dado algunos ejemplos. ¡No se haga demasiado problema por las categorías! El objetivo de este ejercicio es ayudarle a respetar más el gobierno de Dios. Nadie recibirá puntos extra por colocar perfectamente cada frase en la categoría correcta. ¡Disfrute investigando sobre Aquél a quien usted puede llamar Padre!

La Creación. Ejemplo: Él mide las aguas con sus manos (Isaías 40:12).

_____

_____

_____

Los ídolos. Ejemplo: Los ídolos son hechos por hombres (Isaías 40:19).

_____

_____

La humanidad. Ejemplo: Ningún ser humano puede comprender o enseñarle a Él (Isaías 40:13).

_____

_____

_____

El carácter único de Dios. Ejemplo: ¿A qué me compararéis? (Isaías 40:25).

_____

_____

Leo estos pasajes nuevamente y una vez más me siento humilde y llamada a la reflexión. Algunas veces, lo que necesitamos para curar nuestros gordos egos es una fuerte dosis de Dios. Mucho antes que un cierto visionario "descubriera" que la tierra era una esfera, Dios se sentaba en el trono sobre la redondez de la tierra. Mucho antes que los hombres fueran tan "iluminados", Dios hizo la luz y las tinieblas. Mucho antes que se invirtiera el primer millón de dólares para explorar el espacio, las mismas manos de Dios extendieron los cielos. Mucho antes que hubiera un "comienzo", Dios ya había planeado el final. Como Pedro en el Monte de la Transfiguración, nos dejamos atrapar tanto por las enramadas que queremos construir, que algunas veces nos perdemos una nueva revelación de la gloria de Dios, justo delante de nuestros ojos.

Si pudiéramos darnos cuenta de que nuestra vida se complica mucho más cuando la miramos desde el punto de vista en el que "todo gira alrededor de mí". ¿Sabe por qué? Porque el resto del mundo nunca ayuda. Aparentemente, nadie recibió las instrucciones al respecto. Cuando nos vemos como el centro del universo, vivimos constantemente frustrados porque el resto de la creación se niega a girar a nuestro alrededor.

La vida se simplifica y la satisfacción se amplifica en gran manera cuando comenzamos a darnos cuenta de los roles extraordinarios que tenemos. Dios es Dios. Francamente, todo tiene que ver con Él. Gracias a Dios que Él es el centro del universo. ¿Cómo podemos vivir una mentalidad tan centrada en Dios? ¡Libremente! Porque para Dios, todo tiene que ver con nosotros. Nosotros buscamos agradarle a Él; Él busca perfeccionarnos a nosotros. Y la vida funciona. No sin dolor, pero con propósito.

Sin el Alfarero, el barro es sólo polvo. "Entonces Jehová Dios formó al hombre del polvo de la tierra y sopló en su nariz aliento de vida y fue el hombre un ser viviente" (Génesis 2:7).

"Yo soy Dios y no hay otro Dios,
y nada hay semejante a mí" (Isaías 46:9).

DÍA 4
El gobierno de Dios es justo

¿Sabe usted cuál es mi peor pesadilla? Tener que obedecer a una autoridad injusta. En caso de que piense que me resulta fácil obedecer, quisiera aclarar un par de cosas. La sumisión y la subordinación me resultan tan fáciles como abrazar una cría de puercoespines. Un niño que ha sido forzado a hacer cosas que no desea hacer generalmente crece deseando que nunca más nadie le diga lo que tiene que hacer.

Hasta el día de su muerte, cada vez que yo me plantaba firmemente en una idea, mi madre me recordaba aquella vez que el médico de la familia me dijo que yo no podía ir a nadar porque tenía una infección en el oído. Mamá decía que yo entrecerré los ojos, lancé una mirada feroz y dije: "¿Ah, sí? Pues bien, ¡usted no es mi jefe!" Lamentablemente, el médico era el presidente del club de campo de nuestro pequeño pueblo y me respondió: "No; pero soy el jefe de esa piscina y será mejor que no te atrape en ella". En seguida comencé a pedir a mis padres que construyeran una piscina en el jardín de atrás de casa, para poder salirme con la mía.

El problema es que Dios no nos hizo para que nos obedeciéramos a nosotros mismos. Nuestras mentes fueron formadas para requerir autoridad, por nuestro propio bien, para que podamos vivir seguros bajo el gobierno de Dios. Satanás intenta sacarnos fuera de la autoridad de Dios haciéndonos pensar que podemos ser nuestros propios productores y directores. El apóstol Pablo habla de la imposibilidad de ser dueños de nuestras propias vidas y destinos en Romanos 6:16.

¿*Qué* opciones tenemos, según Romanos 6:16?

No tiene por qué preocuparnos el hecho de que estos versículos nos llamen esclavos. Somos criaturas, por lo cual debemos tener un dueño; la pregunta es: ¿quién será nuestro dueño? Después del abuso que sufrí en mi infancia, en cierta medida me resisto a obedecer a alguien basándome solamente en su posición. Muchas veces debo hacerlo, pero nunca me agrada. En lo profundo de mi corazón, soy mucho más rebelde de lo que usted podría imaginar. Yo me habría arriesgado a pasar la eternidad en el infierno, por no doblar mi rodilla ante cualquier "amo" simplemente porque él tuviera el poder.

Mi motivación principal para vivir en obediencia es que estoy absolutamente convencida de que Dios, que tiene derecho a gobernar, gobierna con justicia. Trato de obedecer a Dios porque creo con todo mi corazón que Él es siempre bueno, siempre tiene la razón y me ama de una manera que no puedo comprender.

Usted no puede darse una idea de la emoción que me embarga al escribir las próximas cuatro palabras: Yo confío en Dios. Después de toda una vida de problemas para confiar en las personas, ni siquiera puedo comprender cómo me ha sucedido tal milagro de la gracia, pero así fue. Puede parecerle tonto, pero lo amo tanto que algunas veces no veo la hora de que Él me pida que haga algo un poco difícil, porque quiero obedecerle. No sólo amo y confío en Dios; me encanta confiar en Él.

¿Qué pasa con todas esas personas que no tienen el mismo carácter de Dios? Lentamente, he llegado a confiar en la soberanía de Dios lo suficiente como para creer que cualquier persona en quien yo deba confiar en esta tierra tiene que tener cuidado conmigo, ¡o tendrá que responder ante Dios! ¡Lo mismo es válido para usted!

Crecí escuchando un maravilloso himno que decía: "Obedecer y confiar en Jesús, es la senda marcada para andar en la luz". La vida de obediencia fluye bellamente de la confianza. Pero si no damos el primer paso de pura fe y obedecemos, nunca comprenderemos que podemos confiar. Podríamos escribir una estrofa adicional para ese himno, que diga: "Obedecer y aprender a confiar, dar un paso de fe es necesario, para confiar más en Jesús". La rima es mala, pero la idea es cierta.

Ahora que yo he sido transparente con usted, es su turno. ¿Tiene usted también problemas con la autoridad? ❏ Sí ❏ No **De ser así, ¿cómo se dio cuenta de ello?**

_____

¿Qué de la autoridad de Dios? ¿Cuán convencida está usted de que puede confiar en Él? Estime cuál es su nivel de confianza dibujándose en algún escalón de la escalera que ve al margen.

Confiar en Él
para todo

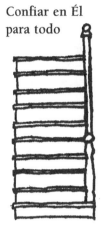

Explique por qué cree que está en este escalón en este momento.

_____

_____

No confiar

El texto de hoy nos anima a confiar y obedecer. Si usted está al pie de esa escalera, posiblemente dé un paso de fe y obedezca, para aprender a hacer crecer su confianza.

_L_ea Isaías 51:1-16. El capítulo comienza con una orden: "Oídme". Busque los otros quince versículos en su Biblia y marque cada vez que Dios pide la atención total de quien lee sus palabras.

¿Por qué los versículos 1 y 2 se aplican tanto a los cristianos gentiles como a los judíos (Gálatas 3:29)?

_____

_____

_____

Basándonos en el pasaje sobre Sara y Abraham, ¿cuál de estas cosas cree usted que podríamos aprender si accediéramos a mirar a la piedra de la que fuimos cortados? Marque todas las opciones posibles. Podemos...
❏ Creer que Dios puede hacer lo imposible (Génesis 18:14).
❏ Admitir la inutilidad de querer manejar las cosas por nosotros mismos (Génesis 16).
❏ Creer que Dios continúa amándonos y puede usarnos aun cuando nos apartamos... si accedemos a retornar a su camino (Génesis 17).
❏ Creer que Dios aún puede llamarnos justos, basándose en nuestra fe en Él, aunque nuestros actos injustos sean como trapos de inmundicia (Génesis 15:6; Isaías 64:6).
❏ Creer que finalmente, la obediencia trae bendición (Génesis 22:18).

Espero que haya marcado cada una de las lecciones que podríamos aprender mirando a la piedra de la cual fuimos cortados.

*D*ado que el Señor es compasivo, ¿qué puede hacer Él con las ruinas, los desiertos y las tierras estériles de las vidas de sus hijos (Isaías 51:3)?

_____

¿Alguna vez ha sentido como si las olas del mar estuvieran chocando contra usted y usted se ahogara en una marea interminable (Isaías 51:10)?

_____

¿Cómo se revela la soberanía de Dios en Isaías 51:15 y 51:10?_____

_____

Lea Isaías 51:12-14. ¿Por qué no debemos temer el furor del que nos aflige aunque él tenga mucho más poder que nosotros?

_____

¿Alguna vez se sintió usted como un prisionero agobiado? ¡Yo sí! ¿Alguna vez sintió que jamás sería liberado? Me encantan las palabras del versículo 14: "El preso agobiado será liberado pronto". Amigo querido, ¡créalo y reclámelo! ¡Obedezca y vea que puede confiar! No permita que nuestro acusador, el enemigo, gane otra victoria utilizando su pasado en contra suya.

¿*Q*ué dice Dios que hará, en Isaías 43:18-19? "He aquí que yo hago cosa _____".

¡Quiero gritar aleluya! Sí, mi compañero de viaje, Dios tiene derecho a gobernar. Pero lo mejor para nosotros, criaturas que dependemos de su misericordia, es que el gobierno de Dios es justo. Su justicia no perecerá, ni pereceremos nosotros cuando decidamos obedecerle (Isaías 51:6). Su justicia será para siempre y nosotros también, porque Él nos da justicia eterna por nuestra fe (v. 8). Él no puede pedirnos nada malo, ni guiarnos por mal camino. El Señor que nos hizo también es nuestro Defensor. Un día, el que nos aflige se echará como un perro asustado a sus pies. El Dios que secó el mar también puede hacer un camino en lo más profundo de él, para que podamos cruzar. Aquel que extendió los cielos y echó los cimientos de la tierra nos cubre con la sombra de su mano. ¡Jehová de los ejércitos es su nombre! Y nosotros somos su pueblo.

Dios conoce nuestras luchas. Conoce todos los problemas que tenemos con la autoridad. Sabe cuántas veces han traicionado nuestra confianza. Como un padre que toma entre sus manos fuertes el rostro de su hijo rebelde, nos dice: "Oídme... yo, yo soy vuestro consolador... yo... soy tu Dios" (Isaías 51:1, 7, 12, 15).

¡Estoy a tu favor, hijo mío! ¡No en tu contra! ¿Cuándo dejarás de resistirte a mí?

*P*ara terminar la sesión de hoy, reflexione sobre la justicia del gobierno de Dios en su vida. Utilice una hoja de papel para escribir una oración a Dios, recordando varios momentos específicos en que Él le ha probado que es Alguien en quien puede confiar y a quien puede obedecer.

¿*C*ómo desea Dios que usted responda a lo que le ha mostrado hoy?

_____

_____

_____

_____

_____

DÍA 5

El gobierno de Dios, día tras día

Esta semana hemos examinado la clave para la libertad: la obediencia. En los días 1 y 2, vimos el retrato de un rebelde. Aprendimos por qué la rebelión es una afrenta a Dios y extremadamente destructiva para nosotros. El día 3, unos tremendos pasajes de Isaías nos recordaron que Dios tiene todo el derecho de gobernar. El día 4 nos regodeamos en la seguridad de que el gobierno de Dios es justo. Hoy descubriremos que el justo gobierno de Dios se aplica a nuestra vida cotidiana. Una vida de obediencia es la suma de días de obediencia. De la misma manera, una vida victoriosa está hecha de días victoriosos. Gracias a Dios que en Cristo, la primera siempre lleva a esta última. Quienes son obedientes también serán victoriosos.

Una de las cosas que más disfruto de Dios es su presencia diaria. No llegamos a apreciar su presencia a partir de los momentos de crisis. La verdadera apreciación de la presencia de Dios proviene del andar diario; quizá en lo insignificante, más que en lo milagroso.

El año pasado, mi querido papá tuvo un ataque y tuvimos que llevarlo en la ambulancia de un pequeño hospital público a uno más grande y con personal más especializado. Los paramédicos fueron maravillosos, pero aunque agradecimos su trabajo, ¡no intercambiamos números de teléfono ni hicimos planes para almorzar juntos algún día! Algunas veces enfocamos a Dios de la misma manera. Él nos hace salir de una emergencia y, aunque apreciamos sinceramente lo que ha hecho, no necesariamente nos mantenemos en contacto diario una vez que pasa la crisis.

No disfrutaremos plenamente de Dios, si no andamos diariamente con Él. Nuestra disposición y tendencia a obedecerle tampoco serán plenas. Gran parte de la obediencia se basa en la confianza y la esta aumenta por medio de una relación diaria.

En relación con este diario andar con Dios, ¿qué pregunta nos formula Amós 3:3?

_____

Recuerdo cuando se produjo un profundo cambio en mi acercamiento diario a Dios. Durante años yo le había pedido a Dios que anduviera conmigo. Repentinamente, como si alguien apretara un botón para encender la luz, comprendí que Dios deseaba que yo anduviera con Él. Durante años le había pedido a Dios que bendijera lo que yo hacía. Hablando del barro que quiere dar forma al Alfarero... Antes yo quería tomar mis pies de barro y caminar hacia donde mi corazón me llevara, contando con que el Alfarero bendijera mi pequeño, dulce y egoísta corazón. Mis pies de barro se quemaron al atravesar algunos terribles incendios iniciados por la pasión mal conducida de mi propio corazón. Repentinamente me di cuenta de que sólo recibiría la bendición de Dios cuando yo hiciera lo que Él decía. He aprendido por las malas que sólo puedo confiar en mi corazón cuando éste está totalmente rendido a obedecer la verdad de Dios. Por sí solo, "engañoso es [mi] corazón sobre todas las cosas" (Jeremías 17:9). Por nuestra propia seguridad y a fin de disfrutar plenamente a Dios, seremos sabios y bendecidos si aprendemos a andar nosotros con Dios, en lugar de rogarle que Él ande con nosotros.

El Tesoro de Hoy
"Oh SEÑOR, ten piedad de nosotros; en ti hemos esperado. Sé nuestra fortaleza cada mañana. también nuestra salvación en tiempo de la angustia" (Isaías 33:2, Biblia de las Américas).

*M*edite sobre Jeremías 29:11-13. ¿Por qué andar con Dios es mucho más sabio y personalmente satisfactorio que pedirle a Dios que ande con nosotros?

_____

_____

¡Espero que haya mencionado que Dios es el que tiene el mejor plan! Nosotros no tenemos ni idea de adónde llevarán finalmente los caminos que elegimos. Poseemos sólo teorías de las que tenemos la esperanza de que sean correctas. Los planes de Dios para nuestras vidas nos llevan por el camino de 1 Corintios 2:9: más de lo que jamás hemos visto, oído o imaginado. Andar con Dios, obedeciéndole diariamente, es el medio seguro para cumplir cada uno de sus maravillosos planes.

Imagine que va al cielo y Dios, con inmenso cariño, le muestra el calendario de su plan para su vida terrenal. Comienza con el día de su nacimiento. A partir del día en que aceptó a Cristo como su Salvador, todos los demás están marcados en rojo. Usted ve pisadas en cada día de cada semana de su vida. En muchos días, hay dos pares de pisadas. Usted pregunta: "Padre, ¿son mías esas pisadas en el calendario? El segundo par de pisadas, ¿es cuando tú caminaste conmigo?"

Él responde: "No, mi precioso hijo. Las pisadas que ves siempre en cada día de tu calendario son las mías. El segundo par de pisadas son las tuyas, cuando te unías a mí".

"¿Dónde ibas tú, Padre?"

"Al destino que había planeado para ti, esperando que me siguieras".

"Pero, Padre, ¿dónde están mis pisadas todas esas veces?"

Él le responde: "A veces tú te volvías a mirar viejos resentimientos y hábitos mientras yo aún seguía avanzando, esperando que vinieras conmigo. Algunas veces, te apartaste de mi camino y seguiste tu propio calendario. Otras veces, tus pisadas se ven en el calendario de otra persona, porque te pareció que te agradaba más su plan. Otras más, simplemente te detuviste, porque no estabas dispuesto a dejar ir algo que no podías llevarte al día siguiente".

"Pero Padre, aunque yo no haya caminado contigo cada día, terminamos bien, ¿no es cierto?"

Él lo estrecha en sus brazos y sonríe: "Sí, hijo, terminamos bien. Pero 'bien' es mucho menos de lo que yo tenía en mente para ti".

"Padre, ¿qué son esas cajas de tesoros dorados que hay en algunos días?"

"Bendiciones, hijo mío, que yo tenía para ti en el camino. Las que están abiertas son las que recibiste. Las que aún están cerradas son de días en que tú no anduviste conmigo".

¿*L*e parece muy exagerada esta escena? En realidad, es bastante bíblica. Lea Génesis 3:8-9. ¿Qué hacía Dios en el huerto? _____

¿Qué cree usted que Él deseaba que hicieran Adán y Eva? _____

¿Qué les preguntó Dios? _____

Suponiendo que Él sabía ya dónde estaban y por qué se escondían, ¿por qué cree usted que les hizo la pregunta, de todos modos?

Lea 2 Corintios 2:14. ¿Por qué debemos andar por el camino de Dios en lugar del nuestro?

Si usted tiene una concordancia bíblica, lo desafío a que busque la cantidad de veces que Dios nos indica que "andemos en sus caminos". También lo desafío a revisar el calendario de su última semana. Pídale a Dios que le ayude a recordar tanto como sea posible sobre su semana. Quizá pueda echar una mirada a su propio calendario o su diario de oración, si lo tiene. ¿Qué días reflejaron que andaba con Dios? Si no anduvo con Dios ningún día, intente recordar dónde "estaba" en esos días. Regocíjese en cualquier caja de tesoro que Dios le haya dado y usted haya abierto. ¿Le parece que se sentirá molesto por las cajas que no fueron abiertas y los días en que las pisadas no siguen ningún camino?

Le formulo estas preguntas por tres motivos. Quiero que vea con cuánta voluntad desea Dios que busquemos andar con Él. Quiero que piense dónde tendemos a "ir" cuando nos apartamos de su camino y quiero que reconozca el vínculo innegable entre ser bendecido y andar diariamente con Dios.

Recuerde, andar con continuidad no significa andar perfectamente. Significa que podemos tropezar, pero no caeremos. Ahora veamos qué tiene Dios para decirnos por medio del profeta Isaías, sobre su propia cotidianeidad.

Lea Isaías 33:2-6. Descubriremos seis beneficios de un andar diario con Dios.

1. *Dios nos ofrece el tesoro diario de su fortaleza (v. 2).*

Lea uno de mis Salmos favoritos, Salmo 84:5-7. ¿Qué cree usted que significa "en cuyo corazón están tus caminos"?

Usted y yo hemos emprendido un peregrinaje al cielo si creemos en Cristo. Uno de los mayores consuelos en nuestras luchas diarias es recordar que esta tierra no es nuestro hogar.

¿Con cuánta frecuencia se recuerda a usted mismo que simplemente estamos en un viaje que nos llevará a una gloriosa ciudad celestial?

❏ Varias veces por día ❏ De vez en cuando
❏ Rara vez ❏ Casi nunca

¡Quizá andemos de prueba en prueba, pero según Salmo 84:7, también vamos de _____ en _____!

Ahora vuelva a pensar en su calendario. Si no estamos andando con Dios cuando llegan las pruebas, nos perdemos toda la fuerza que Él tenía para darnos en el camino.

2. *Dios nos ofrece el tesoro diario de su seguridad como fundamento* (v.6).

¿ *Q*ué dice 1 Corintios 3:11 sobre un fundamento para nuestras vidas?

_____

Toda vida "constructiva" está basada en un único fundamento: Jesucristo. Pero hoy aprendemos que las vidas de obediencia están formadas de días de obediencia y que las vidas victoriosas están hechas de días de victoria. De la misma manera, una vida constructiva surge a partir de días constructivos edificados sobre el fundamento seguro del Hijo de Dios. La Biblia de las Américas habla de "seguridad" en Isaías 33:6. Me encanta la idea de que Dios sea nuestra seguridad en un tiempo tan inestable. ¿Y a usted?

¿ *C*uándo fue la última vez que usted sintió que todo en su vida se conmovía, excepto la seguridad que usted tenía en Cristo?

_____

Una vez más recuerdo las palabras de un himno muy familiar que hacen eco en mi corazón: "En Cristo la Roca firme estoy seguro. Todo lo demás es arenas movedizas".

3. *Dios nos ofrece el diario tesoro de sabiduría y conocimiento* (v. 6). Una de las más maravillosas bendiciones que Dios puede darnos en cualquier semana de nuestro "calendario" es el tesoro de la sabiduría y el conocimiento. ¡Lo maravilloso de Dios es que cada día que uno anda con Él es un tesoro! Cuando andamos codo a codo con Cristo cada día, su sabiduría y su conocimiento se nos van transmitiendo poco a poco. Muchas veces pensamos en bendiciones en términos tangibles, pero la sabiduría es una bendición intangible de infinito valor. La sabiduría es conocimiento aplicado. Sabiduría es saber qué hacer con lo que sabemos. El mundo puede decirnos que no necesitamos conocer a Dios para ser sabios y tener conocimiento.

¿ *Q*ué dice Isaías 47:10 sobre la sabiduría y el conocimiento humanos?

_____

La Palabra de Dios es clara. En los días que no andamos con Dios, podemos elegir un camino basado en la lógica o el conocimiento humano y desviarnos por completo. Dios desea guiarnos diariamente con su propia sabiduría y conocimiento. Recuerde: Él es el que tiene el plan.

*L*ea Salmo 119:105.

¡Este versículo pinta una figura tan hermosa para nosotros! Lámpara es a mis pies su Palabra... esto es, una guía para mi presente; para los pasos que estoy dando ahora. Su Palabra también es luz para mi camino, es decir, una guía para mi futuro inmediato.

*I*magínese a sí mismo en un camino, por la noche, con una lámpara que ilumina su próximo paso. ¿Cuántos pies más adelante cree usted que una lámpara puede iluminar?

Dios soberanamente elige un curso similar para su Palabra y su camino. Él no desea que usted se preocupe por el año próximo y el siguiente. Dios, en su gracia, nos dice qué nos espera al final de nuestros viajes terrenales, pero desea que vayamos a Él constantemente mientras tanto. Su Palabra echa luz sobre nuestro camino "presente" y nuestro futuro inmediato, para saber qué pasos dar, ¡pero para recibir más instrucciones tendremos que andar hoy y observar otra vez! Si usted es como yo, quizá no regresaría constantemente con Él a comprobar su progreso si ya conociera todo el plan. Continuemos con los beneficios 4 y 5 tomados de otro texto.

*L*ea Isaías 50:4-11 y considere lo siguiente:

4. Dios nos ofrece el tesoro diario de una palabra fresca en la mañana (v. 4). Basándonos en este maravilloso versículo, aunque podemos escuchar su voz en cualquier momento, creo con todo mi corazón que Dios nos despierta cada mañana con una capacidad sobrenatural de oír su voz.

*¿S*e le ocurre alguna razón por la que tengamos una mayor capacidad de escuchar a Dios en el comienzo del día?

_____

_____

¿Qué dijo Cristo en Mateo 6:33?

_____

Todos los días, Dios quiere sostener a alguien que está cansado. Algunas veces yo soy esa persona. Algunas veces, es usted. Dios siempre tiene una palabra para darnos a nosotros o a otros a través de nosotros. ¡Oh, que no seamos rebeldes ni nos volvamos atrás! (Isaías 50:5)

5. Dios nos ofrece el tesoro diario de la victoria (vv. 7-8). No podemos escapar de la lucha de la vida cristiana. Lamentablemente, Satanás no recibe vacaciones por buen comportamiento. Está rondándonos constantemente.

*¿Q*ué dijo Cristo sobre "cada día", en Mateo 6:34?

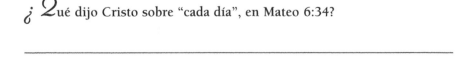

_____

Cada día puede traernos problemas, pero cada día tenemos a un bendito "Solucionador" de problemas. Satanás intenta deshonrarnos, acusarnos y condenarnos. Diariamente debemos afirmar nuestro rostro como el rostro de Cristo y seguirlo paso a paso hasta la victoria.

$\mathcal{C}$oncluyamos echando un vistazo a Isaías 50:10-11. Lea este pasaje ahora.

No importa cuánto tiempo hace que andamos con Dios; aún tenemos días que parecen tenebrosos y circunstancias en las que su camino parece terriblemente oscurecido. En esos momentos, Dios nos dice que confiemos en su nombre y descansemos en quien Él es. Job 23:10 siempre es una bendición para mí cuando no sé qué hacer: "Mas Él conoce mi camino". Cuando usted sienta que ha perdido el camino o no sepa adónde ir desde aquí, amigo mío, ¡anímese! Él conoce su camino. ¡Quédese quieto, clame y pídale que venga a su rescate! Él lo llevará desde allí y milagrosamente, cuando usted vuelva a ver la luz, podrá distinguir las pisadas que marcó en la oscuridad. Él nunca sostendrá su mano más firmemente que cuando lo guíe en la oscuridad.

¿Cuál es la tentación más grande que enfrenta usted cuando no siente que Dios esté iluminando claramente su camino?

_____

_____

_____

_____

_____

Isaías 50:11 describe a la perfección la tentación que yo enfrento: encender mi propio fuego y andar a la luz de mi propia antorcha. En el pasado, cuando anduve a la luz de mis propios pensamientos o mi propia lógica, mis propios caminos me han llevado al dolor. Gracias a Dios que Él nunca me ha dejado allí cuando reconocí que me había apartado y clamé pidiendo que me rescatara. Sí, usted y yo aún nos desviaremos algunas veces del camino, no importa cuán obedientemente queramos andar, porque somos peregrinos con pies de barro. La belleza de la luz de Dios es esta: Siempre nos llevará de regreso al camino. No importa cuánto nos hayamos apartado, siempre hay un atajo para regresar. "¡Tuyo soy, sálvame!" (Salmo 119:94).

La eterna misericordia de Dios

Día 1
Encontrar la misericordia

Día 2
La libertad de la misericordia

Día 3
La plenitud de la misericordia

Día 4
Cuando no creemos en el amor eterno de Dios

Día 5
El fruto de la misericordia

¿Qué es esa única cosa que todo ser humano en la tierra necesita? ¿Qué necesitamos cuando nuestros collados tiemblan, cuando nuestros montes se mueven? Los bebés mueren si no lo reciben. Los niños deben tenerlo. Los jóvenes claman por él. Los adultos lo buscan. ¿Qué es? Un amor constante. Todos necesitamos ser amados con un amor que no falle ni desaparezca.

Estamos por estudiar lo que la Biblia promete sobre el amor constante. Quisiera pensar que este estudio le resultará muy beneficioso. ¡Puedo prometerle que aprender de Él, sí es enormemente beneficioso! Memorice Isaías 54:10, una magnífica promesa sobre la misericordia eterna de Dios. Desearía poder estar con usted para repetir estas palabras juntos. Espero, o mejor dicho, espero confiadamente, basándome en la fidelidad de Dios, que tenga una semana maravillosa con el Maestro.

Preguntas Principales

Día 1: ¿Qué sugiere Proverbios 20:6 acerca de la bondad?

Día 2: ¿Por qué los rebeldes que han sido liberados deben ser fieles en publicar sus obras?

Día 3: ¿Qué sucede cuando alguien reconoce que Jesús es el Hijo de Dios?

Día 4: ¿Por qué piensa usted que no creer que Dios nos ama personal y generosamente podría ser un pecado?

Día 5: Dado que sabemos que Dios nos ama con amor eterno en todo momento, ¿qué cree usted que significa "permanecer" en el amor de Dios?

Encontrar la misericordia

El Tesoro de Hoy

"Porque los montes se moverán, y los collados temblarán, pero no se apartará de ti mi misericordia, ni el pacto de mi paz se quebrantará, dijo Jehová, el que tiene misericordia de ti" (Isaías 54:10).

Estoy saliendo de un año de transiciones como nunca he vivido en mi vida. Nada parece haber quedado sin ser afectado. Relaciones, circunstancias, lo que me rodea... todo ha cambiado. Me aferré a cualquier cosa que permaneciera igual que siempre. Una mañana, camino al trabajo, me detuve, como lo he hecho todos los días en los últimos 18 meses, en mi cafetería favorita. Entré y pedí lo mismo de siempre: "un panecillo de banana y nuez con queso crema, por favor". El empleado me miró con una sonrisa y dijo: "Ya no tenemos ese tipo de panecillos. ¿Puedo servirle alguna otra cosa?"

Me quedé allí, boquiabierta, con las cejas levantadas como si las hubiera asegurado con pinzas a mi cabello. Debo de haber estado en ese estado de *shock* durante un tiempo, porque la persona que estaba detrás de mí en la fila se adelantó con un empujón y eso era lo único que yo necesitaba para echarme a llorar. Mientras salía y caminaba hacia el auto, levanté la mirada y pregunté: "¿Podrías dejarme una sola cosa en mi vida que no desaparezca?"

Mientras entraba al auto, escuché al Padre hablar a mi corazón: "Beth yo nunca te dejaré, ni te desampararé".

Esta semana estudiamos el amor de Dios, esa misericordia que nos salva la vida. La palabra "misericordia" en Isaías 54:10 proviene de la palabra hebrea *racham*, que significa "calmar; cuidar; amar profundamente, como un padre o una madre; ser compasivo; ser tierno... Este verbo se refiere a un amor profundo que está enraizado en cierto tipo de vínculo natural, muchas veces de un superior a un inferior". Esta es mi parte favorita de la definición: "Es el sentimiento que suelen despertar los bebés".

Nunca he experimentado un sentimiento más abrumador que el que mis dos pequeñas despertaron en mí. Ellas hicieron surgir en mi ser una capacidad de amar que nunca había experimentado antes y al mismo tiempo nunca había sido tan vulnerable.

Una vez escuché a un psicólogo cristiano que explicaba la necesidad de que haya cierto grado de conflicto y ciertas "luchas de poder" con los adolescentes. Él explicaba que es necesario y natural que haya un cierto grado de dificultades cuando los hijos se convierten en jóvenes adultos o de lo contrario, los padres jamás podrían "ayudarlos a salir del nido" para encontrar su independencia. Su comentario fue: "Si el vínculo que tuvimos con ellos en su niñez no cambiara, nunca podríamos dejarlos ir".

Ahora, repasemos esta definición de "misericordia". Durante toda nuestra vida, Dios conserva por nosotros ese fuerte sentimiento que los niños provocan en sus padres. ¿Comprende usted por qué? ¡Porque Él nunca tiene que dejarnos ir! Él no nos cría para que nos vayamos de casa. ¡Qué gozo inunda el corazón de esta madre que hace muy poco vio a su primogénita saltar del nido hacia su nueva vivienda en la universidad!

Lea el Salmo 136. ¿Cuál es, obviamente, el tema?

Ahora lea el capítulo sin la repetición de "Porque para siempre es su misericordia". Agrupe lo que queda de los versículos en los tres temas que damos a continuación. Escriba una frase reconocible, con la cita del versículo correspondiente, de cada uno de los 26 versículos. Por ejemplo, en el versículo 1: "porque Él es bueno", muestra su misericordia.

Dios el Creador _____

_____

Dios el Vencedor _____

_____

Dios el Misericordioso _____

_____

El Salmos 136 posiblemente presente muchos temas, pero para nosotros, cautivos en busca de la libertad, el de mayor importancia es este: las obras de Dios cambian, pero su misericordia permanece simple, firme y fuerte. Reflexione un momento sobre esto. Su brazo poderoso está extendido tanto para salvar como para destruir. Él trabaja en incontables maneras. Apenas creemos que hemos empezado a comprender la forma en que Dios obra y descubrimos cuáles son sus métodos, Él los cambia.

$\mathcal{L}$ea Isaías 55:8-11. Después, lea las siguientes afirmaciones y escriba "V" o "F" en caso de que sea verdadera o falsa.

___ El motivo por el que estudiamos la Palabra de Dios es para descubrir cómo actúa Él.

___ Nunca creceremos en nuestro conocimiento de la Palabra de Dios hasta tal punto que la fe ya no sea necesaria.

___ Podemos conocer tan bien a Dios que finalmente lleguemos a pensar como Él piensa.

___ Los caminos de Dios no tienen explicación.

___ Los pensamientos y formas de actuar de Dios siempre tienen un propósito, pero están más allá de nuestra capacidad de comprender.

Sólo a la luz de los caminos de Dios y de sus pensamientos podremos apreciar su misericordia. Subirán y caerán reyes, pero su misericordia es para siempre. Las montañas que Él creó caerán al mar. Pero su misericordia es para siempre. La riqueza llegará y se irá tal como llegó. Pero su misericordia es para siempre. Algunas veces seremos sanados de nuestras dolencias físicas; otras no. Pero su misericordia es para siempre. Los cielos y la tierra pasarán; pero su misericordia es para siempre.

$\mathcal{E}$scriba cuatro frases sobre las variables de su vida.

_____

_____

_____

_____

Acaba de escribir un salmo personal y sencillo que refleja una gran verdad. Lea esas frases en voz alta, repitiendo el "coro" del Salmo 136 ("para siempre es su misericordia") después de cada una. Ahondemos un poco más en la verdad de Dios.

*L*ea Romanos 8:38-39. Ahora reescriba estos dos versículos, cambiando algunos ejemplos de los que dio Pablo por otros que sean suyos propios. ¿Qué teme más? Escriba los versículos incluyendo en ellos sus temores.

Por lo cual estoy seguro de que ni _____

_____

_____

nos podrá separar del amor de Dios, que es Cristo Jesús Señor nuestro.

¿Comprende usted, mi querido amigo, que acaba de escribir la respuesta a su más grande necesidad psicológica? ¿Recuerda haber leído sobre los prisioneros de los campos de concentración nazi que algunas veces eran cargados en trenes sólo para ser transportados a otro campo de concentración? Si no permitimos que la verdad de Dios venga a morar plenamente en nuestros corazones, quizá aprendamos sólo lo suficiente para salir de una prisión... y entrar en otra. Probablemente nos haremos eco de las palabras del Salmos 51:6 varias veces antes de terminar nuestro estudio: "He aquí, tú amas la verdad en lo íntimo y en lo secreto me has hecho comprender sabiduría".

Ese lugar secreto, íntimo, es nuestro corazón y nuestra mente. La semana próxima nos concentraremos en la mente, pero esta semana está totalmente dedicada al corazón. Quisiera que usted vea uno de los hechos más importantes registrados en la Palabra de Dios con relación a las necesidades emocionales de todos los seres humanos.

*E*scriba en una hoja de papel la primera frase de Proverbios 19:22:

La palabra hebrea que se traduce como "contentamiento" es *ta'avah*, que significa "anhelo". Proviene de la palabra *'avah*, que significa "codiciar, desear grandemente". ¿Se da cuenta de que este versículo está resumiendo lo que más ansiamos? ¡Por favor, no se pierda esto! Todo ser humano desea profundamente, anhela de los demás, ansía, un amor que no le falle. Un amor abundante. Un amor concentrado. Un amor sin atenuantes. Un amor con el que pueda contar. El taxista, el plomero, el corredor de Bolsa, la modelo, la actriz. Todos anhelan lo mismo: un amor que sea constante.

¿*Q*ué sugiere Proverbios 20:6 acerca del amor que no falla?

_____

¿Qué es un amor "que no falla"? Intente ser tan específico y descriptivo en su explicación, como le sea posible.

_____

_____

Vea 1 Corintios 13:4-8. ¿Corresponde su idea de este amor que no falla, con la descripción que Pablo da de ese tipo de amor? ❏ Sí ❏ No

Pablo describió el amor "ágape" como un amor sobrenatural que sólo Dios posee en plenitud y que sólo Dios puede dar. Es la palabra neotestamentaria para referirse al amor de Dios, así como *chesed* en el Antiguo Testamento. La única manera en que podemos amar con ágape es sacar de nuestros corazones todo lo demás y pedir a Dios que nos convierta en vasijas que viertan su "ágape". Antes de que podamos comenzar a dar amor tenemos que aceptarlo para nosotros. Dios lo ama a usted con un amor perfecto.

*S*egún 1 Juan 4:18, ¿qué logra el amor perfecto, cuando estamos

dispuestos a aceptarlo? _____

¿Alguna vez ha temido que alguien deje de amarlo? ❑ Sí ❑ No

Yo no sólo lo he temido... ¡también lo he experimentado! Dios, en su gracia y su amor, ha permitido que algunos de mis miedos se hicieran realidad, para que yo descubriera que no me desintegro. He vivido algunas cosas que creí que me destruirían. Pero... ¿sabe qué sucedió? No me destruyeron. No porque yo sea fuerte, sino porque Dios me enseñó a sobrevivir con su misericordia eterna. No fue divertido, pero fue transformador. Lentamente estoy llegando a aceptar que perder el amor de Dios sería lo único a lo que no podría sobrevivir. Pero es una pérdida que jamás experimentaré. Su misericordia es para siempre. Eso es lo que significa que el amor perfecto echa fuera el temor. Muchas personas me aman, como muchas lo aman a usted. Eso me bendice mucho; pero la Palabra de Dios usa la expresión "amor eterno" muchas veces y ninguna de ellas se refiere a un amor humano. Todas se refieren al amor y la misericordia de Dios. Por más grande que sea el amor de una persona, sólo el amor de Dios es eterno.

¿Cómo explicaría usted la diferencia entre el amor de un ser humano, aunque sea el más profundo y el de Dios? Escriba varios ejemplos.

_____

_____

_____

En su maravilloso libro *Holiness, Truth and the Presence of God* (Santidad, verdad y la presencia de Dios), Francis Frangipane escribió: "La naturaleza de Cristo tiene muchos aspectos. Es el Buen Pastor, nuestro Libertador y nuestro Sanador. Percibimos a Dios a través del filtro de nuestra necesidad de Él. Y así lo ha dispuesto el Señor, porque Él mismo es la única respuesta a miles de necesidades".

¡Cuán gloriosamente cierto es esto! Pero Dios no sólo es la respuesta a miles de necesidades; es la respuesta a miles de deseos. Él es el cumplimiento de nuestro mayor deseo de toda la vida. Porque, lo hayamos reconocido o no, lo que deseamos es un amor eterno que no nos falle. Oh, Dios, haz despertar nuestras almas para que vean que tú eres lo que deseamos, no sólo lo que necesitamos. Sí, eres la protección de nuestra vida, pero también eres el afecto de nuestra alma. Sí, eres la salvación de nuestra alma, pero también eres el gozo de nuestro corazón. Un amor constante. ¡Un amor que no me dejará ir!

*¿C*ómo desea Dios que usted responda a lo que le ha mostrado hoy?

_____

_____

_____

_____

_____

DÍA 2
La libertad de la misericordia

El Tesoro de Hoy
"Alaben la misericordia de Jehová, y sus maravillas para con los hijos de los hombres. Porque quebrantó las puertas de bronce, y desmenuzó los cerrojos de hierro"
(Salmos 107:15-16).

Hablando a un grupo de mujeres sobre el tema del amor de Dios, hice un pequeño experimento. Les pedí que se volvieran y miraran a los ojos de la persona que tenían al lado y le dijeran: "¡Dios me ama tanto!" Casi instintivamente se volvieron unas a otras y e dijeron: "¡Dios te ama tanto!" Entonces las detuve y les hice ver el cambio de palabras.

Hicimos por segunda vez el ejercicio y era obvio que estaban algo incómodas. Les pregunté por qué les costaba cumplir con lo que les había pedido y muchas dijeron: "Puedo decirle fácilmente a la persona que está junto a mí que Dios la ama, pero me resulta difícil decirle que Dios me ama a mí".

¿Por qué cree usted que aceptamos fácilmente que Dios ame a los demás, pero nos resulta difícil creer que nos ame a nosotros de la misma manera profunda, total, eterna y sin fallas? En el margen, escriba todos los motivos que se le ocurran.

Una razón por la que me costaba aceptar esta verdad era que yo conocía mis propias debilidades y mis pecados. Sabía todos los motivos por los que Él no debería amarme. Estaba muy segura de que todos los demás no tenían tanta suciedad en su interior como yo. Al mirar hacia atrás, me alegro de no haberme ido al otro extremo. Algunas personas están tan llenas de su propia justicia que parece que estuvieran convencidas de que Dios las ama más que a nadie. ¡Yo nunca fui tan justa como para poder ser tan orgullosa!

¿Por qué nos cuesta tanto creer que Dios puede amar a aquellos que nosotros percibimos como buenos o malos, con el mismo amor eterno? Porque insistimos en humanizar a Dios. Tenemos la tendencia a amar a las personas según como ellas actúan y siempre estamos tratando de concebir a Dios según nuestra propia imagen. Hoy nuestra atención se concentrará en el corazón de los necios rebeldes.

Lea Salmos 107:1-3, 10-22. ¿Por qué algunos moraban en tinieblas y en sombra de muerte, aprisionados en hierros?

_____

¿Quién los había quebrantado con el trabajo?
❏ Dios ❏ Satanás ❏ los gobernantes extranjeros ❏ los líderes religiosos

Basándose en el versículo 13, ¿por qué cree que Dios sujetaría a su pueblo a un trabajo que los quebrantaba por rebelarse a sus palabras?

_____

Basándose en los versículos 13 y 14, ¿qué hizo Dios cuando su pueblo clamó a Él en su angustia?

_____

Ahora lea nuevamente los versículos 15 y 16. ¿Cuál fue, obviamente, la motivación de Dios para hacer obras tan maravillosas a favor de los hombres?

_____

¿Cómo sanó el Señor a quienes sufrían de aflicciones como resultado directo de su insensata rebelión (v. 20)?

_____

¿Cuál era el requisito previo para que Dios respondiera con su Palabra sanadora (v. 19)?

_____

¿Qué siente Dios por aquellos que se han rebelado contra Él (v. 21)?

_____

Lea con atención el versículo 22. Pocas personas tienen corazones tan llenos de gratitud como los cautivos que han sido liberados y los que han sido sanados. Observe el mandato para ellos: "publiquen sus obras con júbilo". ¿Por qué deben ser fieles en publicar sus obras?

_____

¡Qué salmo tan apropiado! Nuestros corazones nunca serán sanos a menos que aprendamos a aceptar y permanecer en el amor y la misericordia eterna de Dios. Quisiera extraer dos conceptos que nos alentarán para proseguir a la meta.

1. *Dios extiende su misericordia a los más rebeldes cautivos y a los insensatos más afligidos.* El Salmo 107 es claro: la misericordia de Dios es la que motiva sus maravillosas obras aun a favor de los peores hombres y mujeres que claman en medio de su angustia. La palabra hebrea que se traduce como "maravillas" es *pala* que significa "extraordinario, milagroso, maravilloso, sorprendente". Esta clase de adjetivos deberían estar reservados para los hijos "buenos" de Dios, ¿verdad? Pero la Palabra nos dice que Él hace cosas, *"pala"*, por el peor de los peores que clame a Él. ¿Por qué? Porque Él los ama.

Una de las obras que, estoy convencida, Dios quiere lograr con este estudio, es ampliar nuestra visión espiritual al contemplar su amor. No sólo vemos la misericordia de Dios en las cadenas rotas y las aflicciones sanadas. Su misericordia también se muestra cuando Él no deja pasar la rebelión sin disciplina. Veo al menos cinco maneras en que Dios trató a los rebeldes para que ellos, finalmente, clamaran:

• *Permitió que moraran "en tinieblas y sombra de muerte" (v. 10).* Nuestras cárceles atestadas de delincuentes son la prueba de que la rebelión puede llevar, literalmente, a la cautividad. De la misma manera, puede llevarnos a celdas emocionales de tinieblas y sombra de muerte. Aunque naturalmente no toda depresión es producto de la rebelión, ésta puede provocarla. Creo que es muy posible que la persona rebelde caiga en la depresión si antes tenía una relación estrecha con Dios. Observe la palabra "aborrecieron", en el versículo 11. La palabra original, *na'ats*, "contiene la idea de desdén por alguien que anteriormente recibiera atención favorable y contra el cual se produce la rebelión".

¿*P*or qué cree que la rebelión puede llevar a una depresión profunda en la vida de una persona que ha tenido una relación estrecha con Dios?

_____

• *"Quebrantó con trabajo sus corazones"* (v. 12). La rebelión puede comenzar con diversión y juegos, pero finalmente conduce a un duro trabajo.

¿*C*ómo permite Dios que la rebelión se convierta en una pesada carga, después de un tiempo?

• *"Cayeron"* (v. 12). Sin duda, a todos se nos ocurren varias formas en que una persona rebelde puede "caer".

*C*ite una rebelión que hizo que usted o alguien que conoce cayera.

_____

Cuando yo era una adolescente, podría haber aceptado la poca verdad que conocía, pero no lo hice. No sólo caí, sino que me estrellé y me incendié. Y estoy tan agradecida por eso. Si no hubiera caído, nunca habría clamado pidiendo ayuda.

• *"Y no hubo quien los ayudase"* (v. 12). ¡Cuánto agradezco a Jesús por su misericordia que se aseguró de que no hubiera quién me "ayudase"! Suena extraño, ¿verdad?

*L*ea Salmos 62:1-2, 5-7. Piense en un momento en que usted cayó y nadie pudo ayudarlo. ¿Lo llevó esto hacia Dios o a tinieblas más profundas?

_____

• *"Fueron afligidos"* (v. 17).

¿*Q*ué síntomas físicos adoptó la aflicción, según el versículo 18?

_____

Ciertamente, no toda aflicción física es causada por una rebelión, pero la rebelión puede causar problemas físicos. Recuerdo un tiempo, cuando estaba estudiando en la universidad, en que me rebelé contra Dios; perdí el apetito y mi cuerpo se enfermó. No fui la primera persona en la historia que enfermó a causa del pecado.

¿*C*uál es su experiencia? ¿Alguna vez se ha enfermado a causa del pecado?   ❏ Sí   ❏ No De ser así, ¿qué clase de síntomas tenía?

_____

Eche un nuevo vistazo a las cinco maneras en que Dios puede responder a la rebelión. ¿Qué apoyo encuentra en Hebreos 12:5-11 a la idea de que estas cinco respuestas son evidencias de la misericordia y el amor eterno de Dios, más que de su condenación y su ira?

¿Sabe? Dios nos ama lo suficiente como para hacernos sentir miserables cuando nos rebelamos contra Él.

2. _Dios lucha con sus hijos cautivos hasta liberarlos._ El peor resultado de nuestra desobediencia sería que Dios se diera por vencido en cuanto a nosotros. ¿No le parece? Recuerde que el Salmo 107 habla de la rebelión de los mismos hijos de Dios. Una y otra vez Él los disciplinó; pero nunca los abandonó. ¡Aleluya!

Una de las consecuencias más comunes en las vidas de hombres y mujeres que van a prisión es que su cónyuge les inicie juicio de divorcio. Pocos prisioneros tienen personas que los esperen durante el tiempo que están en la cárcel. Son las personas menos apreciadas de nuestra sociedad. Los cristianos hacemos lo mismo, aunque en forma menos tangible. Al principio, las mejores iglesias generalmente reciben a los cautivos (del alcohol, las drogas, la homosexualidad, la promiscuidad, etc.); pero si no se "arreglan" rápidamente, probablemente pronto sean despreciados. Nos agradan las historias con final feliz; los testimonios de poder. Un cautivo que esté entre nosotros pronto deja de ser bienvenido si no pone sus cosas en orden lo más pronto posible.

Por el contrario, Dios, en su gracia, nos acompaña hasta que somos libres. Mientras tanto, utiliza diversos métodos para hacernos clamar a Él, pero nunca nos abandona. Dios es el único a quien no le repelen la profundidad y la extensión de nuestras necesidades. Aunque jamás excusa nuestro pecado y nuestra rebelión. En realidad, Él comprende cosas de nosotros que ni siquiera nosotros mismos comprendemos.

¿*C*uál fue su período de rebelión contra Dios más prolongado? ¿Ve usted algunas formas en que Dios estuviera intentando atraerlo de regreso a Él? ❑ Sí ❑ No   De ser así, menciónelas.

_____

*L*ea los siguientes pasajes y explique cómo cada uno se aplica a nuestro tema actual tomado del Salmo 107:10-22.

Salmos 119:67-68_____

Ezequiel 33:10-11 _____

Lucas 7:47_____

¿*C*ómo desea Dios que usted responda a lo que le ha mostrado hoy?

_____

_____

_____

_____

_____

No importa cuánto tiempo hayamos luchado; Dios no se dará por vencido con nosotros. Aunque hayamos agotado todos los recursos humanos disponibles a nuestro alrededor, Él es nuestra fuente inagotable de agua viva. Quizá Él permita que la vida de un cautivo sea cada vez más dura, para que éste se desespere por hacer lo que es necesario para tener libertad en Cristo; pero nunca se separará de Él. Él nos atrae y espera. Las medidas que Dios toma para atraernos hacia su libertad pueden ser terriblemente dolorosas algunas veces. Al final de todo, quizá pocos hayan llegado a conocer la misericordia y el amor eterno de Dios tanto como los cautivos que han sido liberados. "Alaben la misericordia de Jehová y sus maravillas para con los hijos de los hombres; ofrezcan sacrificios de alabanza y publiquen sus obras con júbilo" (Salmos 107:21-22). Amado, si Él ha llegado a ser para usted el único Dios, usted tiene una tremenda historia para contar. Comience a hablar.

La plenitud de la misericordia

"De mañana sácianos de tu misericordia, y cantaremos y nos alegraremos todos nuestros días" (Salmos 90:14).

¿Dónde estaría yo sin el amor de Dios? Hoy comprendo una vez más que todo lo que tengo que sea de algún valor es producto directo del amor de Dios. Pero hoy quisiera concentrarme con usted en una de las más maravillosas obras del amor *chesed* o *ágape* de Dios en mi vida: la misericordia que satisface mis más profundas necesidades.

En mi opinión, hay un pasaje fundamental en nuestro estudio, que es el relato del encuentro de Jesús con la mujer samaritana junto al pozo. Estos son algunos de los puntos básicos que sacamos del estudio de ese pasaje:

- Nuestra insaciable necesidad o el hecho de que anhelemos demasiado de algo, es síntoma de necesidades insatisfechas, lo que llamamos "lugares vacíos".
- Salvación no es igual a satisfacción. Podemos ser salvos y no estar satisfechos.
- La satisfacción se produce cuando todo vacío es llenado con la plenitud de Cristo.
- La salvación es un regalo de Dios, pero sólo obtendremos satisfacción en Él si rendimos voluntariamente cada parte de nuestra vida.

Además, hay un gran secreto: algunos cristianos supuestamente están satisfechos con Jesús, pero aun así sienten una necesidad o un vacío que no logran identificar. Al negarse a reconocer la realidad de su falta de satisfacción en la vida cristiana, no pueden formular las preguntas correspondientes: ¿Por qué me parece que me falta "algo" en la vida cristiana? ¿Cómo puedo estar más satisfecho? ¡Recuerde, Satanás se aprovecha de los secretos! Los secretos siempre son terreno fértil para que crezca la vergüenza. Cada vez nos avergonzamos más de no ser cristianos satisfechos. No planteamos las preguntas que tenemos dentro del círculo de los creyentes, así que el enemigo nos tienta a mirar afuera para buscar respuestas que no tienen en cuenta a Dios.

Los secretos siempre son terreno fértil para que crezca la vergüenza.

¿ *R*ecuerda los cinco beneficios de nuestra relación de pacto con Cristo? Escriba en el margen el tercer beneficio.

Hallar satisfacción y plenitud en Cristo nunca fue un tesoro secreto que sólo algunos podrían disfrutar. El enemigo intenta hacerlo parecer tan elusivo... La satisfacción es una bendición adicional de nuestra relación con Dios y es para todos los creyentes.

*B*usque 2 Pedro 1:3 y escriba lo que dice de la Palabra de Dios.

O Cristo puede satisfacernos a nosotros y a nuestras más profundas necesidades o la Palabra de Dios nos engaña. Cuando yo todavía no había comenzado a disfrutar la plenitud de Cristo, sabía, de alguna manera, que la Palabra de Dios era cierta y que el problema estaba en mí; pero por más que quisiera, no podía darme cuenta de cuál era el problema. Yo servía a Dios. También lo amaba, aunque en forma inmadura; pero continuamente debía luchar contra un vacío que me hacía buscar amor y aceptación en los lugares equivocados, todo el tiempo.

Ni una vez, en mi juventud, escuché una enseñanza clara sobre la vida llena del Espíritu. Quizá esa es la razón por la que ahora me niego a guardar silencio al respecto. Satanás sabe que el Espíritu Santo es la clave de la vida libre y abundante, así que ha hecho todo lo posible para causar confusión y temor en relación con este tema. Pongamos en claro algunos puntos básicos.

Complete los espacios en blanco con la palabra adecuada.

Juan 4:24: Dios es _____.
1 Juan 4:16: Dios es _____.

La esencia o existencia de Dios, es Espíritu. No piense que la palabra "espíritu" significa "invisible". Dios tiene una forma visible, aunque gloriosa e indescriptible, pero nosotros aún no tenemos ojos que puedan contemplar el mundo espiritual. Tan cierto como que Dios es Espíritu, es que Dios es amor. El amor no es sólo algo que Dios hace; el amor es lo que Él es. Dios tendría que dejar de ser para dejar de amar. Una vez más, nos sentimos tentados a humanizar a Dios, porque nos limitamos al verbo "amar". En el caso de Dios, primero va el sustantivo "amor". Es lo que Él es, quien Él es.

Ahora lea 1 Juan 4:13-15. ¿Qué sucede cuando alguien reconoce que Jesús es el Hijo de Dios?
❑ **Los ángeles se regocijan.**   ❑ **El Espíritu Santo desciende como paloma.**
❑ **Dios vive en él.**   ❑ **Otro:** _____

En forma del Espíritu Santo, Dios entra a residir en las vidas de todos los que aceptan a su Hijo como Salvador. De la misma manera que Dios no puede dejar de ser amor, no puede dejar de ser Espíritu; por lo tanto, cuando el Espíritu de Dios entra a nuestras vidas, también entra el amor de Dios. Recuerde la promesa de 2 Corintios 3:17: "donde está el Espíritu del Señor, allí hay libertad".

¿Ve cómo todo coincide? Donde se recibe a Dios, se libera su Espíritu. Donde se libera el Espíritu, también se libera su amor. Y dondequiera que usted encuentre su amoroso Espíritu, encontrará libertad. ¿Cómo se libera el Espíritu de Dios? Por medio de la confesión y aceptando su Palabra.

Lo que deseo dejar en claro es esto: sólo los lugares donde permitimos que el amor de Dios penetre totalmente tendrán satisfacción y por lo tanto, liberación. Nada expresa mejor esta verdad que las palabras divinamente inspiradas que escribió el apóstol Pablo.

*L*ea Efesios 3:14-21 en voz alta, como si nunca lo hubiera leído antes. Tome nota de cada cosa que diga acerca del amor de Dios.

Estudiemos cada una de estas afirmaciones. Dios desea profundamente que nosotros:
1. *Estemos arraigados y cimentados en amor (v. 17).* ¿El amor de quién? Su amor. La palabra griega que se traduce como "arraigados" es *rhizoo*, que significa "enraizados, fortalecidos con raíces, fijados firmemente, constantes". El concepto, obviamente, es el de una planta o un árbol que tienen tanta fortaleza como profundidad sus raíces. Cuanto más profundamente arraigados estemos en el amor eterno de Dios, menos nos abatiremos cuando los vientos de la vida soplen con dureza. Cuando estoy pasando un tiempo difícil, esta verdad se convierte en mi ancla: Dios no puede tomar una decisión concerniente a mi vida que no sea motivada por su profundo amor por mí. No siempre he tenido esta seguridad y mis raíces aún necesitan crecer mucho más en profundidad; pero en los últimos años he hecho grandes progresos en esta área. A esta altura de su vida, ¿cuán profundamente arraigado está usted en el amor de Dios?

*E*n el margen, dibuje un árbol plantado en la tierra y estime cuán profundamente arraigada cree usted que está su vida en el suelo, es decir, la seguridad, del amor de Dios. Junto al dibujo, explique por qué sus raíces tienen la profundidad que tienen.

2. *Seamos plenamente capaces de comprender el colosal amor de Cristo (v. 18)*. La palabra que se traduce como "comprender" es *katalambano*, que significa "asir, tomar, con ansiedad... en alusión a los juegos, obtener el premio, con la idea de un esfuerzo profundo". Dios anhela que nos aferremos a la anchura, la longitud, la profundidad y la altura del amor de Cristo. Vale la pena hacer nuestro máximo esfuerzo y gastar todas las energías para obtener este premio. Con nuestras fuerzas no podemos comenzar a tener la capacidad de comprender ni tan sólo el comienzo del amor de Cristo.

¿ *De* dónde obtenemos este poder, según Efesios 3:16?

_____

Ahora vemos nuevamente la conexión. El poder de comprender o aferrarnos al amor de Cristo viene a nosotros por el Espíritu Santo que está en nuestro ser. Cuanta más autoridad le demos al Espíritu Santo, más nos aferraremos al colosal amor de Cristo.

Estudiamos tantas otras cosas, pero... ¿por qué no dedicamos nuestra energía a comprender el amor de Cristo? Veamos la definición. Observe la palabra "repentina". Me encanta esta parte porque he vivido momentos en que repentinamente pareció que llegaba a comprender la enormidad del amor de Cristo, aunque fuera sólo un instante.

Recuerdo un momento muy especial, el año pasado, cuando estaba experimentando una herida muy profunda en mi corazón. Keith no estaba en casa. Lo único que yo quería era llorar, pero decidí ponerme los auriculares, escuchar una buena música de adoración y caminar por el campo de golf. La noche era oscura y parecía que no había nadie más que yo en el campo. Cuanto más atravesaba mi alma la música, más las lágrimas de dolor por mis heridas se convertían en lágrimas de alabanza. Dejé de caminar, levanté las manos en alabanza y adoré a Dios. En ese momento, unos relámpagos distantes comenzaron a estallar en el cielo como si fueran fuegos artificiales del 4 de julio. Cuanto más cantaba, el Espíritu de Dios parecía danzar en los relámpagos. No he tenido muchas experiencias como ésta, pero creeré toda mi vida que Dios me permitió repentinamente, captar un atisbo de su sorprendente amor.

¿Recuerda algún momento en que haya sentido que lo inundaba la magnitud del amor de Dios por usted? Descríbalo.

_____

Pídale a Dios que amplíe su visión espiritual para que pueda contemplar inesperadas evidencias del sorprendente amor de Dios.

3. *Conocer el amor de Cristo, que excede a todo conocimiento (v. 19)*. Estudie con cuidado las palabras "conocer" y "conocimiento" en el versículo 19. Al leerlas en nuestro idioma, suponemos que ambas se referían a lo mismo, pero el idioma griego es más específico. La palabra "conocer", en este versículo, es *ginosko*, que significa "llegar a conocer... en sentido jurídico, conocer por juicio... aprender, averiguar... en el sentido de percibir... podría decirse que *ginosko* significa creer". Ahora veamos en qué se diferencia de la palabra "conocimiento" que se utiliza al final de la frase. "Conocimiento", en este pasaje, proviene del griego *gnosis*, que significa "conocimiento actual y fragmentario, en contraste con *epignosis*, que es un conocimiento claro y exacto". Ahora es su turno.

$\mathcal{L}$ea nuevamente la frase. Teniendo en cuenta los significados originales, ¿qué quería decir el apóstol Pablo cuando oraba para que nosotros conociéramos el amor de Cristo que excede todo conocimiento?

Si usted dijo algo como esto, está comenzando a comprenderlo: Llegar a conocer y aprender por experiencia, el amor de Cristo, que excede a todo conocimiento actual y fragmentario. Pablo oraba para que al andar con Cristo en nuestra experiencia humana, pudiéramos percibir una profundidad de amor que superara toda clase de conocimiento limitado que nuestras mentes puedan captar ahora.

4. *Ser llenos de toda la plenitud de Dios (v. 19).* Ahora veamos cómo todo esto encaja. La palabra "llenos" en el original griego es *pleroo*, que significa "completar, llenar, especialmente, llenar un recipiente, un lugar hueco". ¿Recuerda esos lugares vacíos? ¡Cómo olvidarlos!, ¿verdad? Probablemente ellos nos causen más desastres que cualquier otra cosa en nuestras vidas. Surgen de las injusticias, los problemas, las pérdidas, las necesidades insatisfechas, sin mencionar la mano de Dios que cava huecos que sólo Él puede llenar. Cuando usted recibió a Cristo, el Espíritu de Dios entró a morar en su interior. Por medio de la llenura del Espíritu Santo, Él desea permear cada centímetro de su ser y llenar todos los lugares huecos con la plenitud de su amor.

¿Recuerda cuál es nuestro mayor deseo, según Proverbios 19:22? Dios tiene lo que usted necesita. Sólo Él tiene un amor eterno y quiere inundar su vida con él. La plenitud de Dios no es algo que se produzca una sola vez, como nuestra salvación. Cada día de nuestras vidas, para vivir victoriosamente, debemos aprender a derramar nuestros corazones ante Dios, confesar los pecados diariamente para que nada sea obstáculo para su obra, reconocer los lugares vacíos, e invitarlo a que Él los llene por completo. También necesitamos continuar avivando la llama de su amor, leyendo la Biblia, escuchando música que nos sea de edificación y orando con frecuencia. Al mismo tiempo, debemos evitar las cosas que obviamente apagan su Espíritu. ¡Amado, cuando usted se acostumbre a pedir diariamente que el amor de Dios llene sus lugares vacíos y usted no impida la acción de Dios, Él comenzará a satisfacerlo más que una hamburguesa doble! Yo practico esto que "predico", prácticamente todos los días.

Comienzo el día con la Palabra de Dios. Aunque de una forma o de otra estoy aprendiendo a discernir toda la Escritura como palabras de amor, si me siento insegura busco pasajes específicos que me recuerdan cuánto me ama Dios.

$\mathcal{C}$omplete los espacios en blanco del Salmos 90:14: "De _____ sácianos de tu _____ y cantaremos y nos alegraremos todos nuestros días".

En algún momento de mi tiempo matinal con Dios, le pido que satisfaga todas mis anhelos y llene todos mis lugares huecos con su amor y su misericordia eterna. Esto me libera de andar buscando la aprobación de otros y depender de ellos para llenar mi "copa". Entonces, si alguien se toma el tiempo para demostrarme que me ama, ¡eso hace rebosar la copa! Soy libre para apreciarlo y disfrutarlo, pero no lo necesitaba emocionalmente. ¿Ve usted cómo el amor de Dios que penetra la vida por medio de su Santo Espíritu, da libertad? No sólo soy libre, sino que puedo liberar a los demás de tener que estar levantándome el ánimo todo el tiempo. ¡Aleluya! ¡Donde está el abundante amor del Espíritu del Señor, hay libertad! ¡Pruébelo y verá!

Si usted no está experimentando satisfacción, hay un obstáculo y debemos identificarlo y pedirle a Dios que lo quite. Normalmente, el principal obstáculo para hallar satisfacción en nuestras vidas es impedir a Dios que tenga acceso a nuestros lugares vacíos.

¿*C*ómo desea Dios que usted responda a lo que le ha mostrado hoy?

_____

_____

_____

_____

_____

D Í A 4

Cuando no creemos en el amor eterno de Dios

El Tesoro de Hoy
"Porque de tal manera amó Dios al mundo, que ha dado a su Hijo unigénito, para que todo aquel que en Él cree, no se pierda, mas tenga vida eterna" *(Juan 3:16).*

Creo que la esposa de Cristo, la iglesia compuesta por todos los creyentes, está enferma. Está pálida y frágil. No debido al juicio. No a causa de la negligencia. No porque no tenga para comer y beber en abundancia. La carne de la Palabra de Dios y la bebida de su Espíritu están allí a su alcance. No debido a la guerra. Ha sido golpeada por el enemigo, pero él no es el que la enferma, tan sólo se aprovecha de la oportunidad. Su enfermedad es de origen interno. La esposa de Cristo está enferma de incredulidad.

No reconocemos esta enfermedad porque la mayoría de nosotros la hemos sufrido toda la vida. Hace varios años, comencé a notar, lentamente, que mi nivel de energía era menor que lo usual. Para cuando me convencía de que algo andaba mal, tenía una pequeña explosión de energía y me decía a mí misma que estaba imaginando cosas. Finalmente, me hice un análisis de sangre. Después de hacerlo, ese mismo día, le conté a una amiga que estaba molesta conmigo misma por haber gastado ese dinero en el análisis. "Me siento bien. Algunas veces estoy un poco cansada, pero eso es todo. Desearía no haber hecho ese gasto".

Esa noche me llamó el médico. Inmediatamente me mandó a la cama por dos semanas. Tenía un terrible cuadro de mononucleosis.

Yo le preguntaba una y otra vez si estaba seguro. "No me siento tan mal. Sólo estoy cansada". Unos meses después, no podía creer lo bien que me sentía. Finalmente me di cuenta de que había estado enferma tanto tiempo, que había olvidado cómo se sentía estar bien.

Creo que la iglesia sufre de un caso de incredulidad que le roba su energía; pero hemos estado enfermos tanto tiempo, que no sabemos cómo se siente la buena fe auténtica. Los cristianos más sanos que podemos encontrar no son aquellos que tienen físicos perfectos, ¡sino los que toman una dosis diaria de la Palabra de Dios y deciden creer que ella funciona!

Cuando comencé a investigar y orar acerca de este estudio, Dios comenzó a repetirme una y otra vez una palabra en mi corazón: incredulidad. ¡Incredulidad! Yo sentía que Él me decía: "¡Mi pueblo sufre de incredulidad!" En ese momento, pensé que esta palabra era un mensaje aparte del material que estaba comenzando a darme para *¡Sea libre!* ¡Finalmente tuve una clave! La fe es un requisito previo absoluto para llegar a ser libres. En la semana hablamos de quitar la piedra de la incredulidad en general; hoy quiero hablarle de un área en que la incredulidad es específica y terriblemente debilitante. Antes de hacerlo, reflexionemos sobre el primer beneficio de nuestra relación de pacto con Dios.

¿ P ara qué lo ha elegido originalmente Dios según Isaías 43:10?

_____

Un servicio verdadero fluye automáticamente de conocer a Dios, creerle y comprender quién es Él. Cuando comenzamos a conocerlo así, nadie tendrá que convencernos de que lo sirvamos. Ahora, ¿qué es esto de creerle? En las cartas que recibo siempre hay una frase que se repite: "Me resulta tan difícil creer y aceptar en realidad cuánto Dios me ama". Comencé a preguntarle: "Señor, ¿por qué nos cuesta tanto creer y aceptar tu amor por nosotros?" Y le ofrecí a Dios varias posibilidades de respuesta para mi propia pregunta, de manera que pudiera elegir una sin complicar demasiado las cosas: "¿Es por nuestro trasfondo? ¿Las heridas de nuestra infancia? ¿Las malas enseñanzas que hemos recibido? ¿Las personas que están a nuestro alrededor y no nos aman?" Así habría continuado, si Él no me hubiera interrumpido... ¡y tuvo la osadía de no elegir ninguna de las opciones que le presenté!

Tan claro como una campana, Dios me habló al corazón por medio de su Espíritu y dijo: "La respuesta a tu pregunta es el pecado de la incredulidad". Esa idea nunca se me había ocurrido. Desde entonces, no puedo quitármela de la mente. Sígame la corriente por un momento. Supongamos que oí correctamente lo que Dios decía. (Algunas veces me he equivocado al interpretarlo.)

¿*P*or qué piensa usted que no creer que Dios nos ama personal y generosamente podría ser un pecado?

_____

Piense en alguien (además de Dios) que esté totalmente seguro de que lo ama. ¿Quién es esa persona?

_____

Escriba diferentes aspectos en que usted se da cuenta de que esa persona le ama. Reflexione con cuidado.

_____

_____

Yo estoy totalmente segura de que Keith me ama. Estoy convencida de esto por varias razones: Me lo dice al menos varias veces por día. Me lo muestra de diversas maneras. Hace poco regresé de una conferencia en otro estado. El tiempo estaba frío y lluvioso. Llamé desde el aeropuerto para decirle que había llegado y cuando llegué a casa él me había preparado un baño caliente. Él me dice que piensa en mí muchas veces durante el día. Sé que es cierto, porque me llama una o dos veces al trabajo todos los días. Además él habla de su amor por mí a otras personas. Muchas veces alguien me dice que ha visto a Keith y luego comenta: "Ese hombre sí que parece amar a su esposa".

Un amigo suyo le dijo: "Te diré algo, Keith. Mi esposa es una gran cocinera". Keith lo miró, pensó en mí y en mi forma de cocinar y no estuvo muy seguro de qué decir. Finalmente, respondió: "Bueno... ¡mi cocinera es una gran esposa!" ¡Cuántas veces nos hemos reído al recordarlo!

Keith demuestra su amor por mí diciéndome cuando cree que estoy equivocada. Me ama lo suficiente para evitarme decir o hacer algo estúpido. Si usted está casado y su cónyuge no es así de cariñoso, por favor, no desespere. Quisiera recordarle que Dios nos salvó varias veces a Keith y a mí de pedir el divorcio. ¡No se dé por vencido! Dios puede obrar milagros. Cito todos estos ejemplos para presentarle varios aspectos del amor de Dios, que es mucho más grande que lo que puede ser cualquier relación humana.

Hemos presentado algunas razones por las cuales estamos convencidos de que alguien nos ama. Ahora pasemos el resto de la lección buscando evidencias del profundo amor de Dios.

1. *Dios nos DICE que nos ama.*

*B*usque cada uno de los siguientes pasajes y escriba lo que aprenda sobre el amor de Dios por usted, su hijo según el pacto.

Deuteronomio 7:8 _____

Salmos 86:5 _____

Salmos 89:31-33_____

La Palabra de Dios está llena de declaraciones de su amor por usted. Él se aseguró de escribir su amor en su Palabra para que usted nunca tuviera que esperar una llamada telefónica. Usted puede escuchar a Dios decirle que le ama cada vez que abra la Palabra. Cuando sienta falta de amor, sumérjase en las declaraciones del eterno amor de Dios por usted.

2. *Dios DEMUESTRA su amor por nosotros.* Quizá una persona lo ama a usted, pero no es demasiado demostrativa. Muchas personas tienen problemas para demostrar el afecto. Pero recuerde que Dios no es uno de nosotros. Tanto en la naturaleza de *chesed* y *agape* (palabras hebrea y griega, respectivamente, usadas para referirse al amor de Dios) está implícita la demostración de afecto. Dios es amor, por lo que no puede evitar demostrarlo... aunque a veces lo demuestre por medio de la disciplina.

*L*ea cada uno de los siguientes pasajes y escriba cualquier cosa que ellos digan sobre las demostraciones de amor de Dios.

Isaías 52:14; 53:10-11 _____

Mateo 27:32-54_____

1 Juan 4:10 _____

¿Qué más podría haber hecho Dios para probar su amor por nosotros? Yo podría entregar mi vida por alguien a quien amo, pero le aseguro que no amo a nadie lo suficiente para entregar la vida de mis hijas. ¿Qué más podría haber hecho Dios? Y sin embargo, cada día hace más, ya que nos muestra continuamente su amor por medio de sus bendiciones, las oraciones contestadas, su amorosa corrección, su constante cuidado e intervención y mucho más.

3. *Dios PIENSA en nosotros constantemente.*

En Juan 17:24, Jesús dijo: "Padre, aquellos que me has dado, quiero que donde yo estoy, también ellos estén conmigo". Yo creo que el cielo será cielo porque Él estará allí, pero Él cree que será cielo porque usted estará allí. Hay una canción que lo expresa tan bien: "Cuando Él estaba en la cruz, me tenía en su mente". Aunque usted se despierte y se dé vuelta en la cama a cualquier hora de la noche, siempre encontrará a Dios pensando en usted.

4. *Dios HABLA A LOS DEMÁS de su amor por nosotros.* ¿Le parece un concepto nuevo?

*S*egún Juan 17:23, ¿cuánto lo ha amado Dios?

¡Cristo desea que todo el mundo sepa que Dios lo ama a usted y me ama a mí de la misma manera que lo ama a Él! ¡Dios está orgulloso de amarlo! ¿Y usted? ¿Desea que todo el mundo sepa que ama a Dios?

Para terminar, volvamos a la pregunta que dio origen a esta lección: ¿Por qué nos resulta tan difícil creer y aceptar el amor de Dios? La pregunta nos golpea mucho más fuertemente ahora, ¿verdad? Sabe, no creer en el amor de Dios es la mayor bofetada que podríamos darle. El mundo existe a partir del fundamento del amor de Dios. Dios clavó su amor por nosotros en la cruz. ¿Puede usted imaginar el dolor que le provocará nuestra incredulidad, después de todo lo que Él ha hecho? Quizá me diga: "Pero no puedo forzarme a sentir que Dios me ama". Amado, creer no es sentir. Es elegir. Puede ser que haya días en que no nos sentimos amados o capaces de ser amados; pero a pesar de nuestras emociones, podemos tomarle la Palabra a Dios.

Quizá me diga: "¡Pero usted no sabe lo que yo he tenido que pasar!" Por favor, escúcheme. Le hablo de corazón. Siento una profunda compasión por usted, porque yo misma he sido herida por personas que supuestamente debían amarme; pero permítame decirle esto: nadie ha hecho más por demostrarle que usted no es amado, que lo que Dios ha hecho para demostrarle que sí es amado.

Si es necesario, haga una lista de cosas que lo han convencido de que nadie podría amarlo verdaderamente; y después haga una lista paralela de cosas que el Dios de toda la creación le ha dicho en sentido contrario. Ninguna lista puede compararse con la de Dios. Hermano, pongámonos en camino para tener vidas de fe. Iglesia, levántate de tu cama de enferma de incredulidad. ¿Cómo comenzar? Comencemos arrepintiéndonos de no creer. Y después clamemos, como el hombre de Marcos 9:24: "Creo; ayuda mi incredulidad".

¿*Cómo desea Dios que usted responda a lo que le ha mostrado hoy?*

_____

_____

_____

_____

DÍA 5
El fruto de la misericordia

Esta semana nos hemos calentado ante los rescoldos ardientes del amor y la misericordia de Dios. Aunque muchas personas maravillosas pueden amarnos, sólo el amor y la misericordia de Dios no fallan. Hemos aprendido que esta misericordia se extiende aun a los prisioneros que se han rebelado contra su Palabra. El día 3 encontramos una misericordia que puede llenar los lugares vacíos en nuestras vidas. El día 4 nos dimos cuenta de que no creer que Dios nos ama no sólo es trágico, sino que también es un pecado. Hoy nos concentraremos en el fruto de su misericordia. Descubriremos por qué Satanás desea hacer cualquier cosa para fomentar la incredulidad acerca de lo que Dios tiene en su corazón para nosotros.

Aquellos creyentes que creen que Dios los ama difieren fundamentalmente de los demás. Ayúdeme a estudiar varias razones para esto. Espero que encuentre que estas razones son una invitación suficiente para estar entre aquellos que eligen tomarle a Dios su amorosa Palabra.

*L*ea los pasajes que presentamos a continuación para poder conocer el corazón de un autor inspirado por Dios. Junto a cada cita, explique el efecto que creer en el amor de Dios causó en el autor.

Éxodo 15:13 _____

El Tesoro de Hoy
"*Sembrad para vosotros en justicia, segad para vosotros en misericordia; haced para vosotros barbecho; porque es el tiempo de buscar a Jehová, hasta que venga y os enseñe justicia*" (Oseas 10:12).

Salmos 13:5 _____

Salmos 32:10 _____

Salmos 119:76 _____

Salmos 143:12 _____

Lamentaciones 3:32 _____

Efesios 2:4-5 _____

Otro pasaje que expresa claramente el efecto del amor de Dios en sus hijos es Efesios 5:1-2: "Como hijos amados... andad en amor, como también Cristo nos amó". Básicamente, Dios nos está llamando a actuar como los hijos amados que somos. Reflexione un poco sobre esta amonestación. Para comprenderla mejor, hagamos un paralelo entre los hijos de Dios y los hijos de padres terrenales. Prácticamente cualquier experto en niños nos dirá que la percepción de cada niño sobre cuánto o cuán poco es amado afectará en gran manera su alma y su comportamiento subsecuente. No necesitamos un diploma en desarrollo infantil para imaginarnos cuán diferente es lo que siente y hace un niño cuando siente que es amado, que cuando siente que no lo es.

En las columnas que ve a continuación, complete las siguientes frases con cinco finales diferentes, que reflejen sus propias ideas, comparando dos niños: uno que cree que es amado y otro que no lo cree.

Un niño que cree que es amado...   Un niño que cree que no es amado...
1. _____   _____

2. _____   _____

3. _____   _____

4. _____   _____

5. _____   _____

Yo he sido testigo presencial del efecto destructivo que puede tener en una persona el hecho de no creer que alguien lo ame. Michael fue nuestro hijo y estuvo en nuestra casa durante siete años, pero estará en nuestros corazones para siempre. Él sufrió terriblemente a causa de cambios traumáticos en las figuras paternas durante sus primeros cuatro años. Después, tuvo un ambiente familiar estable, la mejor educación que puede conseguirse con dinero, su propio cuarto con todos los juguetes que pudiera imaginar, vacaciones divertidas y una familia muy afectuosa, aunque imperfecta, durante siete años. Pero aun así, la felicidad parecía eludirlo.

Nosotros amábamos a Michael. Aún lo amamos. Pero por lo que entiendo, Michael nunca pudo llegar a creerlo. Todo intento de disciplinarlo era mal entendido como falta de amor. ¡Aun las demostraciones de amor muchas veces eran interpretadas como falta de amor! Su incapacidad para aceptar el amor también hacía que él tuviera grandes dificultades para dar amor. No crea que no tuvimos incontables momentos maravillosos y victorias increíbles algunas veces, pero muchos de ellos fueron momentos de exaltación antes de una caída. Nunca pude comprender cómo podíamos avanzar tanto... y después, retroceder el doble.

Michael y yo teníamos una relación muy estrecha y yo invertí más energía en la vida de ese pequeño que la que podría expresar. Recuerdo que cuando Michael vino a vivir con nosotros, le dije a Keith: "Voy a amarlo hasta que se sane". ¡Qué increíblemente ingenua y presuntuosa fui! La verdad que Dios me enseñó tiene dos aspectos:

1) Dios es el único que puede amar a alguien hasta que sane.

2) Aun el Todopoderoso Dios se rehusa a obligar a alguien a aceptar su amor.

Dios me ha permitido experimentar una milésima parte de cómo Él se siente. Observar cómo un hijo se ahoga porque no quiere aceptar el salvavidas es algo espantoso. Dios tiene que ser Dios para poder soportar el rechazo vez tras vez y aun así, continuar atreviéndose a amar.

¿ *C*uál es su experiencia? ¿Alguna vez ha amado a alguien con todo su corazón, pero esa persona no podía creer que su amor fuera genuino? ❏ Sí ❏ No De ser así, escriba en el margen algunas de las cosas que sintió en esa situación.

Gracias a Dios que también tuve el privilegio de ver con mis propios ojos cómo crece una criatura que está plenamente convencida de que es amada. Como estoy segura de que usted habrá anotado en las columnas un poco antes, el hecho de que un niño perciba o no que los demás lo aman lo afecta drásticamente. Podemos marcar varias similitudes entre los padres humanos y Dios, pero debemos reconocer una diferencia muy importante. Algunas veces, los padres humanos no aman o no pueden expresar el amor en forma adecuada. Aun el mejor de los padres y la mejor de las madres no aman con amor perfecto. Pero Dios no es humano. ¡No podemos crear su amor a nuestra imagen!

Dios ama en forma perfecta. Lo demuestra con sus palabras y sus acciones. En Él se equilibran la bendición con la disciplina. El amor de Dios es eterno, por lo que en cualquier momento que percibamos que Dios no nos ama, nuestra percepción está fallando. Cualquier cosa que percibamos acerca de Dios, que no concuerde con 1) la verdad de la Biblia y 2) el carácter de Dios que nos muestra la Biblia... es una mentira.

Cuando nos damos cuenta de que hemos estado creyendo una mentira, nuestras ataduras pierden fuerza. En esos momentos, podríamos orar diciendo algo así como: "No me siento amado ni capaz de ser amado, pero tu Palabra dice que tú me amas tanto que diste a tu Hijo amado por mí. No sé por qué continúo sin sentirme amado, pero en este momento decido creer la verdad de tu Palabra. Reprendo todo intento del enemigo de hacerme dudar de tu amor. Satanás sabe que la verdad me hará libre y yo he creído sus mentiras en lugar de tu Palabra. También te pido que perdones mi pecado de incredulidad. Ayúdame a superar mi incredulidad".

La liberación a largo plazo viene cuando acompañamos a Dios en el camino para 1) reconocer el problema, 2) demoler la fortaleza y 3) volver a caminar con Él en verdad. El primer paso es cuestión de un momento. El segundo y el tercero son un proceso, porque llegar a conocer al Sanador es más importante que hallar la sanidad.

Creer y recibir el amor de Dios afecta drásticamente la vida del hijo de Dios. Pasemos el resto de esta lección examinando el fruto de la misericordia y el amor eterno de Dios, analizando al hijo que sabe que es profundamente amado (como se lo presenta en Efesios 5:1-2). Utilizaremos pasajes que ya hemos estudiado al comienzo de esta lección.

1. El hijo de Dios que confía en el amor de Dios está seguro en la dirección de Dios. Éxodo 15:13 dice: "Condujiste en tu misericordia a este pueblo que redimiste". Dios nos promete que una vez que somos redimidos, no nos dejará vagar sin sentido hasta que entremos al cielo. Según Jeremías 29:11, Él sabe los planes que tiene para nosotros. Él guía a los que ha redimido para que cumplan su maravilloso plan. ¡No sólo Dios nos guía; nos conduce en su misericordia! Oh, cuánto se goza mi corazón al recordarlo. Sabe, yo he sido llevada a lugares muy difíciles y usted también. ¡Qué consuelo saber que los lugares donde Dios elige llevarnos brotan de su misericordia! Cuando decidimos creer que Dios nos ama, podemos confiar que los caminos por los que nos conduce han sido planeados en su profundo amor. ¡Y gloria a Dios porque, al final del camino, estaremos en su santa morada y lo veremos a Él cara a cara!

2. El hijo de Dios que confía en el amor de Dios está seguro de su salvación.

*L*ea Salmos 13. ¿Cómo describiría usted la forma en que el autor se acerca a Dios?
❏ Con temor   ❏ con timidez   ❏ con osadía   ❏ con vacilaciones

El hijo que confía en el amor de Dios no teme que Dios deje de amarlo. Podemos derramar la frustración de nuestro corazón osadamente, como lo hizo el salmista.

3. El hijo de Dios que confía en el amor de Dios está seguro de la misericordia de Dios. En el Salmo 51:1, el rey David clamó diciendo: "Ten piedad de mí, oh Dios, conforme a tu misericordia". ¿Cuán importante es la conexión entre el amor de Dios y su misericordia? Amado, por favor, reciba esta verdad: Dios no puede dejar de ser parcial con relación a usted. No puede dejar a un lado su amor por usted y tomar una decisión objetiva. Una vez que usted se convierte en un hijo de Dios por medio de el pacto, al recibir a su Hijo como su Salvador, Él ya no puede verlo a través de nada que no sean los ojos de un Padre amoroso. Usted y yo nunca seremos rechazados cuando nos acerquemos a Dios con corazones genuinamente arrepentidos, dispuestos a caer en sus brazos amorosos. Recuerde: Cristo nunca se resistió a los pecadores, en los relatos del evangelio. Sí se resistió a los hipócritas.

4. El hijo de Dios que confía en el amor de Dios está seguro de su consuelo. El Salmo 119:76 dice: "Sea ahora tu misericordia para consolarme, conforme a lo que has dicho a tu siervo". Así que, ¿cuál es nuestro consuelo en la muerte? La misericordia y el amor eterno de Dios. ¿Cuál es nuestro consuelo en la vida? (que algunas veces es más dura que la muerte) La misericordia y el amor eterno de Dios.

*L*ea cuidadosamente Romanos 8:38-39. ¿Cuál es la mayor dificultad que usted está enfrentando en este momento?

_____

¿Cuál puede ser su consuelo en este momento y en todo otro momento de su vida?

_____

Ahora lea Juan 15:9. Dado que sabemos que Dios nos ama con amor eterno en todo momento, ¿qué cree usted que significa "permanecer" en el amor de Dios?

_____

5. *El hijo de Dios que confía en el amor de Dios está seguro de su defensa.* En el Salmo 143:12, el rey David dice: "Por tu misericordia disiparás a mis enemigos y destruirás a todos los adversarios de mi alma, porque yo soy tu siervo". Cuando su corazón le pertenece a Dios, los que están en su contra están en contra de Dios. Él toma el daño que le hacen a usted en forma muy personal. Dios defiende su causa (Lamentaciones 3:59).

*L*ea Salmos 35:1, 10, 19. Según el versículo 19, ¿cuáles eran las circunstancias obvias?

_____

Según Salmos 35:10, ¿qué actitud tenía el hijo de Dios con relación a su enemigo: arrogante o humilde?

_____

¡Qué descanso nos dan el amor eterno y la misericordia de Dios cuando un enemigo se levanta contra nosotros! ¿Comprende usted que si nuestros corazones son humildes y están en la relación correcta con Dios, podemos entregarle todos los conflictos y los enemigos que se levanten contra nosotros? ¿Qué sucede si también nosotros hemos actuado mal? Debemos hacer todo lo posible por disculparnos y arreglar las cosas, pero si el enemigo continúa enfrentándonos, Dios se ocupará de Él. Oh, amigo, la lista podría continuar mucho más. En realidad, le animo a que busque todos los versículos de su Biblia que hablen de la misericordia y el amor eterno de Dios, medite en ellos, ¡y los crea!

*P*ara terminar la lección de hoy, lea 1 Juan 3:19-20; 4:16. ¿Qué significan ahora para usted estos versículos, después de todo lo que hemos estudiado esta semana? Exprese a continuación lo que siente su corazón.

_____

_____

_____

_____

_____

_____

_____

_____

El pensamiento que persevera

Día 1
Una vista desde el Antiguo

Día 2
Una vista desde el Nuevo

Día 3
Derribemos los lugares altos

Día 4
Desprogramar y reprogramar

Día 5
Llevemos todo pensamiento cautivo

¿No sería maravilloso si Dios nos diera la libertad en Cristo en bandeja de plata? Sin luchas. Sin guerra. Sin disciplina. ¡No es posible! Dios nos ama y vamos a ser felices para toda la vida, pero esto no es un cuento de hadas. Él siempre da prioridad al desarrollo de nuestro carácter por encima de nuestra comodidad.

Esta semana nos aventuraremos en el campo de batalla de la mente. La bendición de la libertad en Cristo sólo puede ser totalmente reconocida cuando Cristo es Señor de la mente. Veremos cómo derribar los lugares altos y llevar todo pensamiento cautivo a Cristo. El versículo para memorizar de esta semana es Isaías 26:3: "Tú guardarás en completa paz a aquel cuyo pensamiento en ti persevera; porque en ti ha confiado".

Usted ha llegado tan lejos... Estoy orgullosa de su progreso. La libertad en Cristo vale toda la sangre, todas las lágrimas y todo el sudor que hayamos invertido. Continuemos avanzando hacia la libertad de una mente que persevere en Dios. Es allí que encontraremos perfecta paz.

Preguntas Principales
Día 1: ¿Qué puede sucederles a aquellos que conocen a Dios pero no aprueban tenerlo en cuenta?
Día 2: ¿Cómo desea Dios guiar a sus hijos?
Día 3: ¿Cuál es la diferencia entre pensamientos casuales y pensamientos cautivadores?
Día 4: ¿Qué cree usted que significa la frase "lugares altos" en el Antiguo Testamento?
Día 5: ¿Cuál es la meta de Dios para nuestros pensamientos?

DÍA 1
Una vista desde el Antiguo

Ser libre de fortalezas es un tema muy serio. Un estudio de la verdad no sólo será de ayuda sino que es indispensable para quienes eligen ser libres. La libertad se gana en el campo de batalla. En esta guerra, el campo de batalla es la mente.

Observe en el Tesoro de Hoy la inclusión de la confianza en aquel que posee una mente que persevera en Dios. Sólo un corazón confiado se acercará a Dios honestamente con todas las luchas secretas que tienen lugar en su mente. Cuando ofrecemos un corazón confiado y una mente abierta y honesta a Dios, la renovación ya ha comenzado. Oro para que podamos lograr tres metas fundamentales esta semana. Intentaremos:

• Investigar el pensamiento que persevera en Dios, en la Biblia (días 1 y 2).
• Ilustrar el concepto con un proceso de cinco pasos (días 3 al 5).
• Aprender a aplicar ese proceso de cinco pasos a cualquier fortaleza.

¡Resista la tentación de no hacer alguna de las tareas! Creo que esta semana será un punto de inflexión sobrenatural para todos aquellos que aprovechen lo que aprendan.

Haga una pausa y pida a Dios que le dé hoy la capacidad de penetrar verdaderamente su Palabra. Ahora lea Isaías 26:3-6 y 2 Corintios 10:3-5. En el margen, escriba todo concepto que sea común a ambos pasajes.

Pocos temas bíblicos son más controvertidos que el tema de la guerra espiritual y el campo de batalla de la mente. Estudiaremos estos dos pasajes centrales frase por frase para asegurarnos de que nuestra interpretación sea correcta.

¿Cómo trabaja Satanás de forma directa con la mente humana?

Marcos 4:15 _____

Hechos 5:3 _____

2 Corintios 11:3 _____

Frase 1: "Tú guardarás". Satanás es muy astuto. El conocimiento que tengamos, por sí solo, no nos protegerá. Lo que usted y yo necesitamos es un guardián que vigile los muros de nuestra mente. Pero tenemos un Guardián que es apto pero debemos perseverar con nuestro pensamiento en Él. En Isaías 26:3, la palabra que se traduce "guardar" es *nasar*, que significa: "guardar, proteger, cuidar; se utiliza para referirse a la vigilancia de una viña... y una fortaleza. Se llamaba 'guardianes' a quienes realizaban esta acción".

Según el Salmo 139:1-2, 23, ¿por qué Dios es el candidato perfecto para ser guardián de nuestras mentes?

_____

Estudie cuidadosamente las condiciones de la promesa contenida en Isaías 26:3. Considerando lo que usted sabe sobre Dios y su carácter, ¿por qué cree usted que Él tiene un compromiso especial de guardar, proteger o vigilar una mente cuyo pensamiento persevera en Él?

El Tesoro de Hoy
"Tú guardarás en completa paz a aquel cuyo pensamiento en ti persevera; porque en ti ha confiado"
(Isaías 26:3).

En esta guerra, el campo de batalla es la mente.

181

Romanos 1:28-32 nos muestra un hecho perturbador. ¿Qué puede sucederles a quienes conocen a Dios pero no aprueban tenerlo en cuenta?

Entregar nuestra vida mental a Dios no es sólo un medio para una victoria constante; es el seguro contra ser entregados, finalmente, a una mente depravada. Podemos persistir durante tanto tiempo, deliberadamente, en nuestra forma equivocada de pensar, que finalmente Dios nos entregue a nuestros deseos. Él puede entregar a una persona a sus pensamientos depravados temporalmente, para darle una lección, o incluso en forma permanente (1 Corintios 5:5; 1 Timoteo 1:20).

El tema de esta semana es muy grave. No se desaliente si usted es una persona que desea perseverar con su mente en Cristo, pero parece que no puede controlar sus pensamientos. ¡Bienvenido al club! ¡Todos hemos pasado por eso mismo! Continúe diciéndole a Dios cuánto desea usted darle todo su corazón y toda su mente. La mente vencida y confundida no es lo mismo que una mente deliberadamente depravada; pero si no la atendemos, la primera ciertamente puede convertirse en esta última.

Frase 2: "en completa paz". Antes de determinar qué significa esta frase, expliquemos claramente qué es lo que no significa. Isaías 26:3 no dice que nos dará mentes perfectas si nuestro pensamiento persevera en Él. Lo que dice es que dará "completa paz" a nuestras mentes imperfectas. La palabra hebrea que se traduce como "completa paz" quizá le sea familiar. *Salom*, que muchas veces se escribe *shalom*, significa "estar a salvo, estar completo... Como adjetivo, significa bien, pacífico, sano, seguro... amistoso, sano... Aunque *salom* puede significar ausencia de lucha, generalmente significa mucho más. Esencialmente, denota un estado de satisfacción, de paz, de bienestar. Se utiliza para referirse a una relación próspera entre dos o más partes".

Tan seguramente como el reino de Dios prospera cuando perseveramos en Él, de la misma manera prosperan nuestros corazones y nuestras mentes. Dios nunca nos enviará a un valle y nos pedirá que nos rindamos ante su autoridad, sin que tarde o temprano haya una cosecha abundante del suelo regado con nuestro sudor y lágrimas.

¿Acaso usted aún está esperando ver las primeras señales de frutos de un valle anterior? De ser así, explíquelo en una hoja de papel.

¿Se le ocurren algunas maneras en que Dios podría usar este período para producir una cosecha aún mayor?

Dios es fiel a su Palabra. Si usted persevera en Él, inevitablemente habrá una doble prosperidad. Tanto el reino de Dios como usted serán edificados.

Frase 3: "a aquel cuyo pensamiento en ti persevera". La palabra hebrea que aquí se traduce como "pensamiento" es *yetser*. Francamente, me resulta muy similar a lo que mis hermanos y yo debíamos decir cada vez que nuestro padre, mayor de la Armada, nos decía que hiciéramos algo. Es en nuestra mente que decidimos si vamos a decir "Sí señor" o "No señor" cada vez que nuestro Padre celestial nos dice que hagamos algo. *Yetser* significa "marco, patrón, imagen; concepto, imaginación, pensamiento; ingenio... es lo que se forma en la mente (por ejemplo, planes y propósitos)". Observe cuidadosamente la palabra "marco" en la definición de *yetser*. Esta palabra debe entenderse más en su acepción de marco de una pintura, que de nuestro "marco" físico, nuestro cuerpo. Básicamente, nuestras mentes trabajan para enmarcar cada circunstancia, tentación y experiencia que tenemos. Vemos los eventos a partir de nuestra propia perspectiva y nuestro propio contexto.

¿Alguna vez ha notado que dos personas pueden ver una misma experiencia en forma diferente? Lo que sucede es que ponen ese hecho en diferentes "marcos" y actúan en consecuencia. Nuestra reacción depende de cómo hayamos "enmarcado" el hecho.

*R*ecuerde una crisis familiar. Quizá varias personas fueron afectadas por esta crisis, pero probablemente usted haya notado cuán diferentes fueron las reacciones de las diferentes personas ante la crisis. La mente de cada persona trabajó en forma distinta para enfrentar la misma situación. Supongamos que ya hemos ganado la batalla de nuestra mente. ¿Cómo podría usted enfrentar esa situación de manera diferente?

La definición original de la palabra "perseverar" nos ayudará a determinar si vamos por buen camino o no. *Samak* significa "sostener... apuntalarse... apoyarse". Una parte de la definición pinta una hermosa imagen con palabras, que nos ayuda a visualizar la vida que persevera en Dios: apoyar (nuestra mano sobre algo). Cuando las tentaciones y los pensamientos perturbadores llegan, el creyente que persevera prefiere poner su mano sobre la Palabra de Dios y saber que es la verdad.

Cuando descubrí esta definición, recordé una ocasión en que alguien que había estado muy cerca de mí me hirió. El dolor que sentí era como una marca hecha con un hierro al rojo vivo. Mis pensamientos estaban perturbados. Supe que la única manera de combatir las mentiras del maligno era aferrarme a la verdad. Descubrí que durante el día podía leer o citar algún pasaje bíblico cuando mis pensamientos comenzaban a derrotarme, pero la noche era algo completamente diferente. Los peores ataques venían de noche. Aunque corra el riesgo de ser llamada "lunática" (me han dicho cosas peores), le diré lo que yo hacía durante la parte más dura de la batalla. Cuando me iba a la cama, buscaba un pasaje bíblico que dijera la verdad sobre mi circunstancia. Luego, literalmente, apoyaba la cabeza en la Biblia abierta hasta que caía dormida. El Espíritu Santo nunca dejó de dar consuelo y alivio a mi mente. Yo creía que Dios lograría espiritualmente lo que mi postura simplemente simbolizaba, el enemigo no pudo vencerme. ¡Aleluya!

¿*C*uál es su experiencia? ¿Ha sufrido usted ataques más fuertes sobre su mente cuando todo está oscuro y silencioso? De ser así, explique lo que ha aprendido a través de sus propias victorias o derrotas. (No subestime el poder didáctico de la derrota. ¡Sólo asegúrese de querer vencer!)

Concluyamos con una breve mirada a la frase final de Isaías 26:3.

Frase 4: "porque en ti ha confiado". La palabra hebrea que se traduce "confiado" es *batach*, que significa "apegarse... confiar, sentirse seguro, tener confianza, seguridad". Imagínese a un niño pequeño con su madre o padre. Yo quiero confiar en Dios como ese niño confía en su mamá o su papá.

Para concluir la lección de hoy, consideremos algo muy importante. Es muy posible que quienes nunca han entregado sus corazones totalmente a Dios tampoco le ofrezcan los más profundos y oscuros recovecos de sus mentes. ¿Qué le parece concluir con una oración pidiendo mayor confianza para poder tener una mente abierta en la que Dios pueda obrar en esta semana? Recuerde, su plan no es hacerle daño, sino darle paz (Jeremías 29:11). Invite a Dios a ser el guardián de los muros de su mente.

DÍA 2

Una vista desde el Nuevo

El Tesoro de Hoy "Derribando argumentos y toda altivez que se levanta contra el conocimiento de Dios, y llevando cautivo todo pensamiento a la obediencia a Cristo" (2 Corintios 10:5).

Ayer estudiamos el pensamiento que persevera desde la perspectiva del Antiguo Testamento en Isaías 26:3. Comparamos este maravilloso pasaje del Antiguo Testamento con la perspectiva del Nuevo Testamento, en 2 Corintios 10:5. Mientras las palabras del profeta Isaías están llenas de frescura y seguridad, las del apóstol Pablo nos dan un duro golpe. Dios inspiró a ambos para que nos dijeran lo mismo. Sólo que este último lo dice con un par de guantes de boxeo. Hoy examinaremos 2 Corintios 10:3-5.

*L*ea una vez más estos importantes versículos y pida a Dios que abra su mente para mostrarle las maravillas de su Palabra.

Frase 1: "poderosas en Dios para la destrucción de fortalezas" (v. 4). La palabra griega que se traduce como "destrucción" es *kathairesis*, que significa "demolición, destrucción de una fortaleza". La palabra griega que traducimos "fortaleza" viene de *echo*, que significa "aferrarse". Su derivado, *ochuroma*, significa "una fortaleza, fortificación o fuerte. Se utiliza metafóricamente para referirse a conceptos o argumentos en los que una persona confía".

Podemos ver la palabra de esta manera: una fortaleza es cualquier cosa a la que nos aferramos, que termina por aprisionarnos. Ahora estudiemos qué quiso decir Pablo con esto de destruir fortalezas. La palabra "destrucción" implica, en este caso, un poder tremendo; para ser exactos, un poder divino. En gran medida, los creyentes permanecemos atados por yugos de esclavitud porque atacamos nuestras fortalezas como si fueran mosquitos. Las fortalezas son como fortificaciones de concreto que hemos construido alrededor de nuestras vidas bloque por bloque, a lo largo de muchos años. Las creamos, fuéramos conscientes de ello o no, para tener protección y comodidad. Pero estas fortalezas se convirtieron en prisiones. En algún momento nos damos cuenta de que ya no las controlamos. Ellas nos controlan a nosotros.

*¿C*uándo fue la última vez que usted intentó e intentó destruir una fortaleza con sus fuerzas y terminó sintiéndose impotente y derrotado?

Aun en la plenitud de su potencia, el esfuerzo humano es inútil para destruir fortalezas. Ni la mayor disciplina o decisión lo logrará. Las fortalezas satánicas deben ser divinamente destruidas. La disciplina y la decisión son factores importantes para abrir nuestras vidas al poder sobrenatural de Dios, pero sólo Él puede darnos la dinamita divina.

El año pasado tuve el privilegio de repetir los trayectos que hizo el apóstol Pablo en sus viajes por Grecia y Roma. Allí, de pie en la antigua Corinto, de cara a las ruinas de lo que alguna vez fuera una ciudad pujante, vi una fortaleza en lo alto de la montaña.

Le pregunté a la guía de qué edificio se trataba. Ella respondió: "Es una antigua fortaleza. Todas las ciudades griegas tenían una en la cima de la montaña más alta de sus alrededores. En tiempos de guerra, eran consideradas impenetrables e inaccesibles. Era el lugar donde se escondían los gobernantes de las ciudades en tiempos de inseguridad".

Me quedé atónita. Estaba viendo la fortaleza que Pablo utilizó como analogía cuando escribió estas palabras a los corintios. Fijé la vista en esa imponente construcción que se erguía orgullosa en lo alto de la montaña, mientras los siglos habían erosionado los edificios que estaban más abajo y comprendí por qué el ejército enemigo se rendía.

El poder de Satanás proviene de su habilidad para mentir. Una vez que aprendemos la verdad y cómo usarla, Satanás no tiene de qué asirse. Lea la última frase que me dijo la guía. Dijo que la fortaleza había sido un lugar para esconderse en tiempos de peligro.

Piense en una fortaleza que usted haya experimentado. ¿Qué rol tuvo la inseguridad? Explíquelo en términos generales.

Sin duda, la inseguridad tuvo un rol fundamental en las fortalezas que el enemigo construyó en mi vida. Una parte importante de aprender a vivir en victoria ha sido discernir el estruendo de la inseguridad en mi corazón. He aprendido a fortalecer drásticamente mi vida de oración y a aumentar el tiempo que paso en la Palabra de Dios durante los períodos en que mi seguridad se ve amenazada. No siempre he respondido en la forma correcta en tiempos de inseguridad, pero cuando lo hice, Satanás no tuvo ninguna ventaja.

Frase 2: "derribando argumentos y toda altivez" (v. 5). La palabra griega que se traduce como "argumentos" es *logismos*, que significa "estimación, cálculo, reflexión. En los autores griegos clásicos, se utilizaba para referirse a la consideración y reflexión que precede a una conducta y la determina". Estos argumentos son nuestras explicaciones racionales para las fortalezas que continúan en nuestras vidas. Usted las ha tenido. Yo también. Nunca olvide que Satanás persiste donde existe una fortaleza. Él tiene una lista inacabable de razones lógicas para las cosas que hacemos y las que dejamos de hacer.

¿Puede recordar alguna excusa o "explicación lógica" que ya no tenga poder sobre usted? De ser así, explíquela.

Nunca olvide que Satanás persiste donde existe una fortaleza.

No olvide que el mismo Dios que vino en su ayuda antes, volverá a ayudarlo una y otra vez. Quizá usted piense que los obstáculos actuales son más grandes, pero le aseguro que Dios no piensa así. Él es todopoderoso. Ahora veamos la otra palabra fundamental en esta frase: "altivez". La palabra griega, *hupsoma*, significa "algo elevado, levantado, un lugar alto... En sentido figurado, un adversario orgulloso, una torre o fortaleza elevada construida orgullosamente por el enemigo. Soberbia".

Creo que basándonos en esta definición, podemos sacar tres conclusiones:

- Toda fortaleza está relacionada con algo que hemos exaltado a una posición más alta que la de Dios en nuestras vidas.
- Toda fortaleza simula tener algo que sentimos que debemos tener: ayuda, consuelo, alivio de una tensión, o protección.
- Toda fortaleza en la vida de un creyente es una tremenda fuente de orgullo para el enemigo. Que esto lo haga a usted airarse de tal manera que se decida a dejar de darle esa satisfacción al maligno.

En el cuerpo de Cristo, los soberbios nunca son libres.

Muchas veces, el enemigo también hace surgir soberbia en nosotros para evitar que las fortalezas sean destruidas. Para ser libre, la humildad es parte necesaria de la mentalidad de una persona. En el cuerpo de Cristo, los soberbios nunca son libres.

¿*Q*ué rol ha jugado el orgullo en una de sus fortalezas?

_____

Frase 3: "que se levanta contra el conocimiento de Dios" (v. 5). La palabra griega que se traduce como "levanta" es *epairo*, que significa "levantar como una vela... levantar la mirada, mirar hacia arriba". Quiero dejar en claro un concepto en el que haré gran énfasis más adelante en esta semana: La meta de Satanás es ser adorado. Eso es lo que él siempre ha deseado.

*L*ea Isaías 14:12-14.

Las palabras de Isaías se referían, en un sentido inmediato, al rey de Babilonia (vv. 3-4). Pero en un sentido más profundo, se refieren a Satanás. El deseo de Satanás de ser adorado atiza el fuego de su rebelión contra Dios. Si él no puede hacer que las personas lo adoren, logra su meta tentando a las personas para que adoren a cualquier cosa que no sea Dios.

Dios nos creó para adorar. Todos adoramos algo. Según la definición de *epairo*, el centro de nuestra adoración puede determinarse por nuestra mirada; es decir, qué o quién es el objeto de nuestra atención. Aquello que adoramos, es también a lo que obedecemos. Observe la primera parte de la definición: "levantar como una vela".

Aquello que adoramos es también a lo que obedecemos

¿*Q*ué función cumple una vela de un barco?_____

Tanto los argumentos como las velas sirven para impulsar y determinar la dirección que seguirá la nave. Espero que usted esté viendo pruebas bíblicas de lo que ya ha conocido por experiencia: ¡las fortalezas afectan su comportamiento! El enemigo no puede entrar en un creyente. Estamos sellados con el Espíritu Santo de Dios (Efesios 1:13-14). Él no puede obligarnos a hacer nada. Sólo puede guiarnos a hacer cosas. Las fortalezas son las cuerdas del yugo por medio de las cuales Satanás intenta guiarnos.

*L*ea Oseas 11:4. Cuando reflexiono sobre mi historia con Dios y cómo Él y sólo Él, es responsable de mi liberación, mis ojos casi se llenan de lágrimas al leer este versículo. ¿Cómo desea Dios guiar a sus hijos?

_____

¿Qué hará Él si seguimos su guía?
- ❏ quitará el yugo de nuestro cuello
- ❏ nos sanará de nuestras enfermedades
- ❏ nos llevará al cielo
- ❏ se inclinará y nos alimentará

Satanás, el máximo engañador, también quiere guiarnos. Dios nos lleva con "cuerdas humanas, con cuerdas de amor". Satanás aprieta el yugo sobre nuestro cuello y nos guía con cuerdas de falsedad y mentira.

Lea la última parte de esta frase: "contra el conocimiento de Dios". Una vez más, se nos recuerda por qué conocer la verdad es la clave para la libertad (Juan 8:32). Si no conocemos la Palabra de Dios (su conocimiento expresado al hombre), mal podremos reconocer lo que está levantándose contra el conocimiento de Dios. Cuanto más conocemos la Palabra de Dios, más rápidamente podemos reconocer los intentos de Satanás de cubrirla levantando la vela de su barco sobre ella.

Frase 4: "llevando cautivo todo pensamiento" (v. 5). Por ahora, sólo quiero investigar el significado de esta frase. Pasaremos el resto de esta semana estudiando cómo llevar nuestros pensamientos cautivos a Cristo, o según lo diría el profeta Isaías, cómo hacer que ellos "perseveren" en Cristo. La frase "llevando cautivo" viene de la palabra griega aichmalotizo, que significa "un prisionero, cautivo, llevar cautivo... Por implicación, someter, sujetar". Mencionaré ahora y más tarde también, que esta frase implica una acción repetida y continua. Todos buscamos una solución rápida, pero Dios desea un cambio que perdure; un estilo de vida cristiano. Perseverar con nuestro pensamiento en Dios es cuestión de práctica. Usted y yo hemos sido controlados y llevados cautivos por pensamientos destructivos, negativos y engañosos durante demasiado tiempo. ¡Por medio del poder divino del Espíritu Santo, podemos, en cambio, llevar nosotros cautivos a nuestros pensamientos!

Frase 5: "a la obediencia a Cristo" (v. 5). Dios desea que seamos victoriosos. No somos victoriosos por vencer al enemigo. Somos victoriosos cuando nos rendimos a Cristo. No llegamos a ser victoriosos cuando nos independizamos del enemigo. Somos victoriosos cuando dependemos de Dios. Una vida de victoria surge de pensamientos de victoria. Pensar pensamientos de victoria surge de concentrarnos en un Dios victorioso.

La complicada lección de hoy tiene un final bastante sencillo: Podemos ser desviados por las cuerdas de un yugo maligno, o podemos ser llevados a la victoria por cuerdas humanas de amor. Amado, tenemos un trabajo muy importante por hacer durante el resto de la semana. Recuerde, esta guerra se libra para ganar la libertad y el campo de batalla es la mente. Antes de comenzar el día 3, por favor, pase un tiempo adicional permitiendo que Dios limpie su corazón y aclare su mente. La exhortación de Josué a los hijos de Israel es bellamente apropiada para nosotros hoy: "Santificaos, porque Jehová hará mañana maravillas entre vosotros" (Josué 3:5). Las maravillas que Dios quiere hacer en nuestros mañanas se preparan en nuestros hoy. Amigo y compañero de viaje... yo lo amo más de lo que usted se imagina.

Frase 1: "poderosas en Dios para la destrucción de fortalezas" (v. 4).

Frase 2: "derribando argumentos y toda altivez" (v. 5).

Frase 3: "que se levanta contra el conocimiento de Dios" (v. 5).

¿*C*ómo desea Dios que usted responda a lo que le ha mostrado hoy?

_____

_____

_____

_____

D Í A   3

Derribemos los lugares altos

Nuestra lección anterior concluyó con una exhortación a santificarnos de corazón y mente, para que Dios pueda hacer maravillas entre nosotros. ¿Está usted preparado en oración y listo para avanzar? Comencemos, entonces. Nuestra meta principal, los días 1 y 2, fue estudiar el concepto del pensamiento que persevera, en el Antiguo Testamento y el concepto del pensamiento cautivo, en el Nuevo Testamento. Pero reunir información nos servirá de muy poco si no aprendemos a aplicarla. Durante el resto de esta semana estudiaremos un proceso que consta de cinco pasos. Las siguientes ilustraciones muestran el viaje de ser cautivos de nuestros pensamientos a llevar cautivos nuestros pensamientos a Cristo. Antes de entrar a analizar en detalle cada paso, tómese un momento para estudiar las ilustraciones siguientes para poder comenzar a

El Tesoro de Hoy
"Así que tus enemigos serán humillados, y tú hollarás sobre sus alturas" (Deuteronomio 33:29).

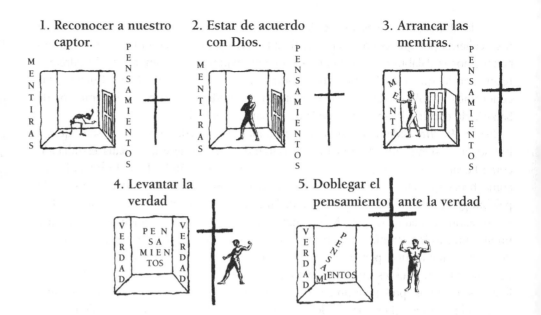

1. Reconocer a nuestro captor.

2. Estar de acuerdo con Dios.

3. Arrancar las mentiras.

4. Levantar la verdad

5. Doblegar el pensamiento ante la verdad

formarse un concepto de esta meta.

El proceso que estudiaremos puede aplicarse a cualquier cosa que esté cautivando nuestros pensamientos. Dios no requiere que evitemos cualquier pensamiento sobre algo o alguien que no sea Él. Lo que desea es mantenernos libres ayudándonos a lograr la victoria sobre las cosas que capturan nuestros pensamientos.

¿*C*uál es la diferencia entre pensamientos casuales y pensamientos cautivadores?

_____

Naturalmente, los pensamientos casuales pueden convertirse fácilmente en pensamientos cautivadores. Yo lo veo así: la mayoría de los pensamientos cautivadores fueron alguna vez pensamientos casuales que no se rindieron al conocimiento de Cristo.

*P*ara comenzar a aplicar esto en la práctica desde el principio, describa dos situaciones que podrían fácilmente llevar a pensamientos cautivadores, por ejemplo, ser traicionado, o sentirse atraído por alguien.

_____

_____

Dicho en pocas palabras, los pensamientos cautivadores son pensamientos que nos controlan.

Imagine cómo ser víctima de una violación puede cautivar la mente de una persona y prácticamente destruirla. Mi corazón se inunda de profunda compasión al comprender que ahora mismo, alguien que lee estas palabras quizá sepa de qué estoy hablando por experiencia propia. Si no rendimos nuestras mentes a Cristo, la pérdida de un ser amado puede también llevarnos de un dolor y un duelo normales a una vida entera de agonía y cautividad. Recuerde, Satanás juega sucio: él salta para aprovechar cualquier oportunidad que le impida a usted centrar sus pensamientos en Cristo.

No todos los pensamientos cautivadores provienen de experiencias dolorosas. ¡Satanás es mucho más astuto que eso! ¿Recuerda la fruta tentadora que utilizó para engañar a Eva? Nuestros pensamientos pueden ser llevados cautivos por algo o alguien que levanta nuestro ego o satisface nuestros apetitos carnales. Dicho en pocas palabras, los pensamientos cautivadores son pensamientos que nos controlan; cosas en las que nos encontramos meditando con frecuencia. Pensamientos en los que nos concentramos.

Llevar el pensamiento cautivo a Cristo no significa que nunca volveremos a pensar eso. Significa que aprendemos a "pensar ese pensamiento" en relación con Cristo y con quien somos en Él. Siempre pensaré en mi preciosa madre, pero cuando relaciono esos pensamientos con Cristo ya no me causarán tanto dolor. No me controlarán. Con el poder del Espíritu Santo, yo los controlaré a ellos. ¿Parece imposible, o demasiado difícil de lograr? No se dé por vencido, mi amado hermano. Continúe conmigo en este proceso y crea que Dios hará una obra milagrosa en su corazón y en su mente. Lo que necesitamos en este momento, antes que la competencia se vuelva dura, es una inyección de aliento. Acudamos a Moisés para que guíe los cantos de victoria.

$\mathcal{L}$ea Deuteronomio 33:26-29 en voz alta, insertando su nombre en lugar de Israel o Jacob. Deje que Dios grabe este pasaje en su corazón. "Somos más que vencedores por medio de aquel que nos amó" (Romanos 8:37).

Ahora comencemos a estudiar cada ilustración que nos enseñará cómo ir de vencidos a vencedores. Estudie la primera ilustración: Reconocer al captor.

1. Reconocer a nuestro captor.

Esta ilustración muestra el creyente cautivo de pensamientos controladores. La cruz muestra que conoce a Cristo, pero algo se ha interpuesto entre él y su Señor. Ese algo ha llegado a ser tan grande, en realidad, que se ha convertido en su captor; y el creyente se ha convertido en su prisionero. Muchos de nuestros captores más grandes comenzaron como semillas en nuestro pensamiento, pero los regamos y cuidamos meditando constantemente en ellos hasta que llegaron a ser grandes como gigantescos pinos.

$\mathcal{E}$ **¿** Se le ocurre algún ejemplo?

_____

Otras veces, una circunstancia repentina o desafortunada hace que aparezca directamente un "árbol" ya crecido. Una muerte repentina en la familia o el diagnóstico de una enfermedad terminal pueden ser ejemplos de pensamientos abrumadores que crecen rápidamente hasta ser árboles bien desarrollados. Sea que el captor haya comenzado como una semilla o como un árbol, su fuerza destructiva adopta el tamaño que ocupa en su mente.

Una vez más quiero enfatizar que una mente que persevera no es cuestión de negación. Todo lo contrario; comienza admitiendo la verdad. Con nuestra cooperación, Cristo comienza a quitar el poder de los pensamientos controladores, de manera que ya no tengan poder destructivo sobre nosotros. Veremos el importante rol de la admisión, en contraste con la negación, en la ilustración No. 2.

Una mente que persevera no es cuestión de negación.

$\mathcal{L}$ea nuevamente Deuteronomio 33:29. Compare la última frase de este pasaje con 2 Corintios 10:5.

Mire nuevamente el día 2 y refresque en su memoria la definición de "que se levanta" en la frase 3. El pasaje entero dice: "Derribando argumentos y toda altivez que se levanta contra el conocimiento de Dios y llevando cautivo todo pensamiento a la obediencia a Cristo".

ℒea Números 33:50-53 y 1 Reyes 14:22-23. ¿Qué cree que significa la frase "lugares altos" en el Antiguo Testamento?

Lea 2 Reyes 12:3; 14:4; 15:4, 35. Recuerde que estos eran los líderes del pueblo de Dios. En medio de tantos éxitos ¿qué habían dejado de hacer?

Lea 2 Reyes 16:2-4. Considerando la descripción del reinado de Acaz, ¿qué mal produjo finalmente el no haber quitado los lugares altos? Escriba sus respuestas en una hoja de papel.

Esa "altivez" son las personas, cosas o circunstancias que crecen más en nuestro pensamiento que Dios.

En el Antiguo Testamento los lugares altos eran, básicamente, monumentos idolátricos. Algunos de los reyes que en otros aspectos siguieron los caminos de Dios, mantuvieron en pie esos lugares. El resultado fue un reino en que los hijos del mismo pueblo de Dios eran sacrificados ante el altar. ¡Qué abominación debe de haber sido ésta para Dios! De la misma manera, muchos creyentes que sirven y tienen un afecto genuino por Dios pasan por alto y no derriban los lugares altos que hay en sus vidas. La Palabra de Dios nos exhorta a derribar "argumentos y toda altivez que se levante contra el conocimiento de Dios, llevando cautivo todo pensamiento a la obediencia a Cristo" (2 Corintios 10:5). Esa "altivez" son las personas, cosas o circunstancias que crecen más en nuestro pensamiento que Dios.

¿Por qué cree usted que nosotros, como los antiguos israelitas, tendemos a evitar enfrentarnos a esos lugares altos de nuestras vidas?

_____

¿Qué cree que podría pasar en nuestras vidas y en la próxima generación si no nos ocupamos de derribar los lugares altos (es decir, las fortalezas)?

_____

Podemos comparar nuestras fortalezas con los lugares altos de Israel en la antigüedad. Cualquier cosa que exaltemos por sobre Dios en nuestros pensamientos es un ídolo. La idolatría no sólo es una afrenta contra Dios, sino una invitación al desastre. En 2 Reyes el hecho de no haber quitado los lugares altos llevó a la depravación. La idolatría fue la razón principal por la que Dios permitió que los enemigos de Israel lo llevaran cautivo. No olvide que el pecado siempre crece (Romanos 6:19). Si no conquistamos los lugares altos, ellos nos cautivarán. O nosotros derribamos los lugares altos con el poder superior de Dios, o ellos nos derribarán a nosotros.

1. Reconocer a nuestro captor.

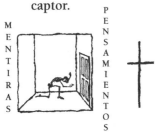

Por favor, recuerde que no tenemos que amar a algo o alguien para idolatrarlo o exaltarlo en nuestras vidas. Podemos fácilmente idolatrar algo que prácticamente odiamos. Nunca he conocido a una anoréxica que ame su cuerpo, pero la persona anoréxica idolatra su cuerpo, se dé cuenta de ello o no. Nunca olvidaré cuando comprendí que una persona a la que yo no podía perdonar se había convertido en un ídolo para mí, a causa de mi falta de perdón. Humanamente hablando, esa persona ni siquiera me caía bien, pero Satanás atrapó mis pensamientos hasta que toda esa situación me sacó de foco y por lo tanto, se convirtió en un ídolo para mí.

𝒜hora observe la segunda ilustración: **Estar de acuerdo con Dios.**

En esta ilustración el creyente ya está de pie. Aún no es libre de los pensamientos que lo cautivan, pero algo ha ocurrido. La clave que desató la primera oleada de fortaleza divina en su lucha se encuentra en 1 Juan 1:9: "Si confesamos nuestros pecados, Él es fiel y justo para perdonar nuestros pecados y limpiarnos de toda maldad".

La palabra "confesamos" es algo más que admitir nuestro pecado ante Dios. La palabra griega es *homologeo*. La primera parte, *homo*, significa "igual" y la segunda, *lego*, significa "hablar". Confesar es decir lo mismo que Dios dice sobre cualquier tema en particular.

El primer paso hacia la libertad es estar de acuerdo con Dios en el pecado personal. Comprenda algo: el objetivo de nuestros argumentos, en sí mismo, no siempre es pecado. El pecado quizá consista en exaltarlo en nuestros pensamientos. Por ejemplo, nada puede reflejar mejor el corazón de Dios que el amor de una madre por su hijo. Pero si ella supera los límites de un afecto sano y cae en la sobreprotección, la obsesión, la adoración y la idolatría, ha construido una fortaleza.

Avancemos dolorosamente un paso más en esta misma relación. Nada puede ser más natural que el hecho de que un padre lamente la pérdida de un hijo. Pero si diez años después él aún está completamente consumido por la pérdida y la amargura ha eclipsado toda sanidad y todo consuelo, este hombre ha levantado una fortaleza que lo separa de un duelo sano y una restauración gradual. El enemigo aprovechará las emociones normales de amor o pérdida y las hará crecer más allá de sus proporciones normales. Ellas pueden consumirnos la vida si no tomamos conciencia de los planes de Satanás. Amar nunca es pecado. Pero la obsesión que surge de poner a algo en el lugar de Dios, es pecado. De la misma manera, el dolor nunca es pecado, pero no permitir a Dios que ministre consuelo y sanidad a medida que pasa mucho tiempo, sí lo es.

Cualquier cosa que nos robe lo que Dios tiene para nosotros puede ser considerado pecado. Lo digo con compasión, pero debo decirlo, porque muchos de nosotros quizá no reconozcamos cómo Satanás se ha aprovechado de emociones normales y sanas. Nos es fácil aceptar que el adulterio, el robo o el asesinato son pecados, pero muchas veces no nos damos cuenta de que cualquier cosa que permitamos que se interponga entre nosotros y la gloriosa obra de Dios puede también ser pecado. El primer paso para la libertad es estar de acuerdo con lo que dice la Palabra de Dios sobre su fortaleza o lugar alto personal. Como puede ver en la ilustración, el creyente aún no está completamente libre de la cautividad; pero ya no está inclinado ante el enemigo en sus pensamientos.

*L*ea las siguientes preguntas y responda la que se aplique a usted.
• Si usted ha descubierto una fortaleza o un lugar alto que actualmente existe en su vida, ¿ha llegado al punto de estar de acuerdo con la Palabra de Dios y confesar todo el pecado involucrado? ❑ Sí ❑ No De ser así, ¿cuándo fue? _____

• Si usted ha descubierto una fortaleza que actualmente existe en su vida, pero nunca ha estado de acuerdo con Dios sobre el pecado involucrado, ni lo ha confesado, ¿quisiera hacerlo ahora? ❑ Sí ❑ No

• Si usted no ha descubierto ninguna fortaleza en su vida, ¿recuerda algún momento en el pasado en que Cristo lo haya llevado a la libertad por medio de la honestidad y la confesión del pecado involucrado?
❑ Sí ❑ No De ser así, explíquelo en forma general en el margen.

El poder divino de Dios está al alcance de todos los que estemos dispuestos a aplicarlo. Una vez que usted aprenda a utilizar la Palabra de Dios y vivir en su Espíritu, "tus enemigos serán humillados, y tú hollarás sobre sus alturas" (Deuteronomio 33:29).

Desprogramar y reprogramar

El Tesoro de Hoy

"Antes exhortaos los unos a los otros cada día, entre tanto que se dice: Hoy; para que ninguno de vosotros se endurezca por el engaño del pecado" (Hebreos 3:13).

$\mathcal{P}$ara comenzar, recobremos el enfoque mirando una vez más las ilustraciones 1 y 2. Estudie ambas ilustraciones y complete los títulos. A continuación, escriba una frase que identifique cada parte de la ilustración.

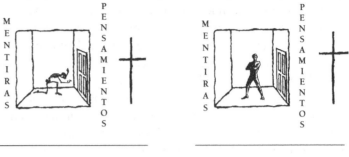

_____   _____

_____   _____

3. Arrancar las mentiras.

En el margen, observe la ilustración 3: Arrancar las mentiras.

La ilustración No. 3 muestra que se ha producido una inflexión muy importante. Una vez que estamos dispuestos a ver el pecado en la fortaleza, estamos de acuerdo con Dios y lo confesamos, comenzamos a ver las mentiras que nos rodean. Cuando comenzamos a quitar las mentiras que cubren las paredes de nuestras mentes y nos mantienen presos por medio de nuestros pensamientos, la puerta de la prisión de abre de par en par.

Satanás no tiene poder para encerrarnos en una cárcel de opresión. Él trabaja para convencernos de quedarnos allí, pero no tiene poder para obligarnos. Él no tiene autoridad sobre los cristianos. Sólo tiene autoridad si la recibe por invitación. Él nos seduce para que entremos en las prisiones, pero no puede obligarnos a entrar ni a quedarnos. Satanás no necesita una invitación escrita para entrar. El hecho de no colocar un cartel que le diga: "No entrar" por medio del estudio de la Biblia y la oración puede ser una invitación por omisión. No me mal entienda; no estoy diciendo que Satanás pueda habitar en la mente de un creyente. Sin duda, no puede hacerlo. Pero la Palabra sugiere que él puede alentar ideas, dudas y pensamientos en nuestras mentes (ver 2 Corintios 10:5).

$\mathcal{S}$egunda Corintios 11:1-3 es un retrato de la relación entre el pecado y el engaño. Medite en estos versículos. ¿Qué clase de persona puede ser extraviada?

_____

¿Cómo confirma Gálatas 6:1 el hecho de que el cristiano inmaduro o carnal no es el único que puede extraviarse?

_____

Los dos períodos más horribles de guerra espiritual y cautividad temporaria en mi vida cristiana no se produjeron en momentos de rebelión o carnalidad. Fueron a continuación de grandes hitos espirituales en mi vida. ¿Por qué, entonces, resbalé temporalmente? Porque estaba haciendo mi mayor esfuerzo por andar con Dios, pero no tenía ni idea de cómo cuidarme del león rugiente que estaba buscando devorarme (1 Pedro 5:8). Estaba convencida de que si yo lo ignoraba, él me ignoraría. ¡Pero estaba equivocada! Satanás se aprovechó de lo que yo no sabía y usó mi ignorancia para engañarme.

El pecado está vestido de engaño. La primera etapa para lograr la santidad implica exponer nuestros corazones a la verdad y limpiarlos de mentiras. Este proceso de llegar a ser santos es obra del Espíritu Santo y la forma en que el Espíritu Santo nos santifica es con la verdad. Una vez que el Espíritu rompe el poder del engaño en nuestras vidas, puede romper el poder del pecado.

Jesús describió a aquellos que llevan fruto en el reino como los que "con corazón bueno y recto retienen la palabra oída, y dan fruto con perseverancia" (Lucas 8:15). La primera virtud necesaria para que haya fruto es un corazón recto. *Sin amor a la verdad, ningún área de nuestra vida puede ser corregida.*

La Biblia nos advierte que el pecado engaña (Hebreos 3:13). Si antes de pecar uno pudiera proyectar sus pensamientos sobre una pantalla, toda la secuencia de racionalizaciones y concesiones, la caída en el engaño, sería muy obvia. Pero el proceso del engaño no es visible. *La mentira del enemigo entra en nuestras mentes por medio de susurros, no gritos; anda en las tinieblas, no en la luz.*

Observe la ilustración 3. Imagine la cautividad de nuestra mente como una celda de una prisión cubierta de mentiras. La destrucción de las fortalezas comienza, en realidad, cuando exponemos y derribamos las mentiras que mantienen firmes nuestras fortalezas. No nos cansaremos de repetirlo: el engaño es el cemento que mantiene unida a la fortaleza. Cuando existe una fortaleza, nuestras mentes están cubiertas de mentiras.

3. Arrancar las mentiras.

¿*D*ónde **se originan estas mentiras? Lea Juan 8:43-45. ¿Qué aprende usted del diablo en este pasaje?**

_____

¿Por qué usa Satanás estas mentiras? Porque es un enemigo vencido (1 Juan 4:4). Lo único que Satanás tiene es mentiras. Por eso es tan propenso a utilizarlas.

Ahora piense en una fortaleza con la que usted haya luchado o con la que aún esté luchando. Imagínese a sí mismo en la ilustración 3. Imagine que ha concordado con Dios en cuanto a la fortaleza y ha confesado el pecado involucrado. Se ha puesto de pie, en la ilustración 2. Dios vio su disposición sincera para ser libre y su fe para creer que Él podía lograr lo que usted no tiene poder para hacer. Entonces, él comenzó a abrir sus ojos a las mentiras que estaban pegadas en las paredes de su mente. La ilustración lo muestra a usted reconociendo las mentiras pegadas en las paredes de su prisión y recibiendo la fortaleza divina para arrancarlas.

Mientras se imagina con los ojos bien abiertos para ver las mentiras que tapizaban su mente, quiero que comience a pensar en qué consistían algunas de ellas. Le compartiré algunas de las mías como punto de partida para que se anime a compartir las suyas. La fortaleza más terrible de mi juventud provenía del abuso del que fui víctima siendo niña. Como si las experiencias en sí no hubieran sido suficientemente traumáticas, además, yo creía mentiras como:

- No tengo ningún valor.
- Todos los hombres hacen daño.
- Cuando los hombres hacen daño, no hay nada que se pueda hacer al respecto.
- No puedo decir que no.
- No soy tan buena como mis amigas.
- Si la gente supiera lo que me estaba pasando, les daría asco.

193

• Nunca, jamás podré decir lo que me ha sucedido, o seré destruida.

• Soy la única a la que esto le ha sucedido y es todo mi culpa.

¡En realidad, esa es sólo una pared! Podría continuar con todas las mentiras que creí.

Cuando ya fui adulta, Satanás se volvió más sofisticado. Un yugo que puso alrededor de mi cuello estaba relacionado con una relación con una persona que vino a pedirme ayuda. Satanás torció la verdad para hacerme creer que yo era responsable de ayudar a esta persona. El enemigo falseó los conceptos de misericordia y aceptación. El Espíritu Santo me decía que no me involucrara en esa situación, pero yo elegí mi deber religioso por sobre la obediencia. Cuando sugería que fuéramos a buscar ayuda con otra persona, la respuesta siempre era: "No quiero que nadie más se involucre en esto". Era una trampa del enemigo. Valía la pena ayudar a esa persona, pero yo no estaba en condiciones de hacerlo. El problema me superaba. Aprendí que si no escuchamos a Dios y obedecemos, cuanto más esperamos, menos discernimiento y fuerzas tenemos.

Cuanto más esperamos, menos discernimiento y fuerzas tenemos.

No todas las personas que vienen a pedirle ayuda han sido enviadas por Dios. Debemos aprender a discernir las maquinaciones del maligno. Dios utilizó ese encuentro para enseñarme más de lo que hubiera aprendido en la universidad, pero fue muy doloroso.

Una fortaleza puede ser cualquier cosa, desde comer de manera compulsiva, hasta paranoia. Todas las fortalezas tienen algo en común: Satanás aviva la llama de la mentira mental con el engaño, para mantener la fortaleza en funcionamiento.

Escriba brevemente su experiencia con una fortaleza y anote algunas mentiras que el enemigo haya utilizado. Hágalo en términos generales si el tema está relacionado con un área sensible o algo privado.

_____

_____

Si sabe que existe una fortaleza en algún lugar de su vida (aunque nunca lo haya admitido), pero no puede identificar las mentiras que la sostienen, usted aún está cautivo. Esto no es condenación. "Ninguna condenación hay para los que están en Cristo Jesús" (Romanos 8:1). Pero sí puede haber cautividad. Si usted aún no ha reconocido las mentiras que lo mantenían atrapado dentro de su celda, pídale a Dios que lo ayude a ver. "Conoceréis la verdad, y la verdad os hará libres" (Juan 8:32).

𝒜hora concentrémonos en la ilustración 4: Levantar la verdad.

4. Levantar la verdad

¡Aleluya! Nuestro cautivo ha escapado de la prisión de los pensamientos que lo controlaban y está muy cerca de cambiar todo y controlarlos él a ellos.

¿Qué ha sucedido, que lo hizo libre? Primero, fue perdonado por todos los pecados involucrados en su fortaleza, en el momento en que estuvo de acuerdo con Dios y confesó (ilustración 2). Pero podemos ser perdonados y no ser libres. Y si no somos libres, pronto volveremos al ciclo del pecado. Sucede todo el tiempo. El creyente de nuestra ilustración no sólo pidió perdón de pecados, sino que estaba decidido a ser libre. Dado que cooperó plenamente con Dios, sus ojos fueron abiertos y pudo ver las mentiras que ataban su mente. Entonces buscó la fuerza divina necesaria para arrancarlas. Excelente progreso; pero gracias a Dios, él comprendió que necesitaba hacer algo más para que la libertad en Cristo fuera una realidad en su vida. No estuvo satisfecho hasta que pudo salir caminando tranquilamente de su celda.

¿Cómo lo hizo? No se limitó a arrancar el tapizado de mentiras de las paredes de su celda, sino que decidió levantar la verdad en su lugar. Preste atención: las paredes de su mente nunca estarán desnudas. Nunca. Enfrentémoslo. Nuestras mentes trabajan hasta cuando dormimos. Cuando arrancamos las mentiras, tenemos que retapizarlas con la verdad o el enemigo alegremente colocará nuevas mentiras. Quizá el diseño cambie y se actualice un poco; pero el fabricante será el mismo engañador. No me cansaré de repetir esto. La ilustración 4 representa la única manera en que podemos desprogramarnos y reprogramarnos para salir de la cautividad. La VERDAD es el único camino de salida.

Las paredes de su mente nunca estarán desnudas.

*R*epita Juan 8:32 en voz alta hasta que se le pegue. Tómelo literalmente.

La cuestión es ¿cómo retapizamos las paredes de nuestras mentes con la verdad? Primero, comprendiendo la meta. ¿Qué desea lograr Dios en nuestras mentes? Nosotros tenemos la mente de Cristo (1 Corintios 2:16), pero conservamos la capacidad de pensar con la mente carnal. Somos mentalmente "bilingües".

Mi hija mayor habla bastante bien español, pero piensa siempre en inglés porque ése es el idioma que ella practica. Lo mismo se aplica a nosotros. Pensaremos en el idioma mental que más practiquemos. En Romanos 7 Pablo refleja la lucha entre las dos naturalezas.

*L*ea Romanos 7:21-23. En una escala del 1 al 10, ¿cuánto se identifica usted con la lucha de Pablo?

Si escribió 10, ¡allí estoy yo también! Pero he aprendido a pensar más victoriosamente y también puede hacerlo cualquiera. Esto es lo que aprendí: Dios no nos liberará de nada que nos ha esclavizado hasta que lleguemos a tener la mente de Cristo con relación a ello. Tomemos como ejemplo la atadura de la falta de perdón. Muchas veces, cuando decidimos que queremos ser libres de la carga de no perdonar, lo que deseamos en realidad es que Dios nos quite a esa persona de la mente. Pero no es así como Dios obra. Él quiere transformar y renovar nuestras mentes (Romanos 12:2) para que podamos pensar como Cristo acerca de la persona que estamos perdonando.

No seremos libres hasta que adoptemos la mente de Cristo en cuanto al tema que nos ha aprisionado. Por ejemplo, si un creyente ha permitido que Satanás construya una fortaleza por medio de una relación adúltera y él finalmente se arrepiente y desea ser libre, su mente no será liberada hasta que haya arrancado todas las mentiras y se haya reprogramado con la verdad. Probablemente lo que este creyente desee sea que Dios quite de una vez por todas a la persona de su cabeza. Dios sabe que poco se lograría al hacerlo y que sería vulnerable a un ataque similar en el futuro. En lugar de hacer desaparecer a la persona de su mente, Dios quiere que este creyente comience a pensar como Cristo piensa sobre esa situación y sobre esa persona.

Observe nuevamente la ilustración 4. El proceso de aplicar la verdad de Dios a un tema es lo que hace que la cruz quede entre el ex cautivo y sus pensamientos. Una vez que la mente de Cristo toma el control, el poder de la fortaleza queda roto y la persona y la situación finalmente pueden salir de ese lugar.

¿Tiene una imagen más clara ahora? Deténgase y reflexione sobre lo que ha aprendido hasta ahora. ¿Tiene sentido? El día 5 aprenderemos formas muy específicas de lograr este "retapizado" de las paredes de su mente, pero quisiera concluir pidiéndole que me diga lo que usted piensa.

¿Cómo desea Dios que usted responda a lo que le ha mostrado hoy?

_____

_____

_____

_____

_____

*U*tilice el margen para responder a lo que está aprendiendo. Si está verdaderamente confundido, ¡escríbalo! Si está comenzando a comprender, exprese los conceptos que está teniendo más en claro.

Estoy muy orgullosa de usted. Continúe con firmeza, mi amigo. ¡La libertad en Cristo está a punto de ser una realidad en su vida!

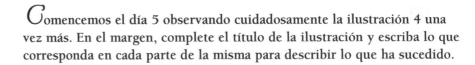

DÍA 5

Llevemos todo pensamiento cautivo

"Porque el ocuparse de la carne es muerte, pero el ocuparse del Espíritu es vida y paz" (Romanos 8:6).

Comencemos el día 5 observando cuidadosamente la ilustración 4 una vez más. En el margen, complete el título de la ilustración y escriba lo que corresponda en cada parte de la misma para describir lo que ha sucedido.

¿Cómo retapizamos nuestras mentes con la verdad? Primero, necesitamos comprender cuál es la meta.

¿Cuál es la meta de Dios en relación con nuestros pensamientos?
❑ **Que pensemos en cosas profundas**   ❑ **Que pensemos sólo cosas felices**
❑ **Que no pensemos**   ❑ **Que pensemos con la mente de Cristo**

Supongo que una o dos de las opciones lo habrán hecho sonreír, pero confío en que haya marcado la última. La meta de Dios en relación con nuestros pensamientos es que aprendamos a pensar con la mente de Cristo. Rara vez Dios nos librará de pensamientos cautivadores o controladores simplemente haciéndolos desaparecer de nuestras mentes.

En nuestra lección anterior, citamos una posible razón por la que Dios generalmente no nos quita las tentaciones. ¿Cuál era?

_____

¿De qué otra manera podríamos aprender a ser vencedores? Si simplemente olvidáramos de un momento para otro el objeto de nuestra fortaleza, quizá también olvidaríamos alabarlo y agradecerle por habernos liberado.

Lea Salmos 107:13-16. ¿Cuál debe ser la respuesta del que estuvo cautivo?

_____

Aun cuando Cristo sanó al leproso, no le hizo olvidar que había tenido lepra. Los testimonios más provechosos son los de personas a las que Cristo sanó, pero que aún recuerdan cómo era estar quebrantados.

Encuentro un número increíble de mujeres que confiesan haber tenido una relación adúltera. Muchas veces me alivia escucharles decir que se han arrepentido y se han apartado de esa relación, en obediencia a la voluntad de Dios. Pero muchas veces dicen: "Él está fuera de mi vida, pero no puedo sacarlo de mi mente". Y son sinceras. Dios ha perdonado el pecado, pero la fortaleza mental aún las aprisiona con fuerza.

De la misma manera, muchas vienen deseando perdonar a las personas que las hirieron. Claman: "Tantas veces creo que he perdonado, pero este tema sigue viniéndome a la mente". Cuando comencé a investigar para escribir este libro, sabía que en algún lugar existía la clave que nos ayudaría a tener la victoria en el campo de batalla más difícil de todos: la mente. Creo que la clave está aquí mismo, en 2 Corintios 10:5. Antes de sacar cualquier pensamiento controlador de nuestras mentes, el mismo debe convertirse en un pensamiento controlado por Cristo mientras aún esté en nuestra mente. Eso, amado, es llevar cautivo todo pensamiento a la obediencia a Cristo. Este proceso comienza en la ilustración 4, en que retapizamos la mente con la verdad; con una verdad específica.

La Palabra de Dios fue divinamente inspirada para todas las generaciones. Creo que la palabra de Dios tiene aliento y exhortación que pueden relacionarse con cualquier pecado o fortaleza. La Biblia nunca dice las palabras "anorexia nerviosa", pero muchos pasajes hablan verdad para esta fortaleza. De la misma manera, la Biblia no especifica las muchas fobias que la psiquiatría moderna define, pero tiene mucho para hablar con respecto de cómo manejar el temor. Si deseamos salir de la prisión de los pensamientos controladores, tendremos que retapizar con la Palabra de Dios.

Por favor, permítame compartir algunas prácticas que Dios utilizó profundamente para renovar mi mente y darme luego libertad de algunas fortalezas. Estoy dispuesta a pedirle que considere usarlas, porque anhelo, con celo de Dios, que usted sea libre. Voy a darle la oportunidad de practicar algo de lo que hemos aprendido esta semana al concluir la lección. Por ahora, sólo absorba la información.

1. Busque pasajes de la Palabra de Dios. Encuentre pasajes que digan lo que Dios piensa sobre su fortaleza en particular. Busque palabras claves utilizando una concordancia bíblica o una guía de temas bíblicos. Si usted es nuevo en el estudio de la Palabra y no tiene idea de cómo hallar pasajes que hablen específicamente a su fortaleza, busque ayuda. Cueste lo que cueste, haga una lista de pasajes. Busque y busque hasta encontrarlos. No busque uno o dos solamente y no busque solamente pasajes que sean de represión. Busque también pasajes específicos que hablen del amor, la misericordia y el perdón de Dios para usted.

2. Escriba estos pasajes en tarjetitas. La mejor manera de tenerlos compilados es en tarjetas unidas con un espiral. Estas tarjetas han sido tan útiles para mí que casi estoy convencida de que Dios las inventó con este propósito en mente. Tengo un juego de ellas en mi escritorio en este mismo momento, porque recientemente se produjo una situación que tenía el potencial de despertar cierta (injusta) ira en mí. Estas son mis "Tarjetas de la verdad". Sabe, estoy aprendiendo a usar los pasajes adecuados no sólo en forma defensiva, para derribar las fortalezas existentes, sino también en forma ofensiva, para que Satanás no tenga oportunidad de avanzar cuando surja una posibilidad.

3. Lleve estas "tarjetas de la verdad" dondequiera que vaya. ¿Hasta cuándo? Hasta que el poder de esa fortaleza esté roto y usted esté saliendo de esa celda. Amado, escuche. Si usted no está dispuesto a tomarse esto en serio, nunca hará de la libertad en Cristo una realidad en su vida. Cuando el enemigo ve que está a punto de perder un cautivo, lucha con todas sus fuerzas para mantenerlo atado. Prepárese para luchar por su libertad con algunas decisiones drásticas. Derribar una fortaleza es algo drástico. Es de esperar que la batalla arrecie cuando usted comience a arrancar las mentiras. Lleve sus tarjetas de la verdad dondequiera que vaya. En el calor de la batalla por la libertad, recuerdo que una vez llevé las tarjetas conmigo al supermercado. Las puse en el asiento para bebé del carro y cada pasillo o dos cambiaba a la tarjeta siguiente. Nuestro armario quedó lleno de cosas realmente extrañas, pero, amado, ¡hoy soy libre! En este momento río y lloro al mismo tiempo, al recordarlo. ¡Gloria sea a Dios, mi Libertador, Jesús! Quizá me encuentre nuevamente en la misma posición algún día, pero ya sé qué hacer.

4. *Evite la mayor cantidad de formas de engaño posible.* Si usted ha estado en una fortaleza, su mente ha estado inundada de mentiras. La persona que está saliendo de la influencia de las mentiras necesita desesperadamente un período de intensa desprogramación. Hasta que esté menos vulnerable, inunde su mente, primero, con la verdad y segundo, con materiales que estén de acuerdo con la verdad. Muchas variantes de los entretenimientos masivos están llenas de engaño. Cuando ya no estamos en una fortaleza o saliendo de ella, aún debemos ser muy cuidadosos en cuanto a las cosas que programamos en nuestras mentes; pero cuando estamos escapando debemos ejercer una precaución extrema. Recuerde, usted está desprogramando y reprogramando. Salir de la influencia de una fortaleza que ha estado en pie durante mucho tiempo puede ser como salir de la influencia a largo plazo de una droga. Muchas veces se dará cuenta de que es posible que le lleve un tiempo descubrir realmente la magnitud de la fortaleza. Cuanto más usted "despierte" a la verdad, más comprenderá cuánto Satanás lo ha engañado. No es nada raro lamentarse el doble varios meses después de haber sido liberado, que cuando recién salió de la fortaleza. La Palabra de Dios es el suero de la verdad. Cuanto más la use, más se aclarará su mente.

La Palabra de Dios es el suero de la verdad. Cuanto más la use, más se aclarará su mente.

Estudiemos la última ilustración y luego practicaremos lo que hemos predicado. Observe la ilustración No. 5 en el margen: Doblegar el pensamiento ante la verdad.

5. Doblegar el pensamiento ante la verdad

Observe la ilustración en la página 188. Haga un contraste entre la primera y la última. Por un momento no mire las que están en el medio. En el espacio más abajo, anote todo detalle que haya cambiado de posición.

_____

_____

Ahora lea 2 Corintios 10:3-5. ¡Sí, otra vez! ¿Ve lo que ha sucedido? La figura de nuestra ilustración ha ido de capturado a captor. Ahora observe las ilustraciones 2, 3 y 4. En sus propias palabras y según mejor recuerde, ¿cómo se produjo esta transformación?

_____

_____

La pregunta final es, entonces: ¿Cómo hizo el creyente para doblegar sus pensamientos ante la verdad? Creyendo, hablando y aplicando la verdad como estilo de vida. Este paso es algo que vivimos, no sólo algo que hacemos. Prometí recordarle que el tiempo verbal de la frase "llevando cautivo todo pensamiento" es un participio activo de presente que indica una acción continua o repetida. Nuestros pensamientos, ya bien entrenados en la ilustración 4, son algo así como un perro bien entrenado. No podemos sólo gritar: "¡Sentado!" y esperar que el perro se quede ahí durante una semana. Hemos trabajado mucho tiempo para que el perro aprenda que debe sentarse; pero aunque lo haya aprendido, no se quedará sentado para siempre. Nuestros pensamientos son algo en lo que debemos trabajar durante el resto de nuestras vidas, si deseamos agradar a Dios. Pero estos dos importantes hechos nos animan:

• Trabajar en nuestros pensamientos es lo único que hará que ellos no "trabajen" en nosotros. O nuestros pensamientos nos controlan, por medio del poder del enemigo, o nosotros tenemos control sobre ellos, gracias al poder de Dios. En cuestiones de pensamientos, lo neutral no existe. Esto no significa que no exista el descanso. En realidad, no hay descanso comparable al alivio de tener nuestros pensamientos cautivos de Cristo. Retapizar las paredes es un trabajo duro, pero cuando aprendemos a permanecer en lo que sabemos, tenemos descanso. Gracias a Dios que Él obliga al enemigo a retroceder de vez en cuando y tenemos un respiro. Cuando la batalla arrecia nuevamente, nosotros volvemos a tomar medidas drásticas.

- Trabajar en forma constante en nuestros pensamientos es la misma esencia de la piedad. La mente es la última frontera. Cuando usted está listo para invitar a Dios a tomar autoridad sobre sus pensamientos, significa que lo está tomando en serio.

Haga morir a la carne, y alimente el espíritu.

Nunca he conocido una persona que se llamara a sí misma "piadosa", pero conozco muchas personas a las que yo llamaría así. ¿En qué consiste la piedad, finalmente? ¿En la perfección? No, porque la Biblia pone a la piedad como meta de seres humanos ocupados por el Espíritu de Dios. Significa entregar nuestros corazones, almas, mentes y cuerpos a Dios y desear obedecerle más que cualquier otra cosa. Hasta que veamos a Cristo cara a cara, rendir lo secreto de nuestro corazón y nuestra mente a Dios es la esencia de la piedad. Si usted está luchando cada día para darle a Cristo su corazón y su mente y tiene conciencia de pecado en sus pensamientos, amado, yo lo llamaría "piadoso". ¿Pero sabe algo? Nunca me llamaría a mí misma así. Quizá así es como deba ser.

Quisiera incluir una regla muy práctica con respecto a los pensamientos que, a su vez, será un catalizador para la victoria en cada área de la vida: haga morir a la carne y alimente el espíritu. Estas frases no son originalmente mías, pero ya no recuerdo dónde las escuché por primera vez. Fueron un punto de inflexión para mí y espero que lo sean para usted. El creyente de la ilustración 5 está practicando esta regla y cada día que lo haga la victoria será la regla de su vida y la derrota, la excepción.

ℒea Romanos 8:5-8. Haga una lista de cada aspecto correspondiente a la mente que piensa según el Espíritu y la mente que piensa según la carne.

Según el Espíritu	Según la carne
_____	_____
_____	_____
_____	_____

Podemos cambiar lo que pensamos, y así cambiará lo que sentimos.

Aunque usted y yo seamos creyentes en Cristo, sin duda podemos pensar según la carne. Cuando no tomamos la decisión voluntaria de pensar según el Espíritu, automáticamente, tendemos a pensar según la carne. Habrá notado que nunca tenemos que levantarnos por la mañana y decidir ser egoístas. Yo tiendo automáticamente al egoísmo, a menos que me someta voluntariamente a la autoridad de Cristo y a la plenitud de su Espíritu de libertad.

Romanos 8:6 nos dice que "el ocuparse de la carne es muerte, pero el ocuparse del Espíritu es vida y paz". Aun cuando el Espíritu Santo me convence de pecado, su propósito es para vida y paz. El Espíritu Santo edifica al creyente. No nos destruye. Cuando pensamos según la carne, muchas veces estamos ansiosos, nerviosos, inseguros y temerosos. Sin mencionar codiciosos, lujuriosos, celosos y toda clase de cosas que como cristianos nunca deberíamos ser.

Ore a Dios para que le dé una mayor conciencia de la manera en que está pensando.

Esté en alerta por esos momentos en que piensa según la carne. Reflexione sobre el sentimiento que está sembrando en su corazón. Muchas personas me dicen: "Yo no puedo cambiar lo que siento". No, pero podemos cambiar lo que pensamos y así cambiará lo que sentimos. Cada día, en cada situación, tenemos la invitación a pensar según el Espíritu o según la carne. En la peor situación, aun en medio del dolor y las lágrimas, el Espíritu de Dios puede hablar vida y paz a nuestros corazones. Pero si deseamos pensar según el Espíritu, debemos aprender a alimentar el Espíritu y hacer morir la carne.

> **Subraye cada frase a continuación que se refiera a una actividad que alimenta el Espíritu.**
>
> | | |
> |---|---|
> | **Almorzar con un amigo** | **Salir de vacaciones** |
> | **Estudiar la Biblia** | **Almorzar con un amigo que ama a Dios** |
> | **Escuchar música cristiana** | **Mantenerse ocupado** |
> | **Asistir a un estudio bíblico** | **Memorizar pasajes bíblicos** |

Naturalmente, no hay nada de malo en almorzar con un amigo que quizá no sea cristiano, o salir de vacaciones, o estar muy ocupado algunas veces, pero si la presencia de Dios no es invitada a participar, el Espíritu que está en nuestro interior no se alimenta. Cuanto menos alimentamos al Espíritu de Dios que está en nosotros con cosas que le den energía para llenarnos, más se "reduce" su presencia dentro de nosotros. Gloria a Dios, porque también es cierto lo contrario. Cuanto más alimentamos al Espíritu de Dios que está en nosotros y nos rendimos a su control, más su presencia nos llenará y saciará de vida y paz. Aprendamos a detenernos cuando estamos pensando destructivamente y ansiosamente y veamos si estamos alimentando la carne en lugar del espíritu.

¿Recuerda el dilema de nuestro deseo de que algunas cosas o personas salgan de nuestra mente cuando nos hemos arrepentido? Hacer morir la carne y alimentar el Espíritu es el proceso por el cual ciertas personas o cosas que no están en la voluntad de Dios finalmente saldrán de nuestra mente. Utilicemos los dos ejemplos que vimos al comienzo de la lección de hoy.

Si alguien se ha arrepentido de una relación que no agradaba a Dios y se ha apartado físicamente de ella, lo primero que debe hacer es arrancar las mentiras y colocar en su lugar la verdad. Debe comenzar a meditar en verdades que hablen a ese desafío suyo en particular. Deliberadamente, debe decidir inundar su mente de cosas que alimenten el Espíritu y evitar ambientes o situaciones que alimenten la carne. (Si la persona está en el mismo lugar donde trabaja, yo sugeriría firmemente un cambio de departamento o de empleo. ¡Sí, es así de importante!) Con el tiempo, la persona que anteriormente llenaba sus pensamientos los llenará cada vez menos, hasta que finalmente, esos pensamientos serán tan secundarios que morirán. Este proceso requiere de mucha perseverancia. Muchas personas se dan por vencidas antes que sus pensamientos. ¡Le aseguro, basándome en la autoridad de la Palabra de Dios, que este proceso funciona! Dé a Dios toda su cooperación y tiempo para renovar su mente. Usted tendrá la victoria y Satanás será derrotado.

Quiero terminar hoy con una tarea muy importante para que usted realice. El segundo ejemplo que comentamos al principio de esta lección trataba acerca de perdonar a alguien que nos ha herido profundamente y ser libres, por fin, de los pensamientos que exaltaban esa herida. Quisiera que utilice este ejemplo específicamente, porque todos hemos sido o seremos heridos profundamente por alguien alguna vez. Conocemos personas que han guardado amargura hacia otras durante décadas. Ya sea que usted esté enfrentando este desafío de perdonar a alguien ahora, o esté dispuesto a prepararse para un momento en que se sienta tentado a no perdonar, este ejercicio le ayudará.

*E*n una hoja de papel, dibuje cada una de las cinco ilustraciones en sentido vertical, a la izquierda de la hoja. Escriba los títulos correspondientes a cada una. Hacia la derecha, escriba lo que la persona aprisionada en pensamientos de falta de perdón debería hacer para llevar sus pensamientos cautivos a Cristo, paso por paso.

Cuando llegue a la ilustración 3, piense en las mentiras que una persona que no perdona quizá haya pegado en las paredes de su mente y que deben ser expuestas a la luz y arrancadas.

En la ilustración 4, investigue un poco y cite algunos pasajes bíblicos que esta persona podría poner en las paredes de su mente. Recuerde: no busque solamente pasajes que contengan mandamientos negativos, sino también exhortaciones positivas.

Junto a la ilustración No. 5, describa los pensamientos de una persona que ha ido del perdón a la libertad. Por favor, esfuércese todo lo posible en este ejercicio y llévelo con usted al estudio del grupo. Una vez más, no se trata de respuestas correctas o incorrectas. ¡El deseo de mi corazón es que usted tenga estas ilustraciones y prácticas tan incorporadas a su corazón y su mente que siempre sepa cómo pasar de ser cautivo a captor bendecido!

Para gloria suya

Día 1
Plantío de Jehová

Día 2
Para mostrar su nombre

Día 3
Para mostrar su gloria

Día 4
Para mostrar satisfacción y paz

Día 5
Para mostrar su presencia

Mi querido amigo... ¿puede creer que ya hayamos llegado a la última semana? Estamos casi en el pico de la montaña, así que podemos mirar hacia el otro lado. Comenzamos hace algunas semanas, conociendo los beneficios que Dios desea que usted y yo disfrutemos. Ahora podemos verlos en todo su esplendor. Para mí sería suficiente con *ver* la muestra de su gloria, pero llegamos a *ser* su gloria.

Esta semana, memorice Isaías 54:17. Es el moño que completa el regalo que Dios ha preparado para nosotros. "Ninguna arma". "Ninguna arma". ¿Observó eso? "Ninguna arma forjada contra ti prosperará". "Ninguna lengua" te acusará. Está llegando nuestra reivindicación. Eso sí que le dará el deseo de dar vuelta a la página.

Preguntas Principales
Día 1: ¿Cuál es el mandamiento absolutamente prioritario de Dios para usted y para mí?
Día 2: ¿Cuál es el deseo de los corazones de quienes andan "en el camino de sus juicios"?
Día 3: ¿Qué prometió Dios en su pacto con Israel en Génesis 15:14?
Día 4: Según Isaías 58:6, ¿qué clase de ayuno ha escogido Dios?
Día 5: Según Isaías 40:28-31, ¿las fuerzas de quién renovará el Señor?

Las palabras no alcanzan para decirle lo que siento por usted. De todos los viajes bíblicos que hemos hecho juntos, éste es el más cercano a mi corazón. Jesús me sacó del montón de cenizas. Usted es la gloria que Dios ha producido a partir de mis cenizas. Lo amo.

D Í A 1
Plantío de Jehová

Oh, mi amigo, casi no puedo creer que estemos prácticamente en las últimas millas de nuestro recorrido juntos. Esta semana, mi oración es que concluyamos nuestro viaje compartido con una vívida imagen de cómo es la libertad. Durante estas últimas nueve semanas hemos estado aprendiendo la demostración del amor ágape que Cristo desea de nosotros más que cualquier otra cosa en la vida.

*L*ea las conocidas palabras de Marcos 12:28-30. ¿Cuál es el mandamiento absolutamente prioritario de Dios para usted y para mí?_____

Según 1 Juan 3:18, ¿qué forma debe tomar un amor genuino por Dios?

_____

El Tesoro de Hoy
"Y serán llamados árboles de justicia, plantío de Jehová, para gloria suya" (Isaías 61:3).

Estudiemos las cuatro áreas que Jesús nombró: corazón, mente, alma y fortaleza. Podemos cantar "Te amo, Dios" cálida y dulcemente, pero son nuestras acciones las que reflejan la realidad de lo que hay en nuestro corazón. Amamos activamente a Dios con todo nuestro corazón cuando nos rendimos a su autoridad porque conocemos y confiamos en el amor que Dios tiene por nosotros (1 Juan 4:16). La esencia del amor ágape es dar. Demostramos nuestro amor por Dios con lo que le damos.

En mi opinión, amar a Dios con toda nuestra mente es la más difícil y desafiante de las cuatro áreas. Todo lo que estudiamos la semana pasada refleja amar a Dios con nuestra mente. Rendir los lugares más recónditos de nuestros pensamientos a Dios y pedirle diariamente que Él tome el control, son formas de amar a Dios con toda nuestra mente.

La palabra "alma" implica a la persona en su totalidad. El salmo 103:1-5 habla de amar activamente a Dios con toda nuestra alma.

El desafío de amar a Dios con todas nuestras fuerzas me conmueve el corazón en este momento, porque hace muy poco tiempo vi a una persona que amo disminuir en todas las áreas de fortaleza física. En esta parte del mandamiento prioritario, creo que Dios dice: "Ámame con toda la fuerza física que tengas. Ofréceme tu templo para que yo habite en él plenamente, en debilidad o fortaleza, en la vida o en la muerte". Yo vi a mi madre, débil y a punto de morir, esforzarse para mover sus labios para cantar himnos conmigo, en sus últimas horas de vida. Amamos a Dios con todas nuestras fuerzas cuando le damos todo lo que tenemos, sea mucho o sea poco. ¿Está su cuerpo enfermo o tiene alguna discapacidad? ¡Ofrézcalo a Él! ¡Ámelo con Él! Dios estima en gran manera su ofrenda y utilizará lo que usted le entregue.

Durante las últimas semanas, usted ha estado viviendo activamente Mateo 12:28-30. Este viaje ha requerido de la plena participación de su corazón, su alma, su mente y sus fuerzas. Si ha participado totalmente en cada lección y cada ejercicio, no le ha escondido nada a Dios. Este, mi querido y estimado amigo, ha sido un ejercicio de amor a Dios.

¿*E*staría dispuesto a hacer algo ahora mismo? En vista de todo el terreno que hemos permitido a Dios que trabaje en nuestro camino hacia la libertad, ¿quisiera cantar al Señor un canto de alabanza que signifique algo especial para usted?

¡Cuánto oro para que todas las áreas de su corazón, su alma, su mente y sus fuerzas que han sido expuestas recientemente le hayan dado una nueva y mayor capacidad para amar a Dios! Sin duda, la libertad para obedecer su comando prioritario para cada uno de nosotros es la mayor libertad de todas.

Si usted le ama más hoy que hace nueve semanas, valió la pena recorrer este difícil camino. No se me ocurre nada más apropiado que volver a Isaías 61 y leer los versículos 1-4 nuevamente. Espero que a esta altura conozca bien estos versículos. En nuestra última semana de estudio, nos concentraremos especialmente en la última frase de Isaías 61:3.

$\mathcal{E}$scriba en el margen la última frase de Isaías 61:3.

La meta total de nuestro estudio está resumida en esta sencilla frase. Cristo vino para dar libertad a los cautivos, de manera que ellos pudieran ser llamados "plantío de Jehová, para gloria suya". Investiguemos el significado de una maravillosa meta que podemos lograr en esta tierra. Primero veamos la frase "serán llamados". La palabra hebrea que se traduce "llamados" es *qara*, que significa "llamar en voz alta, clamar, rugir; proclamar, pronunciar, predicar... celebrar... ser nombrado; leer en voz alta". Probablemente, la parte de la definición que más se aplica a nuestro contexto es la de ser nombrado. He sido llamada muchas cosas en mi vida y no se me ocurre ninguna que me hiciera más feliz que ser llamada "gloria de Dios".

Quizá lo más significativo es quién nos llamará, o nos dará nombre. ¿Será que otras personas verán las vidas de los cautivos que fueron liberados y los llamarán "gloria de Dios"? Quizá. Pero muchas veces descubriremos que los demás no comprenderán nuestra libertad y quizá aun se burlen de nosotros. No podemos contar con que los demás nos llamen de la manera que Dios nos ve. ¿Acaso los ángeles verán las vidas de los cautivos que fueron liberados y dirán que ellos son "para gloria de Dios"? Podría ser. Es un pensamiento agradable, pero que los ángeles tengan buena opinión de nosotros nunca ha sido nuestra meta. Así que... ¿quién mirará a los cautivos que fueron liberados y dirá que son para gloria de Dios? Yo creo que será Dios mismo quien lo haga.

$\mathcal{L}$ea y parafrasee Malaquías 3:16-17.

Ahora lea Sofonías 3:14-17.

El Señor celebra su disposición para ser victorioso con su fuerza. "Se regocijará sobre ti con cánticos", así que, ¡póngase sus zapatos de baile y celebre! ¡El que es poderoso para salvar lo libera! Si usted es como yo, probablemente esté feliz de ser llamado "para gloria suya", pero quizá no le entusiasme tanto ser llamado "árbol". Pero los cautivos que son liberados serán llamados "árboles de justicia, plantío de Jehová".

> **Lea cada una de los pasajes y escriba lo que aprenda en relación con la representación que hacen de nosotros como árboles plantados por el Señor.**
>
> **Salmos 1:1-4** _____
>
> **Isaías 60:21** _____
>
> **Jeremías 17:7-8** _____
>
> **Mateo 12:33** _____

Según Efesios 3:17, ¿qué es lo que nos arraiga profundamente como plantíos de Dios? _____

En Isaías 61:3, la Palabra de Dios especifica que seremos llamados árboles de _____

La palabra hebrea que se traduce como "justicia" es *tsedheq*, que refleja "honestidad, liberación. Es una conducta justa que surge de un corazón nuevo".

Escriba los antónimos (opuestos) al significado de tsedheq:

Honestidad _____

Integridad _____

Liberación _____

Lea Romanos 6:20-21 con atención. Ahora estudie una vez más estos antónimos. Cada uno representa el mal fruto de una fortaleza esclavizante. ¿Le recuerdan cosas de las que usted se avergüenza, al igual que a mí?
❏ Sí ❏ No

¡Celebre el fruto de la justicia que cosecha honestidad, integridad y liberación en nosotros! No importa cuáles hayan sido nuestras fortalezas, Dios puede plantarnos profundamente en su amor, hacernos crecer con el agua de su Palabra y llamarnos "árboles de justicia". Podemos ser llamados personas honestas, íntegras y libres.

Como verá en la definición, estos resultados se producen sólo en quienes han permitido a Dios crear en cada uno de ellos un corazón nuevo y limpio. Anímese, si su fortaleza era realmente horrible, como la mía. Las fortalezas más "presentables", como la autojustificación, la arrogancia y un espíritu condenador, son mucho más horribles para Dios, porque generalmente encubren la necesidad de tener un corazón nuevo. Vea Proverbios 8:13 y tendrá la prueba.

Ser un árbol no es tan malo cuando hemos sido plantados por el Señor "para gloria suya". Consideremos lo que Dios quiere decir con esto. En el hebreo, la palabra original es *pa'ar*, que significa "embellecer, hermosear, adornar; glorificar; ser glorificado; dar honor; traer honor; alardear". Ser para la gloria de Dios es irradiar su belleza. ¿Se imagina qué llamado tan elevado y maravilloso? Somos llamados a irradiar la belleza de Dios en esta tierra.

¿*Qué* enseñan los siguientes pasajes sobre Dios y la hermosura?

Salmos 27:4 _____

Salmos 50:2 _____

Como Moisés, cuyo rostro brillaba con la gloria de Dios, en Éxodo 34, la vida de un cautivo que fue hecho libre irradia el esplendor de Dios. ¿Acaso es de sorprenderse? Cualquier cautivo que victoriosamente haya hecho de la libertad en Cristo una realidad en su vida ha pasado bastante tiempo en presencia de Dios.

*S*almos 45:11 podría referirse directamente a cualquier cautivo que ha sido liberado. Escriba este versículo en el margen.

Hace poco serví en la India en un equipo de líderes con dos hombres de Dios que también eran de los Estados Unidos. Los tres hablamos en varias conferencias juntos. Algo en ellos realmente me bendijo. No podían dejar de hablar de sus esposas, orgullosos de lo hermosas que eran. En todo momento actuaron como esposos devotos muy enamorados de sus esposas. ¡No perdían oportunidad de mostrar sus fotografías! Finalmente, un poco en broma, les dije: "Caballeros, creo que es hora de que vuelvan a sus casas". Sus acciones y sus palabras realmente "daban gloria" a sus esposas.

Estudiemos el último sinónimo en la definición de *pa'ar*. Ser para gloria de Dios es ser alguien de quien Dios puede alardear. Amigo mío, si usted ha permanecido con Dios mientras atravesaba cosas muy duras, déjeme asegurarle algo: ¡Dios alardea de usted! Si usted ha accedido a caminar la segunda milla y hacer todo lo que sea necesario para obtener la libertad, Dios está orgulloso de usted. Dios siempre nos ama profundamente, ¡pero imagínese que Dios sienta orgullo y alardee de usted!

Imagine a Cristo, el Novio, alardeando de su belleza, a causa del tiempo que usted ha pasado contemplando "la hermosura de Jehová" (Salmos 27:4). No sé usted... ¡pero mi corazón da un salto de sólo pensarlo! Estoy segura del amor de Dios, aunque no soy muy hermosa, pero la idea de darle algo de lo cual pueda alardear me hace saltar. Sabe, cuanto más observemos la hermosura del Señor cuando lo buscamos en su templo, más nuestras vidas absorberán e irradiarán su belleza. Como esos dos esposos con los que serví en la India, Dios también quiere mostrar nuestras fotos con orgullo. Su meta final es mostrar nuestros retratos y decir: "¿No se parece muchísimo a mi Hijo? Es realmente muy parecido, ¿no le parece?" Eso es ser "para gloria suya". Un retrato vivo y visible de la gloria de Dios.

Durante el resto de la semana, hablaremos sobre una vida de la cual Dios pueda alardear. Cautivo que ha sido liberado, este es su destino.

*P*ara terminar, ¿qué fue lo que Dios más usó para hablarle hoy?

———————————————————————————

DÍA 2
Para mostrar su nombre

———————————————————————————

Estamos estudiando cualidades de las que Dios puede alardear; elementos de nuestras vidas terrenales que son "para gloria suya". Segunda Pedro 1:3-4 nos dice que su divino poder nos ha dado todo lo que necesitamos para la vida y la piedad. Cumplimos el elevado llamado de mostrar su gloria cuando nos extendemos para recibir plenamente todos los beneficios que Él se ha inclinado para darnos.

*L*ea Isaías 43:1-12. ¿Qué propósitos sugieren los versículos 8, 10 y 12 que Dios tiene para su vida?

---

*¿ C*ómo desea Dios que usted responda a lo que le ha mostrado hoy?

———————————

———————————

———————————

———————————

———————————

El Tesoro de Hoy
"*También en el camino de tus juicios, oh Jehová, te hemos esperado; tu nombre y tu memoria son el deseo de nuestra alma*" (Isaías 26:8).

Usted memorizó Isaías 64:4. Pablo parafraseó las palabras de Isaías en 1 Corintios 2:9: "Cosas que ojo no vio, ni oído oyó, ni han subido en corazón de hombre, son las que Dios ha preparado para los que le aman". Cristo dio su vida para que usted pudiera ser libre. Libre para vivir la realidad de 1 Corintios 2:9. Libre para mostrar la gloria de Dios. Libre para disfrutar todo lo que es suyo a través de ese costoso pacto que Dios hizo con usted en Cristo.

*E*n el espacio a continuación escriba los beneficios de su relación con Dios, basándose en el Libro de Isaías.

1. _____

2. _____

3. _____

4. _____

5. _____

Una de las verdades más importantes que espero hayamos aprendido, es que cualquier beneficio que falte en nuestras vidas durante un período de tiempo cualquiera, es indicación de una fortaleza, un área de derrota. Al aproximarnos al final de nuestro viaje, vamos a estudiar una vez más cada uno de los beneficios. Pero esta vez los veremos en plena aplicación y mostrando activamente la gloria de Dios. Estudiemos cómo se ve cada beneficio en su momento de mayor hermosura.

*L*ea Isaías 43:10. Complete los espacios en blanco.

"Vosotros sois mis _____, dice Jehová y mi siervo que yo escogí para que me _____ y _____ y entendáis que yo mismo soy".

El primer beneficio de nuestra relación de pacto con Dios es conocer a Dios y creerle. Isaías 43:9 declara el propósito principal de un testigo: "Presenten sus testigos, y justifíquense; oigan, y digan: Verdad es".

Nunca somos retratos más hermosos de mortales que conocen y creen a Dios que cuando los demás pueden mirar nuestras vidas, escuchar nuestros testimonios y decir: "Es verdad". ¡Eso es lo que significa ser una prueba viviente! Si usted se regocija en conocer a Dios y se atreve a creerle, alguien que está cerca de usted ha visto la verdad por medio de su testimonio, sea usted consciente de la efectividad de su testimonio, o no.

Piense en alguien que ayudó a dar autenticidad a alguna parte de la Palabra de Dios como testigo para usted. ¿Qué cosa, en la vida de esa persona, le hizo pensar: "Es verdad"?

_____

_____

Ahora observemos cómo el retrato de la fe que pinta Isaías 43:10 se convierte en una maravillosa muestra de la gloria de Dios.

*L*ea Isaías 26:8. ¿Cuál es el deseo de los corazones de quienes andan "en el camino de sus juicios"?_____

Estudiemos qué quería decir Isaías con que el nombre de Dios fuera el deseo de su alma. Luego comentaremos la palabra "memoria". La palabra hebrea que se traduce como "nombre" es *shem*. La palabra "semitas" con que se designa a los judíos, proviene de ella. Deuteronomio 28:9-10 dice: "Cuando guardares los mandamientos de Jehová tu Dios, y anduvieres en sus caminos. Y verán todos los pueblos de la tierra que el nombre de Jehová es invocado sobre ti, y te temerán".

Dios eligió una nación para que su nombre fuera invocado sobre ella. Esta nación a través de la que Él enviaría al Mesías sería una bendición para las demás naciones. Los "semitas" o israelitas eran, literalmente, un pueblo del nombre de Dios. El concepto de un nombre es mucho más que un título. *Shem* significa "la idea de posición definida y conspicua... una marca o memorial de individualidad. Por implicación, honor, autoridad, carácter" (Strong's). Por lo tanto, los israelitas fueron llamados, como nación, para mostrar la posición definida y conspicua del Dios verdadero en sus vidas. Fueron llamados a ser una marca de su individualidad y debían mostrar su honor, su autoridad y su carácter.

*B*asándose en lo que acaba de aprender, ¿qué cree usted que Isaías implicaba al decir "Tu nombre [es]... el deseo de nuestra alma".

_____

El nombre por el cual usted y yo somos llamados con mayor frecuencia, en razón de nuestra creencia espiritual, es "cristiano". Somos un pueblo del nombre de Cristo. Basándose en lo que hemos aprendido, ¿qué debería significar este nombre para nosotros?

_____

Veamos Isaías 26:8. Además del nombre de Dios, el autor dice que la "memoria" de Jehová también era el deseo de su alma. Podríamos parafrasear adecuadamente el versículo de esta manera: Tu nombre y tu fama son el deseo de nuestra alma.

*L*ea Isaías 26:9. ¿Qué relación diría usted que tiene una persona con Dios, si su alma lo desea en la noche y su espíritu lo anhela en la mañana?

_____

Sin duda, cuanto más conocemos a Dios, más deseamos conocer a Dios. Cuanto más tiempo pasamos con Él, más lo anhelaremos. Esto se aplica también a lo contrario. Cuando pasamos poco tiempo con Dios, quizá sintamos dolor, vacío o pérdida, pero no la clase de profundo anhelo que refleja Isaías 26:9.

*C*ompare con el Salmo 63:1-7. ¿Cómo sabe usted que el anhelo del que habla el versículo 1 surge de la intimidad con Dios y no del vacío de conocerlo muy superficialmente?

_____

Sabe, el anhelo que expresan Isaías 26:8-9 y Salmos 63:1-7 viene del corazón y el alma de una persona que ha conocido verdaderamente a Dios. ¿Por qué es tan importante esta distinción? Porque las personas que conocen bien a Dios desean que Dios sea bien conocido. Nadie tiene que forzar a una persona que conoce íntimamente a Dios a ser un testimonio viviente. Los que realmente conocen su Nombre siempre quieren su fama.

¿Recuerda el propósito de la lección de hoy? Es ver el primer beneficio: Conocer a Dios y creerle. Voy a formularle una pregunta y le ruego que confíe en que no hay en mi corazón ni atisbo de juicio o condenación, sea cual sea su respuesta: ¿Anhela usted profundamente la presencia de Dios en este momento? No estoy hablando de sentimientos de culpa, ni de convicción de pecado cuando Él no es su prioridad. Me refiero a un ansia de Dios que lo lleve una y otra vez a su presencia. Un anhelo que hace que sólo unos días sin oración y sin su Palabra sean una eternidad.

Su motivación para completar este estudio quizá haya sido encontrar liberación, ¡pero mi oración es que haya encontrado más al Liberador! Dios puede utilizar cualquier motivación para llevarnos a su Palabra y a la oración, pero también creo que Él desea refinar nuestras motivaciones hasta que sean, primero y antes que nada, desearlo a Él.

Mi motivación para estudiar la Biblia y orar quizá aún esté centrada en mí. Arregla mis circunstancias, Señor. Úsame con poder, Señor. Dirígeme en formas evidentes hoy, Señor. Ábreme camino, Señor. Dame éxito, Señor. Escuche: ninguna de estas oraciones es incorrecta. Pero si mi motivación para relacionarme con Dios es lo que Él pueda hacer por mí, quizá crezca la codicia de su poder, pero no el anhelo de su presencia. Dios desea oír nuestras peticiones, pero su gozo mayor es oír que provienen de las bocas de quienes lo desean a Él más que cualquier cosa que Él pudiera darles.

No sienta culpa si conocer a Dios no es su principal motivación para estudiar la Biblia y orar. Mi meta es que tome conciencia. La conciencia siempre es el primer paso hacia la libertad. Esta misma conciencia es la que me motivó, cuando estaba cerca de cumplir los 30 años, a pedir a Dios que me diera un corazón para amarlo y conocerlo, más que cualquier otra cosa en la vida. No tengo palabras ni espacio suficiente para explicar la transformación que se ha producido en mí a raíz de esta petición. Hasta este día, este es el pedido que más repito a Dios para mí. Oro para que el poder de Dios se revele y oro para que obre en mis circunstancias. Oro para que me guíe y para que me muestre su favor. Pero más que cualquier otra cosa en este mundo, oro para conocerlo.

¿Ve usted lo que ha sucedido en mi corazón como resultado de haber pasado a tener una motivación centrada en Dios para orar y estudiar? No es suficiente para mí con que yo lo conozca y le crea. ¡Quiero que todos los demás también lo conozcan y le crean! No me pongo a mí misma como ejemplo, pero quiero que sepa que Dios es fiel para convertir Isaías 43:10 en 26:8 para cualquier persona! Una vez que realmente conozca su nombre, querrá su fama. Lo que Él le ha hecho conocer a usted, querrá que todos los demás lo conozcan. Ese es el deseo del alma que desea la memoria o la fama de Dios. Isaías 26:8 es Isaías 43:10 mostrado a la luz de la gloria de Dios.

*P*ermítame hacerle varias preguntas difíciles. Si tuviera que evaluar su actual anhelo de conocer a Dios, ¿dónde colocaría la X en la siguiente línea?

Mínimo deseo   El anhelo más profundo de mi corazón

¿Cuán vivo es su deseo de hacer conocer a Dios en este momento?

Mínimo deseo   Máximo deseo

¿Cómo desea Dios que usted responda a lo que le ha mostrado hoy?

_____

_____

_____

_____

_____

El Tesoro de Hoy

"Ninguna arma forjada contra ti prosperará, y condenarás toda lengua que se levante contra ti en juicio. Esta es la herencia de los siervos de Jehová, y su salvación de mí vendrá, dijo Jehová" (Isaías 54:17).

Recapitulemos sobre el tema de hoy: Conocer a Dios y creerle muestra su gloria cuando el deseo de nuestra alma es que otros también lo conozcan. Tenga cuidado con las conclusiones que pueda sacar de este hecho. Quizá esté pensando que no anhela a Dios porque no se atreve a golpear las puertas de las casas de extraños para evangelizar. Aunque tengo mucho respeto por quienes golpean puertas y entregan tratados, esas no son las únicas maneras en que podemos hacer conocer a Dios. Estas son algunas formas en que podemos mostrar nuestro amor por Cristo:

- Invitar a otras personas a un estudio bíblico. Nunca olvidaré una carta que recibí de un grupo que había estudiado uno de mis libros. En la última reunión, la líder preguntó: "¿Hay alguien que tenga algo que decir antes de terminar nuestro viaje juntas?" Una de las mujeres que había completado el estudio dijo: "Sí. Yo quisiera orar para recibir a Cristo".
- Invitar a otras personas a la iglesia. Recordemos cuál es la meta. No buscamos dar gloria a nuestras denominaciones. ¡Lo que queremos es dar gloria a Dios!
- Invitar a otras personas a recitales u obras de teatro cristianas.
- Visitar a nuestros amigos o vecinos para tomar un café, o hacer ejercicio juntos, para tener oportunidades de charlas informales en las que Cristo pueda ser visto como parte de nuestra vida.
- Apoyar las misiones locales e internacionales con oraciones y ofrendas.

Oh Dios, permite que te demos el gozo de alardear de nosotros con estas palabras: Mi nombre y mi memoria son el deseo de su alma.

D Í A   3
Para mostrar su gloria

Al recorrer el último par de millas juntos, nuestra meta es aminorar el paso y reflexionar sobre cinco formas en que se muestra la gloria de Dios. Imaginémoslas como cuadros de paisajes montados en caballetes. Ellos nos ayudan a recordar qué aspecto tiene la verdadera libertad. Cada uno representa vidas de las que Dios puede alardear.

Ahora estudiemos el cuadro de nuestro segundo beneficio. ¿Cuál es el beneficio 2 de nuestra relación de pacto con Dios?

Cuando estudiamos este beneficio definimos la gloria de Dios con esta frase: La gloria de Dios es la forma en que Él se hace conocer o se muestra poderoso. Cuando Dios desea glorificarse a través de una persona, prueba quién es Él haciendo que esa persona sea lo que de otra manera sería imposible, o haga lo que de otra manera sería imposible.

Un ejemplo de personas que viven más allá de sus respuestas humanas aparece en 2 Corintios 4. 8-9. En una palabra, escriba en el margen cómo caracterizaría usted a estas personas.

Lea los versículos anterior y posterior a ese pasaje: 2 Corintios 4:7, 10. Según estos dos versículos, ¿por qué muchas veces Dios insiste en llevarnos más allá de nuestras limitaciones humanas?

Naturalmente, siempre que glorificamos a Dios probamos que somos "para gloria suya", pero hoy quiero pintar un cuadro de una vida que realmente no le niega nada a Dios. Una vida a través de la cual Dios hace algo que sólo Él puede hacer. ¡Vamos a ver cómo es liberado el más cautivo de los cautivos! Esperé deliberadamente hasta ahora para ver el primer registro bíblico en relatar las aventuras de cautivos que son liberados. Volvamos en la máquina bíblica del tiempo hasta la tierra de Egipto y escucharemos los gemidos de los israelitas, el pueblo de Dios, sujetos a un cruel cautiverio.

*L*ea cada porción del pasaje y luego póngale un título. Complete las preguntas o actividades siguientes:

1. Éxodo 2:23-25; 3:7-10. Su título:_____

¿Qué cree usted que quiere decir "se acordó" (2. 24)?

_____

Prácticamente cada vez que vemos que Dios "se acuerda" de algo o alguien en la Biblia, es que se mueve para actuar a su favor, como en Éxodo 3:8. Se acordó de ellos, así que descendió a rescatarlos. ¿Cómo se aplica esto a nosotros? Dios conoce nuestro sufrimiento desde el primer grito. Pero desea escucharnos clamar específicamente por su ayuda. Dios nunca deja de oír ni un gemido ni un llanto de sus hijos. Siempre tiene una misión de rescate planeada. Cuando llegue el momento justo, Dios actuará a favor de sus hijos. Dios cumple su Palabra. Creo que cada uno de nosotros ha estado en Egipto en un momento u otro. ¡Los israelitas sufrieron 400 años de esclavitud!

¿*C*uánto tiempo estuvo usted en su propio Egipto?_____

2. Éxodo 12:21-30. Su título: _____

Si es de corazón tierno esta escena es difícil de imaginar, pero recuerde que Dios mira al corazón. Él sabía lo que costaría la liberación de sus hijos. Un día, Él entregaría la vida de su propio Hijo para que cualquier cautivo, judío o gentil, pudiera ser libre. Al poner el plan en marcha, Dios también demandó que su pueblo estuviera preparado. Creo que lo mismo se aplica a nosotros. Dios envió a Cristo a liberar a los cautivos, pero sin duda, Él exige que estemos atentos y preparados. Él desea que nunca olvidemos que el perfecto Cordero de Dios derramó su sangre para que nosotros pudiéramos ser liberados. No tenemos puerta de escape a menos que el dintel haya sido marcado con la sangre de Cristo.

3. Éxodo 12:31-36. Su título: _____

Ahora la aplicación se vuelve divertida. La palabra "despojaron" en hebreo es *natsal*, que significa "arrebatar" (Strong's). ¡Cuando Dios libera a sus hijos, estos nunca tienen que escapar por poco! Los israelitas no eran más que unos pobres esclavos en Egipto, pero cuando Dios los libró, ellos salieron con toda la riqueza de los egipcios.

Podemos trazar un maravilloso paralelo de este hecho. En el clásico "Manantiales en el desierto", la Sra. de Cowman expresa este maravilloso fenómeno mejor que yo.

El evangelio está dispuesto de tal manera y el don de Dios es tan grande, que podemos tomar a los mismos enemigos que luchan contra nosotros y las fuerzas que están preparadas para asaltarnos y hacer de ellos escalones que nos lleven hasta las mismas puertas del cielo, a la presencia de Dios... Dios desea que cada uno de sus hijos sea más que vencedor... Sabemos que cuando un ejército es más que vencedor, es muy posible que saque al otro del campo, tome todas las municiones, la comida y las provisiones y se apodere de todo... ¡Hay un botín que tomar!

¿Lo ha tomado usted? Cuando pasó por ese terrible valle de sufrimiento, ¿salió de él con el botín en sus manos? Cuando esa herida lo golpeó y pensó que todo había terminado, ¿confió tanto en Dios que salió más rico de lo que entró? Ser más que vencedores es tomar el botín del enemigo para apropiárnoslo. Lo que él había planeado para destruirlo, tómelo y aprópieselo para usted.

¿Salió usted de su Egipto, de su tiempo de esclavitud, con despojos del enemigo? ¿Le asestó un golpe ofensivo al enemigo, permitiendo que Dios lo sacara de su cautividad siendo el doble de la persona que era cuando entró?

¿ *Qué* prometió Dios en su pacto con Israel, en Génesis 15:14?

_____

¡No lo olvide! Lo que Dios dio a la nación de Israel en sentido tangible, casi siempre podemos verlo aplicado a los creyentes del Nuevo Testamento en sentido espiritual. ¡Él desea sacarnos de nuestros tiempos de cautividad con posesiones!

Lea una vez más Éxodo 12:35. Complete los siguientes espacios en blanco: "E hicieron los hijos de Israel conforme al mandamiento de Moisés, pidiendo de los egipcios alhajas de _____ y _____ y vestidos".

En unos momentos veremos que también escaparon con piedras preciosas. Recuerde, en la esclavitud no tenían nada; pero al liberarlos, Dios les dio riquezas.

Lea 1 Corintios 3:12-13.

Dios desea hacer obras en nuestras vidas que soporten las llamas de las pruebas de fuego. La madera, paja y heno de estos versículos representan obras que se queman instantáneamente cuando se inicia un incendio. El oro, la plata y las piedras preciosas representan obras que perduran. ¿Comprende usted que no tiene por qué escapar de la esclavitud sin ningún provecho en sus manos? Después de todo lo que el enemigo le ha hecho sufrir, tome su botín. Permita que Dios le haga salir de su tiempo de cautividad con oro, plata y piedras preciosas. Más fuerte que nunca, porque en su debilidad Dios se hizo fuerte. Más amenazante para el reino de las tinieblas de lo que jamás haya soñado Satanás. Róbele al ladrón que vino en contra suya para robar, matar y destruir. No reclame solamente el terreno que había rendido. Dios desea ampliar sus límites y enseñarle a poseer tierras que usted nunca soñó que existieran. Haga que el enemigo pague por planear en su contra con tanto odio. ¡Arrebate su botín!.

Por favor, utilice el espacio a continuación para escribir cuál fue su botín. No se sienta incómodo al hacerlo. ¡Usted está alardeando en el Señor su Dios! Gracias a su poder, usted ha escapado más rico de lo que era antes.

_____

Oh, amigo mío, le ruego que entregue a Dios sus fracasos. Entréguele sus períodos de esclavitud más terribles. Sus derrotas más humillantes. Dios, sólo Dios, puede utilizarlas para hacerlo un guerrero mucho más poderozo de lo que usted jamás haya soñado. ¡Que haya despojos! ¡Hay más! Veamos cómo este botín puede ser para la gloria de Dios.

4. **Éxodo 35:4-29. Su título:** _____

No olvide que los israelitas prácticamente no tenían posesión alguna en Egipto. ¿De dónde sacaron el oro, la plata y las telas que se mencionan en Éxodo 35:5-6?

_____

Si usted dijo que eran su botín de los egipcios, ha dado en el blanco. Los israelitas reinvirtieron su botín ofreciéndolo directamente a Dios. Un Dios que puede tomar un par de peces y panes y multiplicarlos para alimentar a miles de personas. Un Dios de dividendos increíbles. Muy bien, haga su propio paralelo en este punto.

¿Cómo puede una persona reinvertir el botín que saca de su cautividad?

_____

¿Alguna vez ha tenido la oportunidad de ofrecer su botín a Dios como reinversión y ver cómo Él le da aún mayores dividendos?   ❑ Sí   ❑ No
Explíquelo.

_____

Cuando yo aún era pecadora, Cristo murió por mí. Él escuchó el gemir de mi esclavitud autoinfligida y Él, el Dios del universo, Su Santidad, Su Majestad, miró mi fealdad y sacó en libertad a esta cautiva. ¿Hubo botín? Amado, usted lo está viendo delante de sus propios ojos en este mismo instante. Este libro, valga lo que valga, no es más que un botín. Cada línea de este libro es lo que Dios me permitió sacar de mis períodos de humillación en Egipto. Yo merecía ser colocada en un estante y simplemente vivir con paciencia mi tiempo restante hasta llegar a la gloria del cielo. Pero en cambio, Dios prefirió usar las mismas cosas que Satanás usó para vencerme, para enseñarme. ¿Cómo no derramar mi vida nuevamente ante Dios? Él es la única razón por la que sobreviví... y aun más, por la que prosperé luego.

Querido amigo de Dios, usted muestra la gloria de Dios cada vez que toma el botín de su Egipto y lo ofrece nuevamente a Dios para su gloria. Si usted se ha arrepentido y ha escapado de Egipto, no se quede con la cabeza baja. Dios obligará al enemigo a que le dé botín, pero si usted no tiene su cabeza levantada, mirando hacia arriba con expectativa, quizá no lo reciba.

Quiero compartirle una palabra final de testimonio. Algunas veces no siento deseos de ser vulnerable o transparente, no importa cuánto esto pudiera ayudarme. Algunas veces simplemente quiero olvidar que estuve en Egipto. Algunos días quiero actuar como si siempre hubiera hecho las cosas bien. Algunos días no deseo dar; deseo recibir. Y algunos días simplemente no quiero que nadie se meta en mis asuntos. Los períodos que pasé en Egipto son muy dolorosos para recordarlos. Son vergonzosos para admitirlos. No dejan nada que los demás puedan admirar. Algunas veces pienso que simplemente no puedo. Pero cada mañana, el Espíritu Santo me llama hasta ese lugar

¿ *C*ómo desea Dios que usted responda a lo que le ha mostrado hoy?

_____

_____

_____

_____

_____

El Tesoro de Hoy
"Jehová te pastoreará siempre, y en las sequías saciará tu alma, y dará vigor a tus huesos; y serás como huerto de riego, y como manantial de aguas, cuyas aguas nunca faltan"
(Isaías 58:11).

en que me encuentro con Dios. La gracia de Dios se inclina y se encuentra conmigo. En la simplicidad de mi tiempo de oración, repentinamente me veo confrontada con la majestad de mi Redentor. Aquel que es responsable de cualquier cosa buena que haya en mí. Mis pecados pasados son perdonados y nuevas misericordias caen como maná del cielo. Una vez más, entonces, mi corazón se conmueve y rindo todo nuevamente. Mañana tras mañana.

D Í A   4

Para mostrar satisfacción y paz

Hoy veremos los beneficios 3 y 4 en plena muestra de la gloria de Dios. Nuestra meta hoy es ver ambos beneficios al máximo de su belleza, como muestras de la gloria de Dios. Tenemos mucho para hacer, así que comencemos. Primero, considere:

1. *La satisfacción que se halla en Dios.* Simplemente, debemos hallar satisfacción en Dios (beneficio 3), porque la insatisfacción o el vacío son como una bandera roja para el enemigo. Los lugares vacíos en nuestras vidas se convierten en un patio de juegos para él. Imagínese un campo de golf verde y espacioso. Los banderines señalan dónde están los hoyos para los jugadores. Algo similar sucede en el mundo invisible. Ninguno de nosotros hemos llegado a la adultez sin algunos "hoyos" en nuestras vidas. Algunos tienen más que otros debido a heridas y traumas, pero todos tenemos hoyos. Gastamos incontables cantidades de energía airándonos y amargándonos, tratando de saber por qué existen esos hoyos y quién tiene la culpa. La sanidad comienza cuando reconocemos cuán vulnerables nos hacen esos lugares vacíos, cuando contamos el costo de llenarlos con cosas inútiles y buscamos la sanidad sólo en Cristo. En mi opinión, la sanidad en Cristo es el estado en que cada hoyo ha sido llenado por Él.

Nadie puede quitar los hoyos que dejaron los traumas de mi niñez. El daño no puede ser revertido. Debe ser sanado. Los hoyos no pueden ser quitados, pero pueden ser rellenados. Al echar una última mirada a la satisfacción en Cristo, nuestra meta es ver la satisfacción en su mayor hermosura. Queremos ver una figura de la persona satisfecha mostrando plenamente la gloria de Dios. Isaías 58 pinta este cuadro perfectamente. Acerquémonos al caballete y observemos con cuidado.

*L*ea Isaías 58:6-12 y escriba un resumen en una sola frase expresando el corazón de este pasaje:

_____

Dios inspiró al profeta Isaías para que escribiera lo que podríamos considerar un maravilloso juego de palabras. El Espíritu Santo expresa una hermosa paradoja en estos versículos. Con una meditación cuidadosa observaremos dos temas que surgen y que parecen ser conceptos virtualmente opuestos.

*T*ema 1 (v. 6): el _____ que [Dios] ha escogido.

Tema 2 (v. 11): En las sequías, [Jehová] _____ tu alma.

"Ayuno" nos hace pensar en vacío, pero "saciará" nos hace pensar en plenitud. ¿Cómo une Dios ambos conceptos? Él promete que quienes se despojen a sí mismos de otros placeres serán saciados por algo que sólo Él puede dar.

$\mathcal{C}$ompare los versículos 10 y 11. ¿A qué afirmación puede llegar, uniendo los temas de la negación de uno mismo y la satisfacción?

_____

Quizá haya dicho algo como: "Si derramamos nuestras vidas para satisfacer las necesidades de los oprimidos, Dios será fiel para satisfacer nuestras necesidades". No importa con qué palabras lo haya dicho, si reflejó la misma idea, es que ha captado adecuadamente el concepto.

Reflexionemos sobre esta clase única de ayuno que Dios ha escogido. Generalmente pensamos en el ayuno como abstenernos de comida para dedicarnos a la oración. El vacío de nuestro estómago nos recuerda que debemos orar. Aunque el Nuevo Testamento habla de ayunar de alimentos para orar, Isaías 58 habla de un ayuno que creo que Dios honrará más que ningún otro. Permítame estimular su reflexión. He pasado un tiempo meditando en esta pregunta y no creo que sea fácil de contestar

¿$\mathcal{D}$e qué propone Dios que ayunemos, en estos versículos? Escriba la mayor cantidad de posibilidades que se le ocurran. Quizá esta pregunta le ayude: "¿Qué tenemos que dejar, o de qué debemos ayunar, para alcanzar a los oprimidos? Escriba su respuesta en una hoja

Dios me llevó al otro lado del mundo para darme algunas respuestas a estas preguntas. En las dos semanas que estuve en la India, estos versículos me vinieron a la mente más que ningún otro. Si usted sólo desea un viaje misionero divertido y breve deje a la India fuera de sus planes. No estoy segura de que haya algún otro país como ése. Nunca se puede escapar del sufrimiento allí. El dolor lo sigue a uno calle abajo, en la forma de mendigos huérfanos y sucios. Penetra en el cuarto de su hotel con el sonido extraño de la música india con que intentan calmar al menos a 300 millones de dioses. Le contrae la garganta al oler la carne en descomposición de la colonia de leprosos, a varias calles de distancia. Cuando regresé, la gente me preguntaba si la había pasado bien. No. En realidad, no la pasé bien. Fue un tiempo muy profundo. Nunca volveré a ser la misma. No puedo olvidar lo que vi.

¿Qué clase de ayuno requirió Dios de mí, al enviarme a ministrar en forma personal a los oprimidos? Un ayuno de comodidades. Un ayuno de mi pequeño y bello mundo. Un ayuno de los "cristales de color rosado". El ayuno que disfruto en Houston, donde las autopistas dan la vuelta para no pasar por los barrios bajos y así evitarme ver a los pobres. Puedo vivir toda mi vida allí, quedarme en mi vecindario y elegir quedarme solamente con lindos problemas que huelen mejor. Puedo elegir ayunar de la pobreza y la opresión. Pero si lo hago, nunca tendré un corazón como el de Dios.

Uno de los propósitos de un ayuno es que el vacío nos mueva a una respuesta espiritual. El vacío del pueblo de la India me trajo vívidos recuerdos de mi propio vacío en una época. Tantas cosas me destrozaron el corazón. Los rostros que se me han quedado más grabados son los de las mujeres, con sus cabezas cubiertas, sumisas. Muchas hasta tal punto que parecían avergonzadas. Estuve unos días en un pueblo donde los desagües abiertos corrían a pocos metros de donde yo estaba y hablé con cuatro mujeres por medio de una intérprete. No había planeado hacerlo. El Espíritu vino sobre mí. Toqué sus rostros y les dije que eran tan hermosas... Les dije que Dios las veía con gran dignidad y honor, como princesas. En unos pocos momentos, esas cuatro mujeres se convirtieron en una multitud. Aún lloro al recordarlo. Ellas lloraban, se aferraban a mí y estaban dispuestas a hacer cualquier cosa con tal de recibir a ese Salvador. Sabían que quizá sus circunstancias nunca cambiarían, pero un día dejarían de lado esta vida y despertarían en el esplendor de la presencia de Dios. ¿Sabe qué utilizó Dios para provocar ese lazo entre esas mujeres y yo? Un recuerdo muy punzante del vacío y la opresión que yo misma había sufrido.

No tenemos que irnos al otro lado del mundo para alcanzar a los oprimidos. Oh, mi profunda oración es que cada uno de nosotros descubramos la gloriosa satisfacción en Cristo; pero cuando ella se hace real, debemos encontrar un lugar donde poder derramar lo que sobreabunda en nuestras vidas. Los cautivos que verdaderamente han sido liberados son las personas más compasivas del mundo. No ven a los demás como inferiores, porque ellos también han vivido en esas circunstancias.

Nuestras motivaciones para alcanzar a los demás no siempre son puras. Mi querida amiga Kathy Troccoli, que ministra a tiempo completo, formula una pregunta crítica: "¿Estoy ministrando a partir de mi necesidad, o de la superabundancia de mi propia relación con Dios?" Seremos sabios si nos formulamos esa misma pregunta. ¿Sentimos necesidad de recibir la aprobación de aquellos a quienes servimos? ¿Acaso ellos nos hacen sentir importantes? ¿O servimos porque Jesús ha llenado de tal forma nuestros corazones que debemos encontrar un lugar donde derramar esa abundancia?

¿Estoy ministrando a partir de mi necesidad, o de la superabundancia de mi propia relación con Dios?"

*P*or favor, escriba en el margen su propio testimonio de un momento en que descubrió que su alma se llenaba profundamente después de vaciar su vida por otra persona.

2. La paz que Dios nos da. El cuarto beneficio de la relación de pacto con Dios es experimentar la paz de Dios. ¿Cómo se verá la paz de Dios en el alma de una persona en su momento de mayor hermosura? ¿Cuándo la paz se convierte en una muestra cautivante de la gloria de Dios?

*R*egrese al comienzo de nuestro viaje y repase rápidamente el día 4 de la semana 2. Lea Isaías 48:18. Lea la lección hasta que descubra dónde dijimos cuál era la clave de la paz. ¿Cuál es? Elija una opción.

❏ la salvación   ❏ servir   ❏ amar a Dios
❏ amar a los demás   ❏ someternos a la autoridad de Dios

Espero que haya recordado cuál era la clave de la paz aun antes de repasar la lección. Isaías 48:18 nos permite inferir que tenemos "paz como un río" cuando prestamos atención a los mandatos de Dios. Por lo tanto, la clave para la paz en cada una de nuestras vidas es someternos a la autoridad de Dios a través de la obediencia.

Piense en la última vez que obedecer a Dios no le resultó, al menos momentáneamente, demasiado divertido. Describa la experiencia en términos generales.

_____

_____

Obedecer a la autoridad de Dios no le resulta fácil a nadie. Escuché a un predicador que admiro decir que la vida del discípulo requiere de una "prolongada obediencia en una misma dirección". ¿No es una gran expresión de la verdad? ¿Así que solamente nos esperan sacrificios en esta prolongada obediencia en una misma dirección? No, nada de eso. Veamos la paz en su momento de mayor hermosura.

*L*ea Isaías 52:7-9. Describa la relación que se desarrolla entre la paz y

el gozo: _____

Quizá usted haya observado que tiendo a ser un poco demostrativa, así que me encanta la figura del gozo que estos versículos pintan. ¡Gritos de gozo! ¡Saltos de gozo!

*A*hora complete los espacios en blanco de uno de mis versículos favoritos en el Libro de Isaías, capítulo 55, versículo 12:

"Porque con _____ saldréis, y con _____ seréis vueltos; los montes y los collados levantarán _____ delante de vosotros, y todos los árboles del campo darán palmadas de _____".

¡No se detenga aquí! Lea un poco más adelante, en Isaías 58, versículos 13 y 14. ¿Cómo se deleitarían ellos en el Señor?
❏ Por medio de la comunión unos con otros
❏ Por medio de la obediencia a los mandatos de Dios

Obedecer a Dios muchas veces significa no seguir nuestro propio camino, no hacer lo que nos agrada y ni siquiera hablar como queremos. Pero si la paz es el fruto de la justicia (Isaías 32:17), ¡entonces gozo es el vino de ese fruto! El gozo fluye finalmente de la obediencia y, amigo mío, pocas cosas muestran más la gloria de Dios que el gozo. ¿Cree que estoy forzando un poco la analogía? Busque Juan 15. "Yo soy la vid verdadera, y mi Padre es el labrador... el que permanece en mí, y yo en Él, éste lleva mucho fruto... En esto es glorificado mi Padre, en que llevéis mucho fruto... Si guardareis mis mandamientos, permaneceréis en mi amor... Estas cosas os he hablado, para que mi gozo esté en vosotros, y vuestro gozo sea cumplido" (Juan 15:1, 5, 8, 10-11).

Coloque Isaías 32:17 junto a Juan 15 y esto es lo que obtendrá: La paz es el fruto de la justicia que, en esencia, es la obediencia a los mandamientos de Dios; el producto de permanecer en la vid. ¡El vino que brota del fruto maduro es el gozo! Concluya la lección de hoy con un versículo de celebración que reúne todos estos elementos en una maravillosa muestra de la gloria de Dios.

¿*Q*ué es el reino de Dios, según Romanos 14:17-18?

_____
_____

¡Ahí lo tiene! El vino del gozo finalmente brotará del fruto de la paz producido por la justicia. "Por la noche durará el lloro, y a la mañana vendrá la alegría" (Salmos 30:5). Dios lo mirará a usted en la plenitud de la cosecha de su obediencia y quizá diga algo como lo que me decía mi abuela cuando me veía vestida para salir (con frenillos en los dientes y todo): "Niña, sí que estás hecha una muñeca". O quizá le diga: "Realmente eres una muestra de mi gloria".

DÍA 5

Para mostrar su presencia

El Tesoro de Hoy
"Jehová es la fortaleza de mi vida; ¿de quién he de atemorizarme?"
(Salmo 27:1).

Nunca dejo de llorar cuando comienzo a escribir la última lección de uno de estos "viajes" que son mis estudios bíblicos, pero esta vez estoy sollozando con todo. Cada uno de los viajes que Dios me ha permitido hacer por su Palabra han significado muchísimo para mí. Pero este ha sido una categoría totalmente diferente. *¡Sea libre!* ha sido, sin duda, el estudio bíblico más difícil que yo haya escrito jamás. Dios deseaba que proviniera de un corazón fresco y de la clase de ternura, compasión y profunda pasión que sólo el verdadero quebrantamiento puede producir. Las heridas y las pérdidas que sufrí durante el tiempo en que lo escribí no pueden haber sido sólo coincidencias. No tengo idea de cómo será recibido este estudio bíblico. Ni siquiera sé si es bueno. Pero es real. Y Dios es bueno. Me siento un poco como cuando regresé de la India. No puedo decir que este viaje haya sido divertido, pero no lo olvidaré rápidamente. Nunca podré expresarle a usted mi gratitud por haber permanecido firme a pesar de lo que este viaje le ha demandado. Oh, cómo oro para que Dios grabe, no mi verdad, sino la suya, en su corazón, para siempre. Cualquier cosa que se haya logrado, ha sido obra de Dios.

Concluiremos nuestro viaje juntos mirando por última vez el quinto beneficio de nuestra relación de pacto con Dios, en una plena muestra de su gloria.

*E*scriba el quinto beneficio de memoria.

_____

El libro de Isaías es tan rico que no podía imaginar cómo elegir un pasaje final para nuestro viaje. Creo que Dios ha elegido uno para nosotros: el mejor lugar posible en Isaías con el que podamos desearnos que Dios nos acompañe al separarnos para continuar cada uno su camino.

*L*ea las conocidas palabras de Isaías 40:28-31 y saboree cada una. Escriba a continuación su parte favorita de estos versículos.

_____

_____

Vivimos en medio de una batalla espiritual. Creo que la Palabra de Dios indica que la guerra espiritual y los engaños demoníacos empeorarán a medida que pase el tiempo. Cuando lleguemos al cielo, sin duda seremos "¡Libres al fin!" Hasta entonces, el desafío es hacer que nuestra recién hallada libertad permanezca. Estoy orando, más que nada, para que al partir, se cumplan tres metas: 1) Estoy orando para que si aún usted no es libre, coopere plenamente con Dios hasta serlo. 2) Estoy orando para que sepa cómo mantener su libertad. 3) Estoy orando para que siempre sepa cómo regresar al camino de la libertad si alguna vez lo pierde.

Algunas veces me canso de pelear la buena pelea, ¿usted no? ¿Cómo podemos tener la energía para permanecer firmes y continuar luchando por nuestra libertad? Aún los muchachos se fatigan y se cansan y los jóvenes tropiezan y caen. Si usted es como yo, ¡no es demasiado joven! Podríamos estar en grandes problemas. ¿Qué haremos, entonces?

Creo que Isaías 40:28-31 nos dice exactamente qué hacer cuando nos cansamos en el camino. Según estos versículos, ¿las fuerzas de quién renovará el Señor? _____

¿Qué quiere decir la Biblia con "los que esperan a Jehová"? La palabra hebrea que se traduce como "esperan" es *qawah*, que significa "atar (torciendo)... reunir, ser unido; reunirse; esperar a alguien; esperar con confianza... confiar; soportar".

Lea Isaías 40:31 una vez más y coloque estos sinónimos en lugar de las palabras "esperan en". Basándose en sus propias conclusiones, ¿qué cree usted que Isaías quiso decir con "esperan en el Señor"?

_____

_____

Amado, para tener fuerzas renovadas para enfrentar los desafíos diarios o recobrar las fuerzas que hemos perdido, ¡la Palabra de Dios nos dice que nos acerquemos tanto a la presencia de Dios que prácticamente nos atemos a Él! El pensamiento de luchar para abrirnos camino en la vida es agotador. ¿Se le ocurre algo más arduo que despertarse para ganar cada día? Yo probablemente podría hacerlo cuatro días por semana. Los otros tres querría despertarme, apagar el despertador y volver a dormir. Tiene que haber una manera mejor. Creo que Isaías 40:31 nos dice que nos "envolvamos" tan apretadamente alrededor de Dios que terminemos yendo automáticamente donde Él va. Y nunca olvide que el único camino que Él toma es el de la victoria (2 Corintios 2:14). Dios no desea que nuestra meta sea ganar. Él desea que nuestra meta sea ganar a Cristo. Lea Filipenses 3:8-9. Nadie tenía más que decir sobre la lucha espiritual y sobre pelear la buena pelea que el apóstol Pablo; pero aun así, su meta principal no era ganar, sino ganar a Cristo. La frase siguiente explica qué quería decir el apóstol con estas palabras.

¿ Cuál es la primera frase de Filipenses 3:9? _____

"Ser hallado en Él" es la misma idea de "esperar en Jehová" en Isaías 40:31. Ambos conceptos se refieren a adherirnos a Dios. Cuando mis hijas eran pequeñas, si no lograban hacer que yo me detuviera para jugar con ellas, se aferraban a mi cintura y enredaban sus piernecitas en una pierna mía. Yo silbaba, seguía con mis cosas y decía: "Me pregunto qué estará haciendo Amanda (o Melissa) en este momento". Ellas entonces reían con todas sus fuerzas. Cada vez, mi corazón se llenaba de amor por ellas, ¡porque comprendía que su juego favorito era colgarse de mí! Rato después, me dolían los músculos, pero valía la pena.

"Esperar en Dios" es hacer con Él exactamente lo mismo que mis hijas hacían conmigo. Envolvernos alrededor de Él tan fuertemente como podamos. ¿Por qué Isaías 40:31 nos presenta este concepto de atarnos a Dios en un contexto de estar cansados o fatigados? Piense en esa ilustración del juego que yo jugaba con mis hijas. ¿Quién hacía la mayor parte del trabajo? ¡Yo! ¿Cuál era la parte que jugaban mis niñas? Atarse a mí y sostenerse con todas sus fuerzas. ¿Ve usted el paralelo? Cuando comenzamos a sentirnos cansados, como deseando salirnos del camino por un rato, probablemente estamos ocupándonos demasiado de la batalla nosotros mismos.

Isaías 40:31 ofrece la prescripción perfecta para ex cautivos que algunas veces se cansan en la lucha por mantener la libertad: Buscar la presencia de Dios y aferrarnos a Él. Ir donde Él vaya y dejar que Él pelee por nosotros. Invariablemente, cuando más cansados estemos, descubriremos que estamos gastando más energías combatiendo al enemigo que buscando la presencia de Dios. Más que buscar el triunfo, ¡busque a Cristo! Más que buscar la derrota del enemigo, ¡busque a Aquel que puede derrotar al enemigo! Más que buscar la victoria, ¡busque al Victorioso! Al hacerlo, usted está atándose a su presencia y confiando en que Dios lo llevará hacia la victoria. Nunca será usted más hermoso para Dios que cuando Él pueda mirar hacia abajo y verlo aferrado a Él con todas sus fuerzas.

¿Puede usted confirmar con su experiencia el concepto que estamos estudiando? En el espacio a continuación, escriba sobre la relación que ha encontrado entre el cansancio y el esfuerzo propio, o las fuerzas renovadas y la presencia de Dios.

Estamos acercándonos a los últimos pasos de nuestro viaje juntos. Cada uno tiene un camino diferente por delante, pero todos tenemos el mismo y glorioso destino final. Mi precioso amigo, hemos compartido algunos momentos extraordinarios en las últimas diez semanas, pero ahora es tiempo de que continuemos nuestros caminos en Dios por separado. Yo lo extrañaré a usted y quizá usted me extrañe a mí; pero por favor, nunca confunda extrañar mi compañía en el camino, con necesitar de ella. Usted no me necesita en lo más mínimo. Yo lo dejo en manos del único a quien usted necesita. Aférrese sólo a Él, al que lo guiará hasta llevarlo al Hogar, donde de una vez y para siempre, usted será libre al fin.

En este momento me siento un poco como cuando dejé a mi Amanda en la universidad por primera vez. Permítame que le diga algunas cosas con corazón de madre antes de separarnos. Recuerde, nunca encontraremos la libertad de las ataduras en la independencia. La encontramos al tomar las mismas esposas que una vez nos ataron al pecado y atándonos con ellas a la muñeca de Cristo. Cuando usted está prisionero de la voluntad de Dios, su cárcel es el Lugar Santísimo. Nunca olvide que hay sólo una Fortaleza que lo libera al atarlo.

𝓛ea el Tesoro de Hoy en voz alta y luego escriba 2 Samuel 22:2-4 en el margen.

Estoy tan orgullosa de usted, que apenas puedo soportarlo. Ha trabajado tan duramente. Mucho más importante aún, Dios está orgulloso de usted. Usted es alguien de quien Dios desea alardear. Por un momento, no deseo que piense en el largo camino que le queda por recorrer. Sólo quiero que piense en lo lejos que ha llegado. Descanse por unos minutos. No le pediré que sea transparente, ni que se haga vulnerable. No hable de sí mismo, no mire para adentro. Sólo mire hacia arriba. Por un momento, siéntese y permítame que ore Salmos 32:7 sobre usted: Que Dios sea su refugio y lo guarde de la angustia; que incline sus oídos espirituales para que usted escuche cuidadosamente mientras Él lo rodea con cánticos de liberación. Me pongo de rodillas en honor a usted y a Dios. Usted, mi amigo y compañero de viaje, es una muestra de su gloria. El privilegio de haber compartido este camino con usted me hace sentirme humilde más allá de lo que puedo explicar con palabras.

𝓝ada sería más apropiado que concluir con Isaías 61:1-4. Lea o cite estos versículos y permita que Dios traiga a su memoria los torrentes de verdad que hemos estudiado.

Que esta oración que Dios escribió en mi corazón resuma nuestro viaje y sea la despedida adecuada.

Un cautivo que está siendo sanado

Oh, Dios, que liberas al cautivo,
No liberes a este esclavo carnal sólo por hacerlo libre,
Porque seguramente volveré a orientar mi vuelo hacia otra tierra llena de espinos.
Rompe, en cambio, toda atadura maligna
Y frota mis muñecas hinchadas,
Para luego llevarme prisionero de tu voluntad,
Esclavo de tu seguro refugio.
Oh Dios, que llevas la luz a las tinieblas,
No me liberes en la luz
Para que sólo me vea a mí mismo.
Echa la luz de mi liberación sobre tu rostro,
Y sé tú mi visión.
No me entregues
A la búsqueda de mayor conocimiento.
Haz que tu Palabra sea lámpara a mis pies
Y lumbrera a mi camino,
Y guíame al lugar donde tú moras.

Oh, Dios, que levantas la cabeza del que sufre,
Sopla estas cenizas,
Pero que tu mano suave sobre mi frente
Sea mi única corona de gloria.
Consuélame tan profundamente,
Mi Sanador,
Que yo no busque ningún otro consuelo.

Oh Dios, que amas al alma humana
Demasiado como para dejarla ir,
Gobierna de tal forma
En las lomas y las profundidades de mi vida
Que nada quede sin conmover.
Ara esta vida, Señor,
Hasta que todo lo que remuevas
Sea un terreno fértil,
Y luego plántame, oh Dios,
En la vasta llanura de tu amor.
Hazme crecer, fortaléceme,
Y no levantes tu mano que sujeta
Hasta que puedas con orgullo develar
Una muestra de tu gloria.

Te amo, hermano.